国民旅游休闲讲稿（五）

旅游 & 文化

戴斌 著

北京·旅游教育出版社

这么辛勤日夜自动的学习
以及历年精竭虑的奋斗
只是为了告诉未来
这代学付出了所有的才情和努力
并不只是为了自己的功名利禄

戴咙

旅游 &

序 | 未来已来

我一直对戴斌先生身上的多重社会角色充满敬意：作为中国旅游研究院院长，他奔走呼吁，积极推动中国文化和旅游产业的发展；作为博士生导师，他授徒讲学，毫无保留地培养后继人才；作为学者，他著书立说，孜孜不倦地传播新思想。每一个角色都做到极致，出色精彩。

戴斌先生十分关注并积极推动文旅产业的发展，无论是学术界、产业界和政府之间的沟通，还是为企业家提供战略咨询，戴斌先生都全情投入，源源不断地输送优秀的理论和创意。文章千古事，得失寸心知。这本即将付印的《旅游＆文化》是戴斌先生近一年来学术思考的结晶，是他迎接颠覆创新展现的立场观点，是他给这个非凡时代留下的理论探索。

我和戴斌先生都是上个世纪 60 年代末出生的人，理想主义和社会责任感是那个时代人身上的标签，近年来，由于工作需要，我经常向戴斌先生请教，我从戴先生身上获益良多，也非常理解他身上那种侠之大者、为国为民的情怀，以及虽千万人吾往矣的执着。

戴斌先生在学术界致力于引领产业的未来，他提出体验美好生活是优质旅游新动力，也是中国人的旅游新需求。戴斌先生呼吁产学两界人士共同努力，将中国文旅产业推向更高阶段。戴斌先生的理论研究对中国分享住宿的发展具有指导意义。途家网作为中国领先的民宿预订平台，App下载量已达 1.8 亿次；2017 年"途家自营房源"业务独立为斯维登集团，致力于民宿公寓别墅的品质化与连锁化，戴斌先生对斯维登"美好时光运营商"的定位表示肯定，并对分享住宿运营管理体系建设提供了许多有益建议。

　　中国是一个极具浪漫主义色彩的国度，旅游与文化的结合比我们想象的更早，1800 年前汉末文人就有"昼短苦夜长，何不秉烛游"的感悟，还有那些穿越时间流传至今的瑰丽诗句，从"故人西辞黄鹤楼，烟花三月下扬州，到"天门中断楚江开，碧水东流至此回"；从"最是一年春好处，绝胜烟柳满皇都"，到"大漠孤烟直，长河落日圆"……多少风光多少诗意多少浪漫情怀，尽在无穷无尽的旅途中。

　　文化和旅游深度融合，是传承历史指向未来的新趋势，这个时代将赋予文旅融合更多的助力，正如戴斌先生在本书中指出的，这是一个文旅融合的新时代，诗和远方终于在一起了，文化事业的家国情怀和旅游发展的人间烟火在一起了。

　　对世界的好奇心，对未知事物的探索，是推动社会进步的永恒不变的原动力，而文旅产业跟这两个特点密切相关。我们以不同的方式参与这种融合，推动这种融合，这实在是一件很幸福的事。

　　未来已来，让我们一起向前。

　　蒙戴先生厚爱，仓促作序，不胜惶恐。

途家及斯维登集团联合创始人　罗军
2019 年 5 月，上海

目录 | Contents

开篇　以人民为中心

第 001 讲　开创文化和旅游融合发展新时代 / 1

上篇　旅游 文化 融合

第 002 讲　文化的家国情怀与旅游的人间烟火 / 17
第 003 讲　文化的邂逅与旅游的融合 / 22
第 004 讲　讲述国家记忆，构建旅游形象 / 26
第 005 讲　世界文化地标与都市旅游发展 / 30
第 006 讲　"并蒂莲"开的日子里，我在美丽中国等你 / 43
第 007 讲　市场和法治推动新时代旅游业创新发展 / 48
第 008 讲　创新旅游推广机制，讲好新时代的中国故事 / 62
第 009 讲　旅游 IP，不仅仅是网红 / 68

第 010 讲　文旅融合新使命，社会责任新担当 / 72
第 011 讲　文之大者，为国为民 / 79
第 012 讲　新时代旅游发展的国家要求、人民期待与学术担当 / 85
第 013 讲　中国旅游业的目标重构与动能转换 / 94
第 014 讲　诗和远方的日子　砥砺前行的样子 / 98

下篇　旅游 领域 聚焦

第 015 讲　人的连接　最好的旅游 / 109
第 016 讲　扩大旅游交流是新时代国际合作的战略选项 / 113
第 017 讲　国际旅游组织的价值与价值观 / 119
第 018 讲　中欧旅游可持续发展：理性与逻辑 / 126
第 019 讲　澜湄合作的旅游担当 / 130
第 020 讲　共建海丝之路，共享海岛生活 / 134
第 021 讲　大湾区旅游合作的国家战略与香港使命 / 139
第 022 讲　"一带一路"助力香港旅游业可持续发展 / 146
第 023 讲　迎接世界旅游休闲中心的大湾区时代 / 149
第 024 讲　重建城市记忆，触摸美丽中国 / 154
第 025 讲　全域旅游在美丽风景里，也在美好生活中 / 158
第 026 讲　美好生活是优质旅游新动力 / 168
第 027 讲　假日旅游成为新民俗 / 180
第 028 讲　论新时代红色旅游理论建设与实践探索 / 182
第 029 讲　培育市场是发展冰雪旅游的当前要务 / 188
第 030 讲　避暑遇见旅游，环球同此凉热 / 194
第 031 讲　慈善旅游是市场新潜力，也是发展新动能 / 200

第032讲　健康旅游：时尚、科技与产业化 / 211

第033讲　给我一条公路，以国民的名义，自驾远游 / 217

第034讲　借力资本，依靠农民，创新发展新时代乡村旅游 / 223

第035讲　旅行商是精准扶贫的生力军 / 226

第036讲　文化和科技共创美好旅游生活新空间 / 231

第037讲　共商、共建、共享，优质旅游新格局 / 236

第038讲　入境出境同框，放飞美丽中国旅游梦 / 241

结语　导游的职业尊严

第039讲　没有导游的职业尊严，怎么可能有品质旅游的未来 / 244

重要论述

第040讲　习近平总书记关于旅游工作重要论述的理论内涵与时代意义 / 249

开篇 | 以人民为中心

第001讲 | 开创文化和旅游融合发展新时代

根据中宣部的安排，我就当代旅游发展成就与经验、当前旅游发展面临的主要问题、新时代文化和旅游融合发展的方向与策略，向学习贯彻习近平新时代中国特色社会主义思想、深化文化体制改革培训班的各位领导和同志们汇报一些个人的初步研究结论，不当之处，请批评指正。

一、当代旅游满足了人民日益增长的美好生活需要

虽然旅游活动自古有之，但是世界公认近代旅游业发端于英国人托马斯·库克1841年组织的火车禁酒之旅。国人对旅游的认知则来自改革开放后的入境旅游市场的兴起，金发碧眼的欧美人、妆容精致的日韩人、"洋装虽然穿在身，我心依然是中国心"的华侨华人和港澳台同胞。他们不远万里来到中国大陆（内地），不为工作，不为求学，就是为了登长城、看故宫、游山逛水，面对面地给我们普及了"旅游是人的基本权利和长存

的生活方式"（联合国世界旅游组织，《马尼拉宣言》）这一理念。从国家层面看，20世纪80年代到90年代中后期，旅游发展主要以创汇为导向，主要工作重点对外在于招徕外国人、海外华人和港澳台同胞入境，对内在于建设完善以旅行社、导游、酒店、大巴、景区、厕所为主的旅游接待体系。类似于奥运体育战略，这个时期的旅游业具有明显的国家意志、部门主导和非社会参与的属性。

1999年国庆黄金周，国内旅游和出境旅游同时兴起，标志着旅游经济进入国民消费为主的新时代。旅游业开始走出部门范畴，成为全社会广泛参与的显性话题，产业性质进一步凸显，国有、外资、民营市场主体建设明显加快。国家旅游工作的重点是营造更加有利于旅游发展的宏观环境、调动地方政府的积极性，以及旅游市场治理。《旅游法》《旅行社条例》《导游人员管理条例》《国务院关于加快发展旅游业的意见》等相关政策法规都是这个时期起草、修订或颁布的。各省、直辖市和自治区纷纷召开高规格的旅游发展大会，在扩市场、上项目和拉动经济增长的同时，"努力让广大游客满意"逐渐成为旅游系统和社会各界的共识。

党的十八大以来，我国开始迎接大众旅游新时代。旅游全面进入国民大众的日常消费，旅游活动空间和消费场景走出了狭义的旅游景区，走向整个目的地空间。原国家旅游局局长李金早提出新常态下"文明、有序、安全、便利、富国强民"五大目标，发展全域旅游获得中央认可，成为新时期旅游发展的基本方针。我国旅游业对国民经济、社会就业综合贡献均超过10%，对世界旅游经济繁荣发展的支撑作用日益显化，已经稳步进入经济社会发展和对外交往的中心。因此，争取高层重视和国际国内、社会各界的广泛支持，构建适应全域旅游发展要求的新型管理体制成为旅游工作的重点。

随着决胜全面建成小康社会战略目标的即将实现，旅游越来越成为人民美好生活的重要内容。2013年，习近平主席在俄罗斯中国旅游年开幕式致辞中指出："旅游……是人民生活水平提高的一个重要指标，出国旅游更为广大民众所向往。"李克强总理的政府工作报告，首次提到的旅游数据是"过去五年，出境旅游人次从8300万提高到1亿3000多万"，是放在五年成就的民生改善部分提的。事实上，美好生活不仅是新时代旅游发展的根本目标，也是旅游业发展的新型动力。

从国内、入境和出境三大旅游市场来看，未来五年，旅游与文化的深化融合将加速国内旅游，特别是都市休闲和乡村旅游的发展，旅游活动更趋日常化、休闲化和品质化。常态化的旅游、文化和休闲活动将成为未来较长一段时间内提升国民尤其是青少年综合素养、传承红色基因、增强文化自信的主要方式。受益于不断恢复的国际经济、中国持续加大的对外开放格局和以"中国梦"为载体的新型国家形象，以及越来越便利化的签证、边检和免退税购物政策，入境旅游开始进入全面恢复增长新通道。在居民收入稳定增长、签证便利化、航线增加和国际商务活动持续增长等因素的带动下，出境旅游将保持稳定增长态势。

2017—2022年主要旅游统计指标预测

指标	2017年	2020年规划数	年均增速（%）	2022年预计	年均增速（%）
国内旅游人数（亿人次）	50.01	64.00	9.86	80.0	9.9
入境旅游人数（亿人次）	1.39	1.50	2.28	1.56	2.3
出境旅游人数（亿人次）	1.31	1.50	5.09	1.68	5.2
旅游业总收入（万亿元）	5.40	7.00	11.18	9.00	11.0
旅游业综合贡献度（%）	11.04	12.00	—	12.3	—

纵观改革开放四十年来，从旅游资源大国到旅游大国，再走向旅游强国的伟大历史历程，我国旅游业发展取得了举世瞩目的历史成就：从国家

战略要求到社会广泛参与，从完成部门任务到行业主动作为，从少数人的享受到国民大众的日常消费，从少数几家旅行社、星级饭店和A级景区，到涉旅市场主体的创业创新，特别是近年来实施的全域旅游、"旅游+"、"厕所革命"等新时代旅游发展战略，旅游业稳步成为国民经济和社会发展的主战场，进入了国家外交中心，踏上了文化交流最为活跃的舞台。

回顾改革开放四十年来旅游业的改革创新发展，我们可以从四个方面把握历史经验和思想演化的轨迹：始终坚持党对旅游业的领导，贯彻落实习近平新时代中国特色社会主义思想，特别是习总书记关于旅游业的系列重要论述；始终围绕国民经济和社会发展战略的现实要求，在创外汇、扩内需、促就业、精准扶贫、供给侧结构性改革、大国外交和港澳台工作等阶段性重点领域，主动担当，积极作为；始终服务国民大众对美好旅游生活的需求，把城乡居民的美好生活作为优质旅游的新动力；始终坚持市场化导向，深化改革、扩大开放，培育充满生机和活力的市场主体，形成大企业主导、中小企业合理分工、小微型企业创意创新的产业格局。

二、城乡居民丰富多彩的文化生活极大丰富了当代旅游资源和产品体系

过去我们对旅游资源的理解主要是名山大川、江河湖泊、海洋海岛、森林草原、沙漠戈壁等自然资源。如黄山、泰山、张家界、九寨沟、长江三峡、桂林山水、宁夏沙坡头、呼伦贝尔大草原、天涯海角、东北的森林、冰雪等都是旅游市场经久不衰的旅游吸引物。不少地方，特别是经济欠发达地方的领导同志就旅游发展做指示，喜欢说"旅游资源丰富"这句话，主要就是指这些自然资源，还有一些下面要谈到的历史文化资源。不可否认，这些山山水水是早期旅游业发展的重要资源，也是观光包价旅游团的主打产品，但是过于强调自然资源的结果，很可能会陷入"圈山圈水

收门票"的低水平发展陷阱而不能自拔。

过去我们对旅游资源的理解也有文化视角，但主要局限于历史文化、文物古迹，以及交响乐、管弦乐、芭蕾舞、民歌、民族舞、诗歌、小说、美术、电影、电视等高雅文化。有的地方为了某个名人故里而争得不亦乐乎，有的地方跑到深山老林里寻找史前岩画搞景区开发，有的名楼提出会背诵名篇者免门票。后来发现不对，游客好像越来越不买账了，感觉是"这届游客不行"。类似情况不仅体现在国内游客身上，外国游客也是这样。有一次陪海外买家团到访中原某城市，地方晚宴后安排嘉宾看演出，看什么呢？《胡桃夹子》！可是这么经典的舞蹈，台下居然有人睡着了。倒是第二天看豫剧，尽管语言不通，两侧幕布上的译词也不够信达雅，可是他们整场下来都是兴致勃勃。海外游客到西安，一方面为兵马俑、大雁塔、古城墙而震撼，另一方面又为拥挤、不卫生、时尚感不足而抱怨。类似的事情经历多了，我们开始慢慢明白，旅游固然有教育和教化的功能，但毕竟不同于课堂教学，不同于博物馆、美术馆、科技馆、图书馆教育，不能总是一厢情愿地把自以为很高端地展示给游客看。旅游是异地生活方式的分享，教育的功能得让人在轻松的状态下不知不觉地接受。所谓"有来学，无往教"，所谓"无文不远"，古人诚不我欺也。

丽江、桂林等地"印象"系列实景演出项目，是早期文化与旅游融合的典型，也是旅游创造文化的代表。之所以能够取得成功，是因为这类项目满足了团队、观光、包价旅游发展模式对山水和民族旅游目的地的文化期待，特别是夜间娱乐活动的期待。随着人们旅游经验的丰富，游客越来越愿意在传统景区之外分享城乡居民的日常生活，也就是我们常说的旅游目的地的主客共享模式。过去发展旅游，做好山山水水的自然资源和历史文物的人文资源就可以，现在则必须要关注整个目的地的生活方式和当代文化。游客不仅要去剧场去看京剧、听评弹，以获得与传统文化的零距离接触；也要去东方新天地看电影、去工人体育场看明星演唱会、去798欣赏现代艺术，以感受都市的时尚与现代；还会去什刹海、南锣鼓巷、大悦城这样的地方和本地市民共同创造新的文化。我还在欧洲等地推广我们独有的广场舞，并邀请海外的朋友一起共同感受。事实上，京剧、美术、电场是文化，而酒吧、KTV、广场舞也是文化啊。对于大多数游客来说，更愿意接受这些根植于当代城乡居民生活的当代文化，日常的、活的文化，可以触摸和感受的文化。借用网络语言来说，就是得让人们"有感"。文化有感了，才能实现雒树刚部长希望的目标：文化遗产既要保护好，又要火起来。

  传统文化和现代文明是社会主义核心价值观的主要表现形式，是国家软实力的核心组成部分，为旅游发展和目的地建设提供了必不可少的内容。文化和旅游部雒树刚部长指出：文化是旅游的灵魂，旅游是文化的载体。离开了传统文化与现代文明，只有自然资源，旅游体验肯定是不完善的。离开了社会主义核心价值观的主导，旅游的文化灵魂也无法得到有效的体现。在一个融合发展的时代，城乡居民丰富多彩的当代文化极大丰富了旅游资源和产品体系，游客对美好生活的需要，对异地生活方式和日常文化消费的分享需要，极大拓展了文化传承与创新的空间。旅游为文化传承提供了新的空间和新的渠道，也为文化创造注入了新的动力。

三、人民群众的创业创新直接促进了旅游市场主体的发育和产业格局的优化

  旅游集团、产业投资机构和创业企业一直注重旅游与文化、创意、科技的融合创新。岭南集团以都市休闲理念为指导，在珠江边打造深受游客和市民喜爱的岭南五号酒店，既活化了城市记忆和民俗文化，又丰富了旅游住宿供给的类型，取得了经济效益和社会效益双丰收。方兴未艾的民宿

酒店，不论是在城市，还是在乡村，无一不打历史活化和文化创意的牌。国际知名的迪士尼、环球影城、杜莎夫人蜡像馆，国内的华侨城欢乐谷、海昌海洋世界、长隆野生动物园、华强方特等主题公园，以及北京的798、上海的田字坊、成都的宽窄巷子、福州的三坊七巷等，都是游客喜闻乐见的文化空间。还有几家年轻人创立的独角兽企业也很活跃，比如驴妈妈旅行网创始人洪清华先生倡导并实践的"旅游IP"，比如分享住宿的途家联合创始人兼CEO，斯维登集团董事长罗军先生所倡导的"时尚生活"，比如海昌海洋世界创始团队所践行的海洋动物保育理念，比如马蜂窝创始人陈罡先生推动的互联网社区互动文化，都是文化、旅游、互联网融合成长的成功案例。

从旅游市场主体和产业格局来看，以旅行社和线上旅行分销商为代表的旅行服务业，以星级酒店为代表的旅游住宿业，以A级景区为代表的旅游接待业仍然是典型的旅游业态，但对旅游经济的总体作用在相对下降。全国星级酒店只有1.3万家左右，而旅游住宿业、乡村旅游住宿接待设施和潜在的分享住宿供给单元数量则分别是30万、180万和6000万。正式注册的旅行社只有2.7万家，但是票务代理、旅游和休闲俱乐部加起来则超过10万家，这还不包括承包、挂靠的旅行社门市部。规模以上的旅游景区，全国有2万家，但是除了故宫等少数热点景区以外，大多数A级景区潜在或现实的年接待量并没有明显的增长，而开放性的历史文化街区、城市公园、郊野公园、主题公园则呈持续增长的态势。实际上，旅行俱乐部、民宿、乡村旅游接待场所、主题公园、消费场景重构等新型业态，携程、中旅、锦江等大集团主导，加上社会资本、新兴科技和文化创意的力量，创业照耀了旅游的星空，创新重塑了产业格局，旅游正在连接中国，也在改变世界。我国全球最大旅游市场的地位将更加稳固，与旅游业发达国家的差距明显缩小，在全球旅游规则制定和国际旅游事务中的话语权和影响力明显提升。

消费主体的需求升级与市场主体的创业创新耦合的结果，极大地延展了旅游业的时空观。夜间旅游、度假游、避暑及冰雪旅游等潜在旅游需求已初具规模，成为未来推动旅游发展的新潜力和新动能。从小尺度的时间单位——"一天"来看，以往我们更多关注了游客的日间活动，忽视了游客的夜间需求。基于大数据的调查表明，很多年轻人在网上预订了酒店房间的同时会订一张当地的电影票，以满足其夜间游玩需求。无论是观光还是度假，游客的体验都应该是昼夜连续的，但事实上由于针对夜间需求的产品供给不足，而使游客的夜间体验往往囿于酒店或客房内。游客希望在夜间继续体验异地的别样生活，甚至出现了这样一群青年白领游客群体，"上午睡觉、下午溜达、晚上疯玩"。游客对夜间旅游休闲的需求自然就催生出夜间旅游这一新的旅游方式，既包括当前已形成一定规模和影响力的都市夜游，也包括还有待进一步开发的乡村夜游。从中尺度的时间单位——"节假日"来看，节假日出游时间被拉长，为中远程旅游提供了更大的发展潜力，尤其是对时间要求较为充裕的度假旅游。"世界那么大，我想去看看"，拼假被越来越多的年轻游客所推崇。近两年，各种拼假攻略在网上广为流行，通过对十一、春节黄金周进行前移后延，原本七天的假期，就可以变成约两周的假期。从更大尺度上的时间——"季节"来看，旅游出游的季节更加均衡，夏季和冬季出游需求不断释放。以往春季和秋季因气候适宜成为人们外出旅游优选的季节，然而伴随着游客收入水平的不断提高和旅游需求的旺盛，越来越多的游客在夏季有了避暑的需求，在冬季有了体验冰天雪地的需求，于是催生了避暑旅游和冰雪旅游新市场。

四、以人民为中心，切实增强游客、企业和社区居民获得感

文化和旅游共融共生，不可分割，都是为了满足人民对新时代美好生活的需要。这次国家机构改革决定组建文化和旅游部，将为文化事业、文化产业和旅游业发展带来重大机遇，社会各界也有很多期待。旅游业发展必须坚持习近平新时代中国特色社会主义思想，贯彻落实习总书记关于文化和旅游工作的系列重要论述和工作部署，坚持以人民为中心，以美好生活为新动力，重点解决人民对美好旅游生活的追求与旅游产业发展不平衡、不充分的矛盾。大力发展全域旅游，加快文化和旅游融合，实施优质旅游新战略，稳步提升国家旅游形象和文化软实力，不断增加人民群众的旅游获得感。

新时代要进一步释放大众旅游需求，激活数量巨大、类型多样、丰富多彩的文化资源存量，迈入文化产业化发展新阶段。党的十八大以来，中央就繁荣发展哲学社会科学、繁荣发展社会主义文艺、中华优秀传统文化传承发展、深化文化体制改革、推动文化大发展大繁荣、建设新时代中国特色文化软实力等一系列决定和意见，为新时期文化和旅游融合发展指明了方向。养老旅游、研学旅行、房车旅游、邮轮旅游、定制旅游、文化与时尚旅游，面对众多的旅游新需求，特别是目的地生活方式的深度体验需求，文化、旅游、生态等部门和地方政府要有新思维和新动能。我们的博物馆除了陈列、展览和教育之外，能不能不要那么高冷啊，最好让游客和市民有机会与展品多些亲密接触。在海外到访过许多博物馆、美术馆和展览馆，印象深者有三：纽约大都会博物馆，州立大学在此举办庆典，来宾端着冷餐和酒水在霸王龙的骨架下交流。青年学子一色的黑西装、白衬衣，在清冷的灯光下，打着响指表演无伴奏合唱，那种洋溢的青春对话古老文明的即视感，着实令人终生难以忘记。古根海姆，那么有名的当代艺术馆，就建在街边上，随便买张票就进去了。爱看多久就多久，来回看也没关系，累了坐着休息会儿，或者去边上喝杯咖啡。感觉就像逛购物中心似的，就是都市日常生活的有机组成部分。人动起来了，文化就活起来了。还有韩国济州岛的泰迪熊博物馆，三层小楼，陈列的都是各个时期的经典款和创意版本，有小件单品，也有大场面制作。特别是底层的购物空间，布置和陈列都很讲究，访客多多少少都会购买一些留下纪念。可以说以商业的模式把文化做到了极致，也可以说以文化的名义把商业繁荣了起来。事实上，文物最初都是有功能的，文化是用来教化民众的。如果失去了功能和受众，就像无人居住的老宅子，除了衰败，也就徒留繁华的记忆了。可是游客要的是美好生活，要的是触手可及的温暖啊。从这个意义上说，释放国民大众的旅游需求，就是对文化赋能，以旅游业多年探索、行之有效的市场观念和产业思维来发展文化事业。

全方位、多角度推进"旅游+"，进一步促进全域旅游时代的文化和旅游融合发展战略，为文化和旅游市场主体的发育成长营造更加有利的市场环境。近日，国务院办公厅印发了《关于全域旅游发展的指导意见》，提出八个方面的重点任务，做什么和怎么做都已经明确了。从旅游目的地的角度看，塑造与维护旅游形象、完善旅游基础设施与公共服务、培育市场主体和优化商业环境是关键。从各地旅游发展格局来看，市场主体和商业环境是主要短板。不能一说发展旅游，就是开大会、发文件、做规划、部门分工与检查这套行政动员的老路子，而是要动员社会力量特别是商业机构参与到旅游发展进程中来。"一堆敲锣的，没有耍猴的"，这不行。面对方兴未艾的大众旅游需求，要想把丰富多彩的资源存量转化成现实的旅游产品，就得有旅行社、线上旅游代理商等旅行服务业态，星级饭店、宾馆、酒店、民宿、汽车旅馆等旅游住宿业态，A级景区、主题公园、博物馆、美术馆、科技馆、历史文化街区等旅游景区业态，免税店、购物中心、精品店、工厂店、创意坊等旅游购物业态，餐馆、酒吧、茶馆、咖啡馆等旅游餐饮业态，戏剧场、电影院、公园、广场等文化休闲场所，以及地铁、出租车、公交车、共享单车构成的目的地交通体系。这些目的地接待体系的完善，得有政府的公共投入，更得有成千上万的企事业单位提供。理论和实践都一再证明，企业有钱可赚的供给才是最有保障的供给，充分竞争的市场才让消费者有品质获得感的市场。按照中央的部署，进一步营造有利于文化和旅游企业发展的营商环境，坚定不移地走市场化和产业化的发展道路，通过更大力度的财政和金融政策支持旅游企业的创业创新。

以优质旅游为导向，让文化、艺术、时尚、科技和绿色引领旅游走进新时代，让游客、企业和社区居民在旅游发展中有更多切实的获得感。在基本解决了国民旅游权利普及或者说"有没有"的问题之后，广大游客在旅游经验累积的基础上，进一步提出了旅游品质或者说"好不好"的要求。游客希望在目的地真正体验"主客共享"的生活空间，最大限度地释放平等、善意与包容；希望旅游资源开发、市场推广、产品和服务更有文化底蕴，游客行为更加文明；希望行前预期与游后感知相一致、质量与价格相符、承诺的要兑现；希望生命、财产和旅游中的合法权益受损时能获得及时的司法救济、行政救济和社会援助。人民对美好生活的向往，就是新时代文化和旅游战线的奋斗目标，就需要以习近平新时代中国特色社会主义思想为指导，不断提升游客满意度和旅游业发展质量。

在强调游客权利的同时，还要综合考虑企业经营和社区发展的权利。旅游业发展早期，为了实现创汇、扩大消费、拉动经济增长等国家战略，集行业、地区乃至全国之力办旅游，不计成本地上项目、铺摊子、造声势。现在发展优质旅游，则要算经济账，还要算社会账：企业有没有回报？导游、酒店服务员、一线演艺人员有没有职业尊严？当地居民有没有通过旅游而获得就业、收入、教育和公共服务的增量？文明旅游有没有提升？红色旅游教育有没有得到充分的落实？对这些问题的探索与实践，都需要文化和旅游部门在习近平新时代中国特色社会主义思想的指引下，以更高的政治站位和更好的治理能力，加强理论建设，形成广泛的社会共识：文化和旅游既不是并列关系，也不是上下关系，而是共融共生的一体。做好文化和旅游资源普查、市场研究和产业分析工作，明确文化和旅游融合发展的目标、路径与方法。坚持以人民为中心，统筹考虑事业与产业、市场与政府、游客与居民、国际与国内的多重诉求，稳步开启文化和旅游融合发展新时代。

2018 年 4 月 3 日
北京全国宣传干部学院

上篇

旅游 文化 融合

2008年4月
随一纸调令到了建国门甲九号
奉命组建中国旅游研究院
以庙堂为讲坛
辨析大众旅游时代价值取向和政策选择
敢为消费、市场和行政主体立下法度
以天下为校园
建构以人民为中心的旅游发展理论
只为人间烟火温暖万千百姓

2018年4月
随着文化和旅游部组建
诉在机构转隶改冠
新增文化研究与数据分析职能
考察众多文化机构访谈一流专家学者
方知为国为民，文之大者
深入学习新时代文化和旅游论述
致力宜酌则酌，能酌尽酌

第002讲 | 文化的家国情怀与旅游的人间烟火

尊敬的中国文化和旅游部雒树刚部长，

女士们，先生们：

下午好！

9月27日是世界旅游日，敦煌是举世闻名的文化遗产，也是丝绸之路最重要的节点城市，在这个地方，这样的日子里召开沿线国家文化部长会议、文化和旅游论坛，确实令人感慨不已：诗和远方终于在一起了，文化事业的家国情怀和旅游发展的人间烟火终于在一起了。

文化建设是人类命运共同体的基石和保障，更是承载和遂行国家战略的基础工程。在这条涉及60多个国家、46亿多人口、跨越东西方四大文明的丝绸之路上，分布有近80%、500多项的世界自然与文化遗产。历久弥新的优秀文化承载着人类文明演化的经典基因，理应为更大范围的人群所分享。弥足珍贵的国家记忆和日新月异的文化创造，更需要不同国家、不同地区、不同民族、不同文明之间的交流、开放与包容。我们欣喜地看到；习近平主席倡议并推动的"一带一路"实施五年来，丝绸之路再次以最美丽的方式打开。络绎不绝的游客跨越国境，到访沿线的城市和乡村，品味历史的质感，触摸生活的品质。埃及的金字塔、毛里求斯的红顶教堂、摩洛哥的库图比亚清真寺、南非的好望角、肯尼亚的东非大裂谷等非洲的人文地理标志景点已经成为网络上的搜索热词和刷屏图片。而在入境游客的评价中，"中国梦""十三五""浦东""深圳""北斗导航""微信""广场舞"等经济社会发展成就，正在与"故宫""长城""兵马俑""中医药""功夫""京剧""春节"等传统文化共同构成了当代中国的符号与标签。一个拥有五千年悠久历史又走向现代化的中国，一个饱经磨难又自强不息的中国，一个独立自主又开放包容的中国，正在与世界各国共筑面向未来的文化自信，并为国际旅游交流合作奠定坚实的共同价值基础。

旅游是人文交流的高速路和立交桥，也是民心相通的加油站和体温计。2017年，44%的国际旅游者在沿线国家旅行，国际旅游服务贸易进出口额超过5300亿美元；"一带一路"沿线国家到访中国的游客达1064万人次，比过去五年增长了17.7%，中国则为"一带一路"沿线国家带去游客2741万人次，相比过去五年增长了77%；80%的国内旅游者来自沿线，其中中国国内旅游游客就达到了50亿人次。目前，中国已经成为泰国、印尼、越南等国最大的客源国，而缅甸、俄罗斯、蒙古、印度等沿线国家也是增长最快的入境旅游客源市场。值得关注的是，40岁以下的中青年群体正在成为"一带一路"沿线国家的游客主力。45%访问非洲的中国游客出生于1970年中后期，在目的地的人均消费在2000美元以上。

游客既关注文化遗产所承载的共同价值和家国情怀，也向往当代生活所散发的环境品质和人间烟火。从行前搜索和游后评论可以看出，除了签证、免税、气候与景点等基本信息外，游客更愿意融入目的地的公共休闲空间和日常生活场景中去。他们既要游览异国他乡的秀美山川和波澜壮阔的历史画卷，也要不分时间和地点，自然而然地融入当地城乡居民的公共空间和日常生活。我们看到，无论是教堂、寺庙等宗教场所，戏剧场、美术馆等文化空间，还是购物店、特色餐馆、咖啡馆等商业环境，都有来自世界各地的游客身影。根据中国旅游研究院对"一带一路"沿线48个国家的专项调查，中国出境游客对25%的国家网络评价满意度超过了80分。其中，新加坡、马尔代夫、土耳其、伊朗、斯里兰卡、马来西亚、泰国、捷克、埃及等国家居于世界前列。

女士们，先生们！

推动"一带一路"沿线国家旅游交流的充分均衡发展，建设基于共同价值的人类命运共同体，仍然是各位部长和公共机构的家国情怀。从数据来看，相对于中国与东亚、东南亚、南欧、西欧和北美地区成百上千万的互访人次，中国与中亚、西亚、中东欧地区，特别是非洲国家的旅游双向交流明显偏少。尽管中国已经连续9年超过美国成为非洲第一大贸易伙伴国，非洲正在成为中国游客日益青睐的出境旅游目的地，2018年前八个月，中国赴非洲游客同比增长了70%，但是中非互访游客也只有142万人次。其中，中国游客旅非79.78万人次，非洲游客来华62.83万人次。在这个月初的中非合作论坛上，习近平主席提出打造中非命运共同体，重点实施"八大行动"，其中人文交流方面将实施50个文化和旅游项目，支持更多非洲国家成为中国公民组团出境旅游目的地。为此，我们需要更多双边和多边的"旅游年"活动、国家宣传和旅游推广活动、信息沟通和工作交流机制、专业机构和市场主体的务实合作。尤其需要在机场、铁路、高速公路、电信、互联网、金融支付、景区、酒店等旅游基础设施建设，在航权开放、签证便利化、驾照互认等政策协调，以及在标准化、导游培训、市场监管、出境游客安全保护和司法救济等方面开展务实合作，让更多国民可以在大地上自由行走和交流对话。

完善"一带一路"沿线国家的中文接待环境，促进更多的"欢迎中国"项目落地，切实提升广大游客的满意度与获得感，仍然是市场主体创业创新的方向。在各国政府和国际社会的共同努力下，国民的旅游权利正在得到充分的保障，并成为美好生活的重要组成部分。他们愿意进入海外目的地的公共空间和休闲场所，与城乡居民自由地交流并分享他们的品质生活。在目的地形象建设和推广方式上，除了传统的交易会、电视和平面媒体广告，我们还要借助线上博物馆和类似"武侠世界（Wuxia World）"这样的线上平台去吸引年轻客群。在这家拥有400万日活跃用户，读者分布在全球100多个国家和地区的网站论坛上，我曾经看过一条有趣的评论："中国网络文学里的主人公，终于不再是干瘪的好好先生，积极阳光的风格令人耳目一新。"在旅游线路和产品设计上，我们需要在自然资源和历史文化资源之外，向美好生活要动力，培育更多主客共享的生活场景。在这方面，携程的定制旅游、途家的分享住宿、迎华的"欢迎中国"、人生玩家的当地玩乐等项目都是很好的创新案例。当然，中国也欢迎托迈酷克等旅行商、谷歌等社交媒体、爱彼迎等旅游住宿平台、迪士尼等主题公园，以及具有科技力量和文化内涵的商业机构助力入境旅游市场。事实上，对酒店、旅行社、主题公园等涉旅游行业，我们保持并将不断扩大开放的政策力度。只有投资者、创业者和市场主体真正认同主客共享的旅游发展理念，并在商业实践中持续创新，游客才能感受家国天下的价值，才能触摸人间烟火的温暖。

为印证和完善今天的会议主题，我的同事接下来还将发布文化和旅游融合研究、一带一路旅游数据两份报告。作为国家级旅游专业智库，中国旅游研究院愿意与全球旅游学术共同体一道，共同推进文化和旅游融合发展的理论研究、智库建设和数据分析工作。为了让人民沿着一带一路更加自由地行走，为了让不同文明共商、共建、共享人类命运共同体的未来，我们一起努力！

2018 年 9 月 27 日

丝绸之路文化与旅游论坛

第 003 讲 | 文化的邂逅与旅游的融合

尊敬的文化和旅游部领导杜江先生，
各位学界同仁，朋友们：

上午好！

自古以来，东亚各国都有读万卷书、行万里路的传统，出国旅游尤为人民所向往，中日韩三国之间的民众往来更是频繁。中国旅游研究院6月27日发布的《中国出入境旅游发展年度报告2018》显示：2017年，中国赴日本与韩国的游客分别为735.6万人次和417万人次，稳居日韩客源国首位。在外国人入境旅游市场中，韩国与日本分别位居旅华客源国的第3名和第4名。行走在异国他乡，游客固然看重名山大川、阳春烟景和日月星辰，也越来越愿意近距离去探寻追索不同风土的历史遗产和国家记忆，更愿意切身体验各擅胜场的多元文化和美好生活。当然在这个过程中，无论融或不融，文化就在那里，静等来自行者的邂逅。

我希望旅程中邂逅的是不同文明所承载的共同价值。每一个伟大的民族都有其生生不息、慎终追远的文化之河。从《诗经》到《红楼梦》，从

《源氏物语》到《雪国》，从《春香传》到《沈清传》，我们追忆逝去的繁华，也理解民间的疾苦，更感受到了生命的温暖。正是这些不同文化用最谦逊质朴的语言所表达的共同情感，让我们哪怕一个人远行也不会觉得孤独。这些历久弥香的文化基因既保存在古老的文字中，也镶嵌当下的寻常生活中，京剧和太极的品位、插花和茶道的雅致，以及婚丧嫁娶和升学就职的仪式感，都让我们随时感受祖先们无所不在的气息。

我希望旅程中邂逅的是每个民族都珍视的国家记忆，时刻提醒我们不忘初心，砥砺前行。很多时候，国家记忆表现为领袖人物和重大事件所构成的宏观叙事体系。在反抗外族侵略、战争、革命和建设的伟大进程中，很多仁人志士为了国家强盛和人民幸福而殚精竭虑，甚至流血牺牲。无论是文化公园，还是艺术作品，所有承载国家记忆的空间和载体，都是值得瞻仰和追思的。对于游客而言，要真正理解一个国家、一个地区、一种文化，都不可能不去了解其近代化进程特别是重大历史转型关头的主流思想和核心价值观。当前，研学旅行已被越来越多的国家纳入其国民教育和终生教育体系，并有相应的法律和政策保障。在中国同样如此，在国家文化建设和旅游发展体系中，红色旅游景点作为革命文化传承的重要载体，正如习近平主席所殷殷期待的，正成为一个常学常新的生动课堂，其蕴含着的丰富政治智慧与道德滋养已吸引越来越多的年轻人和入境游客参与其中。不了解中国共产党和中国革命的历史，就不可能理解今天的中国梦和中国人民为幸福而做的种种努力，这已成为广泛的国际共识。尽管如此，如何让一代又一代的年轻人对国家记忆亲而近之，传而承之，依然是政府和公共机构长期思考的课题。

我希望旅程中邂逅的是国民的、大众的、日常的关爱与温暖。我想去北海道JR石北线看看那个"一个人的车站"，实地感受那名高中女生所受到的国家关怀。我想去首尔体验联通而便捷的无障碍设施，从细节上保障特殊人群的出行权利和生活尊严。我还想邀请各位来湖南的郴州，乘坐绿皮车去体验一次免费运营的"菜农专列",真实感受中国政府在精准扶贫领域的努力与坚持。事实上,正是这些在图书馆、博物馆、美术馆、科技馆之外的日常生活场景,承载了文化对国民大众的切实关怀。

我希望旅程中邂逅的文化是与时俱进,充满生机和活力的文化。2018年,一档名为"这!就是街舞"的综艺节目以其健康阳光充满活力的元素,吸引了无数年轻人的关注与追捧。日本漫画已从供少儿娱乐的"玩具时代",发展到与国外游客互动交流的"记号时代"。随处可见的动漫海报、漫画展和 Cosplay 活动,家喻户晓的漫画人物在润物细无声地教化下一代的同时,也向世界彰显了日本积极向上、勇于开拓的时代精神。K-Pop 音乐,以及 EXO、防弹少年团为代表的偶像文化则已经成为被广泛接受的韩国旅游形象。

各位领导,各位嘉宾,朋友们!

当旅游邂逅文化,融合发展的进程就不可逆转地开始了。然而不论是"旅游+",还是"+旅游",都需要理论探索和理念引领,需要基于大数据的市场分析,需要广泛的社会参与和市场主体的创业创新。

文化和旅游的融合应当是科技的、时尚的,也应当是市场的、商业的。北京的新日国旅面向日本客源打造的"夜游天坛"项目,通过灯光、置景、多媒体等渲染手法,使游客可以全新方位、多种形式领略传统文化的现代魅力。因《云画的月光》大受欢迎的韩国"昌德宫月光之旅",让游客跨越时空,实地感受历代国王和王后的爱恨情仇。大型实景演出《印象·刘三姐》《吴哥的微笑》《文成公主》等,在传承历史文化的同时也为目的地培育了当代文化的新地标。更多的主题公园如迪士尼、方特、长隆、海昌海洋世界以及哈尔滨冰雪大世界,在为游客和市民创造快乐的同时,同样也在创造新的文化内涵。这些丰富多彩的实践表明,文化的传承、创新与融合,在旅游业上形成的新表现方式与用武之地,离不开科技的支撑和时尚的引领，更离不开市场主体的商业经营。

文化和旅游的融合需要向社会开放，向游客开放，更需要向世界开放。在漫长的古代历史中，教育、文化、艺术和品质生活是权贵和精英阶层的专属。而今，图书馆、美术馆、博物馆、科技馆、展览馆等文化场所、设施和内容的公共化，以及文化权利的均等化，早已是现代文明的标志，也是全球化的趋势。在目的地，在城市和乡村日渐成为主客共享的生活空间的今天，国民休闲和公共文化资源也应积极向游客开放。既可以像国家图书馆那样，向中外游客开放游览空间和使用功能；也可以像谷歌艺术基金那样通过"互联网＋艺术"让更多的民众分享。在这方面，首尔的"贞洞夜行"就是一个很好的主客共享本土文化的成功案例。当地政府、公共机构和专业运营团队开发了夜花、夜路、夜史、夜说、夜景、夜食6个主题，于夜间免费开放宫殿、教会、剧场、美术馆和博物馆等29处文化机构，有效促进了游客对异地生活的融入，极大提升了韩国旅游的品位和品质。文化开放对旅游的促进还体现在海外文化中心对国家旅游形象的建构，以及服务质量的品牌化建设。日本政府提出并实施"Cool Japan"的文化推广项目，正是用别人听得懂的语言去讲述以人为本的故事，有力促进了日本入境旅游的发展。

发展当代旅游，我们必须满足游客既要欣赏美丽风景，更要体验美好生活的新需求；必须把美好生活作为重要支撑的公共文化和艺术氛围，培育成为优质旅游的新动力；必须坚持主流价值引领的文化自信，也必须坚持以人民为中心建设文化事业，发展旅游产业。任何时候，任何地方，承载文化、传承文化和创新文化的人永远都是最美丽的风景。也只有真正做到见物见人见生活，文化事业、文化产业和旅游业的融合发展才会走向可持续的未来。

2018年8月31日

哈尔滨

第 004 讲 | 讲述国家记忆，构建旅游形象

源于延安电影团的"皇家摄影队"用了八十年的时间，既保存了国家影像，也建构了几代人的记忆。说句不怕暴露年龄的话，小时候看露天电影，每次搬个小板凳早早地去占位子，就是为了有个好的角度看正影前面的《新闻简报》、《今日中国》和《世界见闻》。正是从这些黑白或彩色的影像中，我知道了毛主席在书房会见了尼克松总统、外交部部长姬鹏飞到机场迎接西哈努克亲王；知道了陈竟登顶的珠穆朗玛峰、周恩来总理访问的非洲十国；也知道了红旗渠、成昆铁路、南京长江大桥，这些可与金字塔、胡佛大坝、阿波罗登月相比拟的"Mega"，当时我还不知道这个词标志着纪录片的内在精神和共同价值。

随着时代的变化，广大城乡居民的休闲娱乐从看露天电影到"给我一座房子，让我看电视"，新影人迎来了历史转折期。1993年，新影整建制划入中央电视台，转向风景名胜、动物世界、证券资讯和老故事等主题的电视节目创作。尽管辉煌不再，但是一代又一代的新影人仍然在坚守着，

连同 42000 本胶片、42 万分钟长度的纪录电影资料，已经成为国家历史影像档案馆。去年来梅地亚中心录杨导的《新三峡》，看到花白头发的摄影师、灯光师和道具师，在简陋的摄影棚里专心致志地工作着，一时百感交集。

在此，请允许我以旅游的名义，向共和国新闻电影人致以深深的敬意！在中国梦不断成为现实的今天，人民需要中央新影记录时代的影像，重建国家的记忆。"一生太短，一瞬好长"，所以我们用影像来记录个人和时代的历史，来构建国家和时代的记忆。纪录片，特别是生活纪录片的宗旨是关注历史，记录人文，向世界讲述中国故事。每一位讲述者都会有自己的立场与价值观，以至于 J. 格里尔逊宣称"我把电影院看成一个讲坛，并以宣传家的身份来利用它"。当代中国的休闲、旅游、体育、电影、电视、戏曲、文学都已经完成了大众化转型和消费主义重建的历史进程，或者处于不可逆转的大众化进程之中。我们需要商业电影，需要自己的"梦工厂"来满足广大人民不同层次、不同类型、不同诉求的精神生活和文化需要，与此同时，我们也需要新时代的纪录电影运动，需要中国自己的《飘网渔船》《交接点》和《深海探奇》《迁徙的鸟》，需要当代的《四万万人民》《延安和八路军》。

当然，无论是时代的记录，还是国家的记忆，都不可能只是主色调的宏大叙事，还要是国民的、大众的、多元的微观感知。前几年在各大视频网站热播的纪实电影作品《远去的城市》，以张平导演对社会最底层的真实人物进行跟拍，讲述了卖煎饼的刘阿姨、建筑工人老陶以及收废品的王军，三个人物以及他们所代表的群体的真实生活。因为他们，南京之于我才不再只是中山陵、秦淮河、夫子庙的南京，不再只是天下文枢、青奥会、国家跨境电商试验区的南京。也因为他们，南京对于国际国内的游客才是一座有温度也有质感的城市。

在文化和旅游融合发展的今天，人民需要中央新影讲述旅行的意义，传播目的地形象。值此网络社交平台日益成为旅游资讯传播主渠道的今天，我们仍然不能忽视纪录片，特别是电影纪录片在重大事件、重要场景和大尺度空间的形象传播方面的重要作用。从早期的报刊、电视、户外、地铁和电梯广告，到微博、微信和抖音等线上媒体，旅游目的地宣传和形象传播方式已经高度多元化了，并催生了一批网红景点。可是对于奥运会、冬奥会、"一带一路"高峰论坛这样的大事件，对于大运河、长城、故宫、小蛮腰、两江新城，乃至一座城市和一个国家这样宏观尺度的目的地来说，纪录电影和故事电影仍然是必不可少、最为有效的价值载体和传播媒介。我们需要着眼于自然和历史文化遗产新视角的《大黄山》《新丝绸之路》，需要着眼于优秀传统文化挖掘的《舌尖上的中国》，更需要着眼于社会主义现代化进程中那些承载人类共同价值的当代生活。高峡出平湖的新三峡、南水北调的南阳枢纽工程、探索浩渺星空的天眼（FAST），还有京沪高铁、318国道等既承载经济社会发展的战略价值，又满足国民休闲和观光游览需要的人文诉求，如果这些能够进入当代电影纪录片的创作视野，该是一件多么令人欣慰的事情。事实上，地方政府和相关机构出于文化建设、城市形象和目的地宣传推广的多重需要，是有这个诉求，也愿意加入到这个进程中来的。

在品质和调性重归日常的今天，人民需要中央新影传承工匠精神，引领服务水准。朱自清先生说，酣眠固不可少，小睡也有风味的。可是总感觉抖音这样的"小睡"有了，活跃丰富了国民的日常生活，《三峡人家》这样的影片却少了。没有关关雎鸠、蒹葭苍苍的"风"，固然成不了《诗经》，可是没有了"雅"与"颂"，《诗经》还是承载中华文明之源的《诗经》吗？需要关注的是，在市场化和商业化大潮冲击下的今天，工匠精神也好，服务品质也好，都是需要市场和预算支撑的。相对小众、面向未来的国家纪录片的市场在哪里？资金从哪里来？如何吸引年轻一代的艺术家和电影工作者加入到纪录片事业中来？不可能都像吴天明导演那样为了《百鸟朝凤》而下跪吧。在此，我们郑重吁请国家电影基金向纪录片倾斜，旅游业支持当代电影纪录片创作发展，也衷心希望新影人面向市场，面向旅游，创作出更多更好的《嘉陵江》。

今天，无论是《探索》（Discovery），还是《国家地理》（National Geographic），其所纪录的黄石公园、胡佛大坝、帝企鹅、非洲动物大迁徙，均已成为人类共同的记忆，以及中产阶层的探险、度假和研学旅行的目的地。总有一天，我们说起中央新影，脑海中会浮现出嘉陵江两岸的壮丽风光，会想起丝绸之路的多彩人文，会跟着纪录片去旅行。

2018年8月3日
北京

第005讲 | 世界文化地标与都市旅游发展

各位领导，同志们：

很荣幸受市委组织部、文化和旅游局的邀请，经文化和旅游部领导批准，就"世界文化地标建设与都市旅游发展"这个主题，汇报一些个人的理论观点和研究成果。

一、文化地标：新时代旅游发展理念以及世界中心城市的旅游实践

纵观巴黎、伦敦、罗马、纽约、东京、中国香港等世界都市旅游目的地，同时也是承载和弘扬共同价值，探索和建构人类文明的世界文化地标城市。它们以巴黎圣母院、先贤祠、大英博物馆、罗马斗兽场等世界文化遗产承载悠久的历史，体现对传统文化的尊重，并最大限度地发挥社会教育功能，让城市居民和外来游客记住人类共同经历的历史。它们以银座、第五大道、左岸、公共图书馆等商业区和文化地标形塑城市的繁荣、时尚、品质与调性，让社区居民感受幸福，让世界各地的来访者分享公平、正义、尊严与温暖。它们更以纽约全球第二大创业者天堂的Silicon Alley、伦敦的全球历史上将近四分之一诺贝尔经济学奖的LSE、巴黎大学和高师菲尔兹奖支撑的数学之都、东京走在智能研发前列的人形机器人等科学研究、高等教育、文化艺术高地让我们看见人类文明未来的演化方向。

近半个世纪以来，持续增长和充分竞争是世界旅游业发展的两条主线。一方面，国际游客数量增长几乎没有间断，从1980年的2.7亿人次激增到2017年的13亿人次，每年全球新增4800万国际游客；另一方面，全球五大目的地国家占全球旅游市场份额从70%降至30%。以自然资源和历史遗产为依托的目的地取得了接待人次、收入、就业等经济指标的全面增长，但是只有那些兼具文化地标的城市，才会在数量增长的同时伴随着游客满意度提升，才能获得健康、稳定、可持续的发展。事实上，城市作为日益显化的独立的旅游目的地，在各个国家和全球旅游业的战略支撑作用越来越明显。以纽约为例，它对美国的旅游贡献在2017年已经接近20%。

一个值得关注的现象是，从全球范围来看，欧洲、北美作为全球主要旅游客源地，同时也是主要目的地，呈现出旅游客源地和目的地高度同构的现象，其中文化地标性的世界中心城市更是扮演了举足轻重的角色。以伦敦为例，2017年来自法国、美国、德国、西班牙、意大利等发达国家，尤其是中心城市的游客，占全部国际游客总量的64%。在一个主客共享品质生活的城市空间里，旅行经验越来越丰富、旅游体验越来越个性的时代，游客进入公共空间和休闲场所，并以寻常的目光打量城市的日常细节。城市的品质、温度和调性，而不是高度和硬度，成为打动人心的持久力量。在这一背景下，相对差异化的自然景观和历史人文资源，承载人类共同价值的世界文化地标，及其高维的生活品质和外在的商业环境，才是旅游目的地竞争的关键指标。不是景区景点，而是城市整体的安全、秩序和品质感才是都市旅游目的地形象建构的本底资源。不是旅行社、导游、酒店等传统旅游要素，而是市民素质、基础设施、城市管理和公共服务决定都市旅游业的品质高度和未来发展。在中国旅游研究院的数据库中，经常能看到这样的游客评论："法兰西果然是一个浪漫的国家，音乐无处不在。火车站都摆放着一架钢琴，供等候的旅客打发时光。不一会儿工夫，已经欣赏了好几位旅客弹奏的曲子，等候大厅俨然变成了演奏厅，让等候变得不再乏味，让手机变得不再唯一"。"银行、邮局、修水管什么的也不是生活中常用的吧，但是便利店超市和日常生活息息相关，最羡慕东京的出行方便，四通八达的交通路线，国内一线大城市常年生活的我作为一个健康人都觉得出门很累，何况残疾人，带小孩的妈妈，东京对这些人群太便利了。更别提满街的自动贩卖机、车站的寄存柜，还有生活区域的自助洗衣店"。源于大众旅游、全域旅游、游客满意度和旅游目的地竞争力的跟踪研究所得出的系列结论，其价值不仅仅局限于学术范畴，更也助于我们思考文化和旅游融合发展新时代的旅游发展战略。如果这个理论成立的话，新时代旅游业的指导思想、发展战略和工作举措可能都面临着反思与重构的现实要求。

从近年来海外旅游目的地在中国的推广策略来看，比如洛杉矶的"小产品"、新西兰的"定制游"，纽约的"原味纽约"（True York City），都是秉承"景观之上是生活"的理念，更加注重文化内涵、生活品质和商业要素的宣传，以求更加精准地打动目标市场。从目的地建设的角度而言，也是更加注重城市生产生活存量资源的整合。就是传统的资源开发和主题公园建设等增量资源，也是与城市经济社会发展有机结合在一起，以提升市民生活品质和区域可持续发展为导向。纽约的 Summer Streets，每年 8 月有三个星期禁止车辆在公园大道上通行，腾出空间让所有人跑步和步行，沿途各种公共艺术、文化表演和水上乐园等游乐项目对所有人免费开放。事实上，发达国家尤其是中心城市的旅游发展战略，已经摒弃了"封闭的世界和独立的体系"这一传统旅游目的地建设思路，而是把旅游发展纳入地方经济社会发展的系统，旅游部门的主要任务聚焦于市场推广、形象维护和管理协调。

二、文化地标：上海的建设成就与文化和旅游融合发展时代的新要求

当前旅游业发展的阶段特征可以用这么几句话概括：大众旅游新时代、全域旅游新方位、文化和旅游融合发展新要求。大众旅游可以从国民广泛参与，自主、自助、定制旅行，"既要美丽风景，也要美好生活"，以及消费分层、分时与弹性供给等几个方面加以把握。全域旅游意味着目的地取代传统的景区景点而成为旅游发展的战略单元，城市越来越成为独立的旅游目的地。过去我们说去哪儿旅游，主要指省、国家，甚至欧洲、北美、南美和非洲这样的大尺度空间。今天，城市已经在很大程度上取代国家而成为目的地的典型指称。从日常用语上看，越来越多的游客会说"去上海、东京、巴黎待几天"，而不是"去中国、日本、法国旅游"。2017年，纽约接待了 1310 万国际游客，售出 3600 多万间夜的酒店客房，创造的旅游收入已占到了整个美国的五分之一。过去十年，东京的国际游客增长了 2.7 倍，2016 年达到 1300 万人次，国内游客则突破了 5 亿人次。伦敦的文化和旅游业为城市创造高达六分之一的就业机会。以城市为战略支撑单元，规划旅游强国的方向、目标和路径，已经成为各国旅游竞争的关键策略。

2017年，上海共接待入境旅游者873万人次，其中港澳台同胞202万人次，外国人671万人次，另外还接待了1.1亿人次国内访客。作为口岸城市，上海的贸易总额占全球的3.2%，居世界城市首位。虹桥和浦东两大航空港的旅客年吞吐量突破1亿人次，未来的旅游发展还有待于进一步拓展。特别是在旅游品质和发展质量上，上海的参照系和发展定位不是国内其他省市，而是世界中心城市。

中国旅游研究院2017年发布的《旅游目的地国际知名度报告》显示，在16个重点调研的城市中，上海旅游目的地国际知名度指数为81.68，排名第2，最高城市为85.95。在5项主要构成指标中，现场问卷调查指数为75.14，国际主流搜索引擎指数为89.69，境外媒体舆情监测指数97.89，境外社交媒体网评指数为61.59，官网绩效指数61.70，排名分别为11、2、2、2和5。分项指标进一步显示，入境游客对上海旅游目的地的知晓度、感知价值、感知质量和忠诚度均低于被监测城市的平均水平，感知质量相对要高一些，得分76.39，略低于78.90平均水平，而入境游客对上海市忠诚度最低，得分仅为74.30分。境外游客网评分指标显示，特色风情的弱化导致熟悉度和美誉度排名靠后。结合中国游客出入境满意度调查数据做进一步的研究，我们发现不管国际游客还是国内游客，对上海的网络评价和现场评价，其篇幅和平均字数远低于纽约、伦敦、东京、巴黎、罗马、香港等样本城市，上海在境外官网媒介每篇报道的平均字数也只有1440个字，得分仅为72.7分。文字表达字数越少，反映对所观察事物的认知深度和维度越有限。游客对头部城市的理解，呈现出游前深度文化认知前置的趋势，一本小说、一首歌曲、一部电影，甚至是一个中小学课本学过的知识点，都有可能成为游客到访的重要动机。很多游客对目的地城市不是去了才感受，而是去以前就已经有城市印象浮现。有游客评论"（城市）不需要高楼大厦，不需要灯红酒绿，只要有属于她的故事，让人们记住她的故事。小樽有藤井树的家，西雅图为爱彻夜难眠，伦敦有魔幻的哈利·波特，伊斯坦布尔有虚实相间的纯真博物馆"。研究表明：具有前置深度学习行为的游客对城市满意度整体评价，要远高于那些事前仅有简单了解的游客，而且普遍对到访城市有更高的包容度，更广泛的文化认同与参与度。"罗马假日已经过去50多年了，但许愿池、冰激凌店依然能感受到当初奥黛丽赫本的气息"。除了伦敦西区聚集的几百个博物馆、艺术画廊、大师真迹，伦敦东区的红砖巷（Brick Lane）呈现出的丰富的街头文化，对于艺术家来说，一堵破墙似乎就是他们的信仰，让我们更能感到这座城市的兼容并包的气度。

回过来看上海，除了城市整体形象，各区县没有明显的辨识性和显示度，浦东、崇明、奉贤之所以有相对的辨识性，当前也仅是以其自然区割和文化坐标为前提的。在打造"可阅读的建筑"之方面，上海还有很长的路要走。主客共享虽然已得到普遍认同，但是对知名社交网站的跟踪调查显示，本地居民对城市满意度和好感度要远高于海外和国内旅游者。本地居民可以如数家珍地罗列上海有多好，比如上榜全球最佳公共图书馆的嘉定图书馆、有水上图书馆之称的清浦图书馆，有见证历史的黄埔明复图书馆，有24小时可过夜的大众书局、博库书城，有全森的冰激凌、罗森的杏仁豆腐、7-11的三明治等便利店文化，"上海发布""乐游上海"等本地APP有多好用，等等，但中国旅游研究院与中国电信联合实验室的数据显示，这些理应主客共享的文化标记却鲜有出现在游客的到访轨迹中。游客停留时间过短可能是重要原因之一，2017到访上海的入境游客平均停留3.32天，而伦敦的同期数据是7.3天。上海是我国的文化高地，是我国文化产业重要的集聚地，但还不是具有世界影响力的文化地标，缺乏能够引领未来的文化现象，也就很难于对发达国家和地区的游客产生深层而持久的吸引力。

从国内来看，上海在面临北京、广州、杭州、西安、成都等城市竞争的同时，还面临着"高素质、高收入、高消费"三高人群的旅游消费力外溢的现实压力，中国旅游研究院持续10年40多个季度的游客调查满意度显示，在60个重点监测城市中，上海除2010年排名第4、2012年排名第2外，其余年份都在第10名左右的位次徘徊。从这个意义上说，上海要成为世界文化地标和头部都市旅游目的地，必须把文化和旅游统筹协调起来，而不能割裂开来考虑。

随着国家和地方机构改革的推进，"诗和远方在一起了"。2018年的国庆七天长假，共接待国内旅游者7.26亿人次，总收入5990.8亿元。其中90%的游客参与了文化活动、文化消费和文化体验，40%的游客参与了博物馆、美术馆、科技馆等文博场所的活动。如果把电影院、戏剧场、城市综合体等广义的文化消费也算进来，则游客参与文化活动的广度和深度还要更大。事实上，无论是文化建设还是旅游发展，都是为了满足人民美好生活需要的，本身就是共融共生，你中有我、我中有你的。正是从这一理念出发，文化和旅游部提出了"宜融则融、能融尽融；以文促旅，以旅彰文"的融合发展指导思想。全球视野下的中国旅游业，区域和城市竞争中的上海旅游业，需要以更加多维的框架、更加多元的比较重新思考我们所走过的路，所取得的成就与经验，所面临的挑战与机遇，并以全新的理念谋划都市的未来的发展。

三、文化地标：要经得起世界目光的检验，更要让游客有品质的获得感

上海应当，也能够向世界传递科技之城、创新之城的形象。这次在国家会展中心举办的进口博览会，我们看到了能够捡起针，握起来有柔软度的机械手；我们听到了人工智能（AI）新闻播报的声音，分享了同济大学

伍江副校长对高科技伦理的严肃思考；特别是王思聪先生和他的IG团队夺冠的消息，差点儿让社交网络瘫痪，更是让如下这句话从小范围的探讨变成广泛的共识："过去从未忘记，未来已经到来。"过去，技术创新、市场创新和管理创新共同推动了旅游业过去四十年持续高速增长。科技应用正在从需求和供给两侧，影响消费、市场和行政三个主体，正在深刻改变旅游经济的运行模式和产业格局。互联网、移动通信、云计算、大数据推动旅游业从传统向现代转型，逐渐改变了"旅游业是劳动密集型的传统服务业""旅游业资源依赖型的产业"等传统观念。我们也看到人工智能、增强现实、无人驾驶、深空探测，乃至于电子竞技等最新科技与文化创意的融合，让旅游业变得越来越时尚，成为一个越来越吸引年轻人进入的领域。

如果我们认同"科技改变生活的同时，也在形塑旅游的未来"，就必须高度重视上海的科技、教育、科普工作对旅游发展的极端重要性。要吸引更多的科技会议在上海召开，邀请更多的科学家来上海讲学，支持优秀的上海科学家走出去，策划并组织高频率的科技发布和开放、共享的科普活动。等我们的下一代、下下一代长大的时候，他们仍然会聆听父母、祖父母讲嫦娥、玉兔、牛郎、织女的故事，同时也向往坐着火星车，像马斯克的人偶那样去探索真实而浩渺无边的宇宙。在不远的将来，年轻人相约去科技馆看展览、听讲座、思考宇宙的未来，会像今天去景点、看风景、享受美好生活一样普遍。没有人愿意守着祖上的荣光过一辈子，年轻人总是要探索并开创属于自己的未来。从世界范围来看，能够代表未来的场景会比代表过去的遗产更能够吸引游客的广泛参与。迪士尼、环球影城、法拉利世界，哪个不是以科技为支撑的文化新创造？从这个意义上，科技、教育和科普水平，以及市民的科学素质，已经成为都市旅游的未来竞争之关键。我们期待着像C919大型客机、蛟龙号载人潜水器、墨子号量子卫星等更多重大科技项目，还有智慧城市（AI city）等能为上海形塑未来国际旅游城市赋能。

《孤独星球》这个月发布了"2019年全球十佳旅行城市"榜单，深圳成为唯一入选的中国城市，且位居第二。为什么这样一座年轻的、相对缺乏历史文化积淀的城市，能够获此荣誉？给出的答案是"在过去的十年中，这座城市已经转变为一座科技中心，是中国一批最具有创新精神的公司所在地，也是一座越来越有创意的城市"。2008年，深圳被联合国教科文组织指定为"设计之都"，深圳在文化艺术领域的声誉、在产业创新及创意设计领域的成就，得到了高度认同。深圳的案例表明，文化地标固然与世界级、国家级的文化遗产有关，更与当代人创造的，承载共同价值观，彰显未来的新文化有关。

列入物质和非物质文化遗产名录的是文化，陈列于博物馆、美术馆、图书馆的是文化，戏剧场、音乐厅演出的是文化，可是搭建于黄浦江畔的临时场馆演出的马术盛装演出、人民公园的Dior巡回展、东方新天地的年轻人休闲宴饮就不是文化吗？来自各行志同道合者，玩票玩出专业水准和网红现象的彩虹合唱团，流量明星鹿晗合过影的邮筒、海派清口、滑稽戏，还有那么多的街头表演和公共艺术就不是文化吗？进博会期间科技展示和学术思考就不是文化吗？这些当然也是文化，而且是更有生命力，更能够代表未来的文化。

上海应当，也能够向世界传递文化高地和开放共享的新形象。我们当然要守护和传承优秀的历史传统文化，要让大家都能叫上名字的昆曲、越剧、沪剧、南翔小笼馒头制作技艺、豫园灯会，还有那些还不太了解的上海绒绣、徐行草编、嘉定竹刻等都鲜活起来，有了这些文化遗产，我们才能记住来时的路。我们当然要继承和弘扬革命文化，作为与井冈山、遵义、延安、西柏坡并列的中国革命五大圣地之一的上海，原上海旅游局的普查数据达 600 多处之多。十九大胜利闭幕后的第一时间，习近平总书记就带着政治局常委来到上海，瞻仰一大会址，重温入党誓词，向人民庄严承诺，向世界郑重宣告，中国共产党人将不忘初心，砥砺前行。文化和旅游部数据中心对红色旅游的人群特征研究显示，当前红色旅游不再是中老年人的"专利"，以 80 后、90 后，甚至 00 后为代表的年轻人已成为参与红色旅游、接受革命传统和爱国主义教育的中坚力量，如果再加上 70 后，占比人数已高达 70% 以上。还有越来越多的国际友人和海外游客也愿意来到这里，观察和思考中国共产党人为中华民族谋复兴，为中国人民谋幸福的力量源泉。上海应该是越剧、沪剧、昆曲等传统文化的地标，应该是一大会址、毛主席旧居、蔡元培故居这样革命文化的地标，更应该是现象级的文化创意、科技创新和商业文明策源地的社会主义先进文化新地标。我们要善于创造社会主义先进文化，为共同价值的传承和人类文明的发展做出中国的贡献，上海的贡献。

世界文化地标往往也是全球性的航空、铁路、海洋运输等交通枢纽，国际金融和贸易中心，科技、教育和时尚中心，特别是人员的自由流动带来的多元文化交会之地。大家去香港的兰贵坊、悉尼的达令港、纽约的曼哈顿街区，这些要素并不是简单的并列或者因果关系，而是共融共生、相互促进、协调生长的关系。从某一时点某一区域来看，单独抽掉某个要素，可能都无伤整体，但是从长期和全局看，一旦自由创造的氛围和多元探索的冲动失去了，可能文化的场所、文化的载体、文化的人群仍在，但是文化的活力、灵魂和未来就窒息了。一旦感觉不到文化建构的信仰支撑和文化生态的共同价值，哪怕规划得再好、文件和会议的规格再高、投入的资源再多，终究可能落得个"有地无标"的境地。对此，习惯于集中力量办大事和令行禁止的决策者和领导者，要对文化、艺术、时尚和科学有必要的尊重或者说谦卑,要像园丁那样浇水、培土、施肥,静待花开,而不是像寓言中的农夫那样拔苗助长。须知,文化建设好了,必然有助于旅游的发展,但是文化并不完全是为了旅游发展而建设。早一点儿把这个道理讲明白了,对今后文化和旅游融合发展有好处。相信上海可以实践得更好,也可以有更多的知识外溢。

上海旅游再出发,应当也能够全面打造国际风范、中国元素、上海特色的世界文化新地标。伴随世界文化地标的建设与发展,旅游部门可以重点开展三个方面的工作:借势推广和分众营销;共享、组织与创新;品质监测与提升。长期以来,我们习惯于塑造统一完整的城市形象系统,包括主题口号、形象 Logo 等,用统一的广告、路演、展会向所有客源国家和城市进行无差别的市场推广。今天,游客的旅游经验越来越丰富,文化艺术成为都市旅游目的地形象建构的关键要素,就不可能再这样偷懒了。必须要有市场推广新思维。

在文化和旅游融合发展的新时代,境外旅游推广体系和国内旅游市场开发机制,都处于整合和重构进程中。需要顶层的制度设计,也需要地方的实践探索。从理念上把承载人类共同价值的文化创造,而不仅是传统的自然和历史遗产,作为新时代都市旅游发展的动力,以高价值的文化创造而不是单独的项目开发对世界产生持续的吸引力。在城市,特别是上海这样的世界级城市已经成为独立旅游目的地的今天,我们有必要建立起专业化、职业化和市场化运作的旅游推广体系。其主要任务是系统研究主要客源地和城市竞争者,与外宣、新闻、广电、网信等部门协同,在国家文化和旅游部的指导下,基于大数据分析、专业路演、事件策划、旅行商对接等路径,建构、推广和维护城市形象。针对不同的客源市场,必须要有分众营销的思维,以专业团队精耕细作,对推广和营销效果要有数据支撑的第三方评估。那种蜻蜓点水的路演、追求新闻性的活动、自说自话的官样文章，已经不再适应时代需要了。

世界文化地标要转化为现实的旅游竞争力，还需要有具体的项目组织和产品研发，需要有充满生机和活力的市场主体。上海的旅游市场主体和产业体系是比较健全的，既有锦江国际、东方航空、上海航空、迪士尼这样国际化发展的资源供给商，又有携程、春秋这样的旅行服务商，还有国家会展中心这样的会展优质资源，更有海昌海洋公园等创新项目。未来的任务是如何把面向市民的公共休闲和文化消费存量资源，如何把B站这类已经市场化的文化企业，与海内外旅游市场的增量需求有机结合起来，真正实现国际化意义上主客共享的高品质生活空间，并成为文化和旅游融合发展进程中可复制、可推广的经验。理论上坚持以人民为中心，以美好生活链接文化建设和旅游发展；实践上要持续建设融合文化基因和旅游要素的新型市场主体，不断拓展有文化和旅游产业的内涵与外延；政策促进上则要挖掘和利用好大数据资源，用大数据沟通文化事业、文化产业和旅游业。文化和旅游融合发展的方向和理念，目前来看大家是有共识的，但是在实践中又常常有"老虎吃天、无从下口"的感觉。究其原因，与两个领域、两个系统只有感性认识，缺乏深入了解和理性认识有关。如果连对方是谁都不清楚，怎么融啊？因此，大数据就很重要。上海的创图就是专门做公共文化和文化产业大数据生产和分析的企业，我去学习过，如果把这么多的数据对旅游系统和旅游企业开放，投资者和创业者就会发现大量商机的。现在看来，由政府部门直接通过申报、评审、发牌、补贴的方式来组织项目和研发产品，无论是效率还是公平，都是不少弊端，是更加充分发挥市场机制作用的时候了。政府有形的这只手总是闲不下来，总想着去下指导棋，总想一声令下就红旗招展的场面，甚至把长期性的文化建设和旅游发展当成为短期性的政绩工程来做，反复折腾，这不行啊，同志们！

在九月份召开的上海市旅游发展大会上，市委书记李强在讲话中指出，"高品质，才能赢得大市场，获得好口碑。"经过四十年的高速增长和快速发展，我国已经实现了从旅游资源大国向旅游大国的转型，正在从旅游大国走向旅游强国。既然是强国，就不能只有规模和速度，还必须的质量和效益，要在广大游客的品质获得感和旅游产业的绩效提升度下功夫、做文章。在这方面，上海应当是领先者、创新者和示范者，《关于促进上海旅游高品质发展　加快建成世界著名旅游城市的若干意见》对此做了有针对性和可操作性的全面部署。希望文化和旅游部门抓住大发展、大融合的历史机遇，做好公共文化效能评估和游客服务质量评价这两篇大文章。从科学出发，用数据说话，只有及时了解我们与全球对地标城市的现实差距，全面分析其内在的原因，才可能做好市委市政府的决策建议，才可能有效协调区（县）政府、街道办事处、社区居委会各级组织和文化、科技、教育、体育、工业、信息、新闻和旅游各行各业，抓好市民教育的精细管理，耐心细致把品质提升落到实处。金杯银杯不如市场的口碑，市场是真正的监督者，游客是最终的评判者，他们有感了，品质才能得到真正的提升。

2018 年 11 月 22 日
上海

第 006 讲｜"并蒂莲"开的日子里，
我在美丽中国等你

尊敬的中国文化和旅游部副部长李金早先生，
尊敬的日本国自民党总务会长二阶俊博先生，
同志们，朋友们：

值此《中日和平友好条约》缔结40周年之际，李克强总理成功访日，安倍首相宣称"日中关系已经进入了新阶段"，"迎新"正在成为包括旅游在内的社会各界有志之士的共识。我们已经看到渡海而去的朱鹮在林水间振翅，期待着跨海归来的"大贺莲"在这个夏天再次盛开。

过去十年，在随团参加中日韩三国旅游部长会、专业考察和学术交流的过程中，我曾经数次到访日本，也多次接待过来访的日本友人，见证了两国旅游市场的繁荣发展，也经历了旅游产业合作的风风雨雨。藉此数年来难得一遇的盛会平台，我想对这次没有到场的几位日本朋友们说几句话,"马上相逢无纸笔,凭君传语报平安。"

奈良县知事荒井正吾先生:

2015年秋天,应您的专程邀请和特别安排,我首次到访奈良参加第六届东亚地方政府会议,发表了主旨演讲《中国游客眼中的奈良与奈良旅游的中国机遇》。时光荏苒,转眼已近三年,唯愿一切安好!

在您的努力和影响下,山川秀美、文化昌盛的奈良,生活美好、爱好和平的奈良吸引了越来越多的中国游客到访。唐招提寺、朱雀大街、毛笔、墨汁、漆器等文化遗产,物集女、处女牛、柿叶寿司、飞鸟火锅等日式料理,以及市民公园随处可见的鹿、工匠精神的传承和市民的微笑,都给游客留下了深刻的印象。在未来的日子里,希望有更多的日本友人像您一样,多来中国的西安、敦煌、北京、上海、深圳、大连等地走一走,亲眼看看拥有五千年文明和现代化进程的中国,实地体验风景美丽和人民幸福的中国,亲身感受谋求民族伟大复兴和建设人类命运共同体的中国。人民之间像走亲访友那样常来常往了,领袖和政治家的战略构想就更容易实现了。

不久以前,李克强总理访问日本,与安倍晋三首相进行了多次会见,双方就推进科技创新、高端制造、共享经济和养老医疗等领域的务实合作达成共识,这是很好的消息。希望您能早日再来中国,我们一起喝喝茶,聊聊文化的传承和下一代的成长,一起在中日两国的主流媒体上发表交流的愿望与合作的共识,在社交媒体上展示彼此的好感和相互的尊重。有了合作的共识,有了国民的好感,我们就有了中日旅游交流持续发展的信心。

东洋大学竹村牧男校长:

去年春天,承蒙您的邀请和校方致聘,我专程到贵校参加了国际观光学院成立纪念研讨会,并以《年轻人的未来 & 中日旅游的活力》为题,为青年学生做了学术演讲。您在校长午餐期间关于中日文化交流源远流长、教育与科研合作前景广阔、研学旅行大有可为等观点，以及有关妖怪学的士林掌故，都让我印象深刻。岛川教授、梁春香教授等大学同事的学术切磋和热情款待，回想起来，也是言犹在耳、历历在目。

教育和文化是拉近年轻人心理距离的桥梁。多年以来，持续扩大的留学生规模和日益活跃的海外文化中心为增进中日两国年轻人的交流互动提供了积极有效的制度安排。希望通过您的影响力和号召力，能有更多的大中小学和培训机构开设中国语言文化课程。不仅教授中国的历史文化和自然地理，也通过多种形式介绍当代中国的经济社会发展情况。希望青年学生来中国不仅学习语言，也学习专业、见习实践，在日常交流中和专家学者、公务人员、专业人士、工人、农民等普通中国人交朋友，在和朋友的日常相处中了解真实的中国。更希望您和东洋大学的师生、日本各界的年轻人来中国研学、交流、观光、休闲和度假。事实上，随着全域旅游和优质旅游战略的推进，中国的美丽已经不仅仅局限于传统的景区景点，每一座城市、每一个乡村、每一个开放空间、每一个季节都具有不同的魅力，都具有体验和分享的价值。

我还希望更多的年轻人去日本访问交流，实地体验日本的繁荣、进步和伟大。希望日本教育、文化和旅游各界对中国游客释放更多的善意、包容和友好。当然，我也希望早一天再回书香校园，履职尽责。

《火影忍者》作者岸本齐史先生：

我们并没有见过面，我是因为女儿才给您写信的。她上小学的时候，偶尔从同学那里得到了一部《周刊少年JUMP》，就迷上了连载漫画《火影忍者》，并一发而不可收拾。从她经常念叨的波风水门、漩涡鸣人、宇智波佐助，从她去日本专门购回的手办，从她写在本子上的经典台词"火的影子照耀着村子，新的树叶也会在火的影子下发芽"中，我感觉到这是一部已经广泛传播,并在形塑国民价值观的伟大作品。作为父亲,我很欣慰在女儿成长的过程中,特别是在青春叛逆期能够有鸣人和佐助陪伴着她,就像在我自己的成长过程中,有单田芳的杨家将、岳飞传和金庸先生的郭靖、乔峰陪伴一样。

十八年来,您在作品中阐释的牵挂、传承、友爱、责任等经典价值,是一代又一代中国人和日本人共同的文化记忆,也是被今天两国的青少年和年轻人接受并践行的。文化的传承与价值观的塑造需要孔子、白居易、罗贯中、曹雪芹、梅兰芳,需要紫式部、松尾芭蕉、川端康成,也需要面向当代生活的漫画、流行音乐、美食、时装、摄影、插花等艺术载体。通过这些融入日常生活并具有功能和消费属性的文化,中日两国的年轻人就有了共同认可的价值观,就会有面对面交流的愿望意愿,旅游的未来和活力就有了保障。

希望有一天,您能够来中国,无论是作品签售,还是参加漫展,我都会带着女儿去看您,让她当面向您说声"谢谢!"

我相信未来中日两国之间还会有更多的国民常来常往,多亲近。像几代人、几百年、上千年的历史传统那样,大家在旅游和交往过程中愉悦身心、增长见识,彼此之间结下深厚的友谊。我们也要看到,相对于美好理想和宏伟目标,现实中还有诸多需要改进和提升的地方。

在过去五年中,中国访问日本的游客数量和消费总额年均分别增长44%和38%(估算),2017年达到了793万人次、166百亿日元(估算),但是游客满意度并没有相应随之提升,2013—2017年分别是80.00、78.54、78.06、77.63和78.39,基本稳定在78.5分左右的满意水平,在27个主要出境目的地徘徊在第十名左右。与此同时,过去五年中日本来华游客数量和消费总额年均分别减少了2%和增长了6%(估算),2017年达到了268万人次、57百亿日元(估算),游客满意度基本能达到80分以上的水平且有稳定增长，但与主要入境国家相比其排名仍靠后。

为此，需要两国政府，特别是旅游和文化部门共同努力，不断增强国家层面的战略互信，加强面向国民的宣传推广，不断释放友好与善意。需要研究、教育和数据分析机构多沟通、多交流，培育更大范围、更深层次的社会共识，共建共享必要的旅游大数据和专业信息。需要旅游投资机构和市场主体深入、广泛而务实地交换意见，形成稳定而有效的旅游交流合作机制。

愿未来的日子里，中日旅游交流如海上丝路这般绵长，如樱花一样绚烂，如种植在博鳌亚洲论坛荷塘中的"并蒂莲"那般盛开！

2018 年 5 月 27 日

大连

第007讲 | 市场和法治推动新时代旅游业创新发展

各位领导、同志们,

受深圳旅游部门和业界的邀请,有机会来到我国改革开放的窗口,也是旅游发展最具潜力和创新力的深圳,汇报和交流对新时代旅游创新发展的一些想法,深感荣幸。中国改革开放四十年了,当代旅游产业从无到有、从小到大的发展也有四十年了。这是不平凡的四十年,我们有理由为取得的成就而自豪,也更有信心在习近平新时代有中国特色社会主义思想指引下,在党中央领导下,迎接大众旅游新时代,开创文化和旅游融合发展的新格局,推进优质旅游新战略。在总结以深圳为代表的城市旅游发展成就和经验的基础上,依靠市场主体,加强法治建设,推动新时代旅游业创新发展,是深圳,也是全国旅游业所面临的现实课题。

一、深圳是我国旅游业改革开放创新发展的先行者

改革开放四十年来，深圳一直在引领国家旅游业风气，是国家四十年来旅游发展的经典样本。总结深圳旅游四十年的历史成就和发展经验，就是总结中国旅游业四十年的发展成就和发展经验。

上个世纪 80 年代早期，由东湖、银湖、西丽湖、香蜜湖、石岩湖和大小梅沙、蛇口、大亚湾、深圳湾共同构成的"五湖四海"，是特区旅游产业的代名词，也是我国山岳、湖泊和海洋旅游资源开发的成功典范，至今仍然在都市观光、休闲和度假市场上发挥基础支撑作用，也是很多地方发展旅游业学习的榜样。上个世纪 90 年代，以世界之窗、锦绣中华、欢乐谷、明斯克航母世界为代表的第二代旅游产品集群，开创了我国主题公园或者说人造景区之先河。如果那个时候就有微信朋友圈的话，这些主题公园的照片应当是每天都可以刷屏的。更重要的是，华侨城事实上承担了我国主题公园运营"黄埔军校"的角色，为过去四十年的我国旅游业创新发展培养了一大批市场意识和商业能力很强的专业人才。进入新世纪以后，华侨城、华强、特发旅游、华南城、深圳海外国际旅行社等一大批旅游企业的兴起，成为市场主体创新发展的高地，印证了"没有强大的市场主体，就没有旅游强市的未来"这一旅游业发展的客观规律。近年来，以华侨城集团的东部华侨城、腾邦国际"旅游+互联网+金融"、中国旅游产品创意奖的"熊出没"、腾讯推出的"一部手机游云南"等科技、文化、资本和创业推动的现象级产品创新，以及一大批小微型企业成长，充分表明旅游已经成为大众创业、万众创新最为活跃的领域。深圳旅游成功实现了旅游经济特别是旅游资源开发从依靠老天爷馈赠的自然资源，老祖宗留给我们的历史文化资源，老百姓的旺盛旅游需求，也即"三老"到依靠资本、科技、文化和人才创新的"四新"转型升级，为国家旅游业的转型升

级和高质量发展做出了有益的尝试和探索。

上层建筑与经济基础、生产关系与生产力始终是相互促进、协调发展的，而不是滞后和制约的。在市场主体发育成长的同时，深圳的旅游综合管理体制和行业协会建设也在同步改革，走在全国的前面。为适应都市旅游消费变迁和市场主体发展壮大的客观要求，深圳旅游行政管理体制经历了数轮改革。早在上世纪90年代，深圳市委、市政府就提出"跳出旅游规划旅游，跳出深圳规划深圳"发展战略，2001年深圳市设置文化局，市广播电影电视局、市新闻出版局、市文物局归口于文化局；2009年，深圳市在新一轮政府机构改革中，率先又将文化局、旅游局和体育局合并成立为现如今的深圳市文体旅游局。我们看到，精简后的文体旅游局很多工作有创新、有亮点、更开放，不仅践行了服务型和开放性行政理念，而且探索了文化与旅游融合发展的路径与方法。文化旅游是推动中华优秀传统文化与先进文明创造性转换、创新性发展的重要载体，深圳"全域旅游"新理念、"主客共享"新空间等实践上更是先行一步。党的十九大以后，国家组建了文化和旅游部，作为国务院的组成部门，文化和旅游融合发展的新时代已经到来，深圳经验在全国范围内复制和推广的可能性进一步加大了。

我们还注意到，作为全国最早成立的行业协会之一，深圳旅游协会和旅行社行业分会、饭店业分会、景区观光业分会、导游分会等涉旅行业组织，多年前就在借鉴发达国家和香港特别行政区经验的基础上，开启了市场化改革进程，不断增强对会员的服务能力，为构建旅游领域的新型政商关系做了有效且有益的探索。我注意到，2018年2月6日，首批38家旅行社加入东南亚优质旅游先行快赔联盟，以及新成立的深圳市旅游纠纷人民调解委员会，是深圳旅游协会在行业自律、品质提升、协助政府做好市场监管工作上的最新探索。中国旅游研究院持续开展40多个季度的全国游客满意度调查显示，旅游投诉与质量监督，尤其是旅行社服务质量一直是影响游客对深圳旅游整体满意度评价的关键因素。

正是得益于政府与市场的良性互动，资源开发与消费需求的协调发展，还有以行业协会为代表的社会力量的积极发挥作用，改革开放四十年来，深圳旅游业取得骄傲的成就。作为全国第四大城市、全球第五大金融中心，2017年共接待国内和入境游客合计1.3亿人次，旅游总收入1485亿元。深圳也一直是我国重要的出境客源地，2016年出境游规模达469.10万人次，排在上海、北京之后。2016年深圳入选全域旅游示范区、2017年大鹏新区获评国家级旅游业改革创新先行区，以及中国邮轮旅游发展实验区，深圳旅游业一直没有停止过改革创新的步伐。

二、尊重旅游市场规律，发挥市场主体作用

深圳旅游之所以能够取得四十年的辉煌成就，可以总结的经验很多，我看最关键的一条就是尊重旅游市场规律，充分发挥市场主体作用。四十年来，深圳的旅游资源开发、项目布局和产品研发，一直围绕着旅游消费变革与创新，走出了一条"需求引导供给，市场开发资源"的深圳经验。所谓需求是现实的、有效的需求，当然，不同发展阶段旅游需求表现形式是有所不同的。改革开放初期，我们率先提出了"时间就是金钱、效率就是生命"的口号，强调工作和事业。可是人不是机器啊，那么多年轻人一下子涌入特区，远远高于其他城市中老年为主的休闲需求怎么满足？也不能都搞迎宾馆、五洲宾馆那样高大上的接待场所吧，于是就建设了一批面向大众的"五湖四海"、植物园、市民中心、地王大厦这样的休闲中心和娱乐项目。还有世界之窗和中华民族园，现在看起来像小人国似的，没什么了不起。但是三十多年前，没几个人有机会到海外旅游啊，内地人到中英街逛逛，以香港警察为背景照个相已经足够回家吹半年牛了。就是来这里做生意的香港同胞和海外侨胞，也没多少人有机会去看长城、大熊猫和布达拉宫的。有人说，深圳旅游是典型的"无中生有"，不对！深圳的优势不是传统的旅游资源存量，而是粤港澳和本地巨大的旅游和休闲需求存量，是人才、资本、科技和市场创造力，并不是像有人认为的那样，靠吹牛侃大山就可以成功的。

有了规模化的有效市场需求，再加上一批市场意识强、商业能力高的企业家，深圳旅游的发展就有了基础保障和现实支撑。上世纪80年代率先打破铁饭碗将华侨城"企业化"、从电子行业成功转入旅游业的任克雷先生，带领华强方特开拓中国自主IP与主题乐园相结合发展新模式的梁广伟先生，正是这一批企业家和他们领导的旅游企业，为旅游产业的繁荣发展拓展了最为广阔的商业空间，奠定了最为坚实的市场基础。直到现在，一些地方领导和旅游集团的负责人谈旅游，还是谈山山水水的自然资源和遗迹遗产的人文资源，我都建议他们来深圳看看，就知道自己该往哪个方向走，该补哪些短板。观念和思维方式都错了，旅游开发和管理的失败就是必然的。反之，有了企业家这一最为宝贵的市场资源，还有什么样的旅游奇迹不能创造出来呢？

深圳对旅游经济客观规律的尊重，还体现在政府和投资机构对各类市场主体的尊重及其作用的发挥上。1979年深圳就积极引入侨资，兴建了竹园宾馆。随后进一步扩大外资利用渠道和利用形式，先后新建了南海、阳光、香格里拉、新都、骏豪等一大批五星级酒店，引入了美丽华、香格里拉、假日等国际知名酒店管理公司。它们不仅完善了城市旅游功能，还带动了深圳的旅游服务标准化、服务品质化和产业效率化，深圳从发展之初就站在很高的起点，直接与国际一流企业对接。即便是早期履行一部分政府职能的深圳特区发展集团的旅游板块，也没有躺在国有资源上当"地主"，做"二房东"，而是积极对接资本市场，学习借鉴国际旅游发展的先进管理经验，不断加强产品创新、管理创新和市场创新。一些内地过来的国有投资机构，也在这块土地上较早地获得了市场化基因。二十年前，湖南省驻特区的窗口企业芙蓉宾馆就在管理变革和产权改革上做了大量的探索，当时他们的老总是肖正雄先生，我为他的书做过序，题目就是《职业经理人的企业家精神》。一个掌柜的，干好自己的分内工作，还天天琢磨东家的事情，企业的活力和创造力就起来了。这样的企业家多了，旅游业能没有活力吗？事实上，酒店、景区、旅行业等领域，这样的企业和企业家都很多，研究旅游业四十年发展的深圳经验，必须以市场化的思维研究深圳的企业和企业家，才能看清楚、看明白、看出门道。

值得关注的是，深圳的总体商业环境很完善，各类的市场主体都很活跃，很早就走出了传统旅游行业的小圈子，以开放的心态抓市场主体建设。以旅游交通为例，只要是能够为游客提供服务的，不管是旅游大巴，还是公租车、网约车，都是为游客在目的地的空间移动服务的，都是"小交通"业态，都要培育和壮大。前段时间，我看到无人公交车已经在深圳路试了。这只是城市交通的革命吗？不仅是城市交通的革命，也是在为旅行方式的革命做准备呢！我看到深圳市针对图书借阅历史统计数据，去年年底开设了国内首家旅游图书馆，还有文体旅游局推出的"美丽星期天""周末剧场"等项目，都获得了良好的社会好评和市场回应。正是有这样一批同时为市民休闲和游客生活提供高品质服务的创新项目，深圳才能够在全国游客满意度评价的60个样本城市中，稳居城市建设、公共服务和城市管理单项指标的口碑前列。

三、全球化时代，深圳旅游面临前所未有的竞争压力

目前，大众旅游新时代的到来和各地如火如荼开展的全域旅游、优质旅游、文化和旅游融合发展战略正在深刻改变国家旅游产业格局。2017

年，超过50亿人次的国内旅游、1亿3000多万人次的出境旅游和年均3.7人次的国民出游率，意味着旅游已经成为国民大众的日常消费选项。对于旅游目的地发展和旅游产业运营商来说，要看到全球最大的市场规模、持续高速增长的市场空间固然是最大的优势，也要看到消费经验的成熟、消费分层的加剧和消费热点的快速变迁，特别是海外目的地为了争夺中国游客而采取越来越便利化的签证政策，加上越来越友好的中文接待环境和更加便利化的支付工具，一个更加开放的全球旅游市场和产业格局正在形成。过去我们跑得快，固然有我们先天的优势和自身的努力，但是也有竞争者还没有缓过神的因素。今天的旅游业越来越进入一个消费者主权的时代，也是目的地竞争全球化和旅游商业共同体不断分化、重组和创新的时代，深圳旅游业应当，也必须以全国和全球的视野，重新审视自身的外部环境和内在条件，重新定位深圳在国家旅游战略格局的地位与作用，与时俱进地培育新的竞争优势，推进都市旅游的可持续发展。

无论我们愿意还是不愿意，在大众旅游时代，特别是出境旅游开始进入中产阶层出境旅游的日常选项时，富裕起来的农村居民都会选择到香港旅游过年的今天，"特区"的形象光环在逐渐消解。深圳必须直面香港、广州、上海、北京、杭州、成都、新加坡、悉尼、东京，甚至似乎很遥远的伦敦、巴黎、罗马、法兰克福、纽约、洛杉矶等世界级旅游城市的竞争。这些城市拥有多年积淀并专业维护的形象，比如东京的繁华、巴黎的时尚、纽约的动感等，拥有遍布全球的旅游推广体系，还有不断升级的主题公园、博物馆、度假地、免税店和多语种接待环境，不断加大针对中国高端客群的魅力攻势。作为目的地的深圳，当前在全球范围内的城市热度已经有所消减，知名度和美誉度也没有稳居头部城市。在观光游时代，目的地景点丰度对游客出行选择起到绝对作用，景点有名气就可以带来客流量和收益。20世纪末、21世纪初"一步跨进历史，一日畅游全国"的

"锦绣中华","你给我一天,我给你一个世界"的"世界之窗",都给国人留下了深刻印象和去看一看的冲动,景点宣传影响力和市场知名度甚至替代了同时期深圳市旅游局推出的"世纪新城,中华之窗"、"精彩深圳,欢乐之都"的城市整体形象,将观光旅游推向了一个历史高度。历史数据显示,2004年前后,深圳旅游总收入占全国的1/6,旅游外汇收入占全国1/12,黄金周旅游总收入连续几年居全国第一位。今天,年轻人正在成为新时期大众旅游的主体,他们的生活消费观念和价值取向正在重塑旅游组织方式和目的地评价体系。越来越多的旅行者倾向于体验旅游过程中的"小确幸",旅游变成目的地生活环境的总和,无论是游客、企业还是目的地营销与管理机构,都更加关注城市整体形象。在此背景下,以"五湖四海"为代表的传统景点所形成的观光产品形象已经不再是需要追求高品质体验的游客首选,城市整体新形象宣传需要及时跟上市场变化并做战略调整。中国旅游研究院开展调查显示,虽然深圳的城市建设、公共服务和城市管理单项指标上排名靠前,但是国内满意度整体指数并不理想。2017年4个季度排名都在30位左右,属于中等水平;入境旅游市场和服务质量评价连续11个月增速是负数。我欣赏过2017年的深圳城市宣传片"我在深圳等你",看到2018年深圳市推出的城市旅游新宣传口号:从深圳出发,看世界。中外旅游业的发展规律表明,只有日常化、高频化的旅游消费活动才可以构建良性发展的旅游经济,才能平抑旺季的波动,相较于外来游客特别是远程市场的游客,当地居民的近程旅游、微旅游和公共休闲才是持续的、高频的。我们不应该只盯着如何把外面的人引进来,更要紧盯生活在深圳这片热土上的市民休闲需求。研究表明,目的地的美好生活正在成为优质旅游的新动力。2017年,深圳仍然是全国最年轻的城市,1000多万常住人口,平均年龄才33岁,蕴藏和孕育着多么巨大的旅游和休闲消费潜力啊!对于贸易、金融、高新技术、高端制造、商业地产高度发达的特大型城市来说，旅游和休闲在城市发展战略体系中重要性近年来还没有得到应有的重视。这么说，并不是因为政府组成部门中没有独立的旅游局或者旅游委，欧美发达国家很多城市的政府序列也没有独立的旅游部门，而是从高层决策和社会认知角度观察思考的结果。这可能与我们长期以来只是关注旅游的经济功能，以及城市发展的阶段有关。如果不能从思想上解决这个问题，不能把旅游纳入到未来十五年深圳城市发展的总体战略中，不能在城市形象形塑与推广上给予有效的支撑，我们很可能在新一轮的世界都市旅游目的地竞争中被移出第一方阵。

　　从旅游产业创新格局看，以黄山、张家界、桂林为代表的资源依托型目的地通过资本市场、文化创意正在探索精品景区的旅游城市发展模式。广州的长隆野生动物园、小蛮腰的灯光秀，上海的迪士尼、东方新天地，北京的古北水镇、环球影城，成都的宽窄巷子、春熙路等，则依托本地和周边区域的休闲市场，着力培育新型都市旅游目的地。值得关注的是，一批依托大众旅游需求和互联网技术的创业公司已经在不同区域成长起来了，上海的携程、景域（驴妈妈）、华住（汉庭），北京的马蜂窝、凯撒，苏州的同程，南京的途牛，广州的七天、租租车，成都的远海国际等，加上春秋旅游、开元旅业，以及多次合并重组后的中国旅游集团、锦江国际、首都旅游、岭南国际、浙江旅游、杭州旅游、黄山旅游、中青旅等大型国有旅游集团，共同构成了新时期国家旅业和第一方阵。公开的信息表明，腾讯、阿里巴巴、百度、美团大众等一线互联网公司，以及新兴的北斗导航、量子通信、区块链技术公司都对旅游与旅行产业展现了战略进入的态势。相对而言，最近十年来，深圳旅游的创业创新在全国显得有些沉寂。当然，华侨城、华强方特、高尔夫球会、华南城、深特发、维也纳等旅游集团仍然保持锐意进取的势头，腾讯总部也在这里。尽管如此，与深圳巨大的旅游吸引力和市民出游力、航空、高铁和海运业的高速发展相比,与粤港澳大湾区国家战略,以及国家文化和旅游业对深圳的期待相比,深圳近年来在旅游市场主体活跃度和旅游产业辐射力方面已经滞后于深圳经济社会发展的总体水平,滞后于同类同级城市的旅游创新水平了。今天把这个判断提出来,可能有不够准确的地方,请深圳旅游发展决策机构和业界同仁批评,更希望能够得到进一步的思考和回应。没有强大的市场主体和完善的产业体系,深圳就不可能继续保持在全球旅游经济版图中的重心地位和领先优势。

四、坚持市场导向和法治精神,推动新时代旅游业创新发展

值此大众旅游新时代,我们必须坚持市场导向。当前旅游经济已从高速增长转向质量效益型增长,旅游经济运行的主导权也从资源方转向了需求方,未来导向的旅游已不再是几个专家学者或者某个权威机构就可以规划出来的了。无论是游客的需求发现,还是产品的价值创造都只能遵循市场规律,由站在一线的市场主体来满足。深圳应下更大的力气培育全国乃至全球影响力的旅游集团和更多活力的创业创新企业。加大支持旅游企业在科技、文创含量高的大型涉旅项目投资建设。鼓励更多市场主体在城市空间再利用、都市休闲存量资源再开发等方面加大研发创新力度,尤其要鼓励深圳优势产业与旅游企业跨界合作,满足游客新需求,构建产业新格局,培育产业新动力。

值此全域旅游新方位,我们必须面向国民需求,创造美好生活。习近平总书记反复强调"人民对美好生活的追求,就是我们的奋斗目标"。具体到旅游领域,就是通过改革创新发展,努力解决人民对美好旅游生活的追求与旅游供给不平衡不充分的矛盾。如此重大的现实课题,固然需要文化和旅游部门的顶层设计,更需要来自基层和一线的实践探索。经过三十多年的发展,依托山山水水和历史文化的观光产品,依托主题公园、都市

休闲和乡村旅游的休闲度假产品已经具备了足够规模的供给存量，但是依托市民休闲生活的存量资源场景优化，以及依托科技和文创，引领时尚的高品质旅游供给才刚刚破题。

2017年12月，在苏州召开的中国旅游集团二十强年会上，我以"内容创设和生活引领"为题做了40分钟的主题演讲。如果讲之前来深圳看一看可能会更充分、更生动些。在这座年轻而富有活力的城市里，有音乐会、博物馆、美术馆、咖啡书店等高雅的文化艺术场所，有华强北路、OTC创意园等特色街区，有深业上城、一方城、万象城、海岸城、Cocopark等商业中心，有莲花山、梧桐山、植物园、东湖公园、市民中心等城市休闲空间，有马峦山、塘朗山、羊台山等郊野公园，还有著名的欢乐谷、东部华侨城等旅游休闲区，加上众多创意无限的餐厅、酒吧、咖啡馆、精品店、美容美发店、便利店，构成了国际化消费中心和时尚策源地必不可少的商业支撑。事实上，深圳市民的时尚生活就是新时代文化和旅游融合发展的新潜力和新动力。我们需要做的就是把这些资源提炼成都市旅游新形象，研发旅游新产品，并宣传推广出去，把深圳真正培育成市民和游客共享的美好生活新空间，时尚旅游新地标。

引领性的市场理念最终要落实到项目和产品上，而项目的研发和产品的销售最终还是得依靠优秀的企业和企业家。我所了解的深圳海外旅游集团及其领导人宋斌先生，正是这样的企业、这样的企业家。近几年，宋总和他的团队，以生活的名义，秉承"做旅游就要做让客人开心的事"之初心，通过动员、组队、培训、全国晋级赛的方式，把广场舞这项老百姓喜闻乐见的草根文化搞出了专业感觉，还组团自驾去了泰国的苏梅、普吉、华欣、曼谷等地，一路欢歌，一路燕舞。既满足了人民对美好生活的追求，又融合了旅游、文化、艺术、节事等多元要素，自身也得到了发展机会。既赢了面子，也得了里子。这就很好啊，这样的企业正是我们寻找和培育的新时代、新形势下国家旅业的样本。我相信像深圳海外旅游集团这样的企业，像宋总这样的企业家还很多，要用好他们，爱护他们。

值此优质旅游新战略，我们必须坚持法治精神。建设法治中国是习近平新时代社会主义思想的重要组成部分。继十八届三中全会通过的《中共中央关于全面深化改革若干重大问题的决定》，明确将"推进法治中国建设"确立为我国新时期法治建设的新目标，党的十九大成立中央全面依法治国领导小组，统筹推进法治国家、法治政府和法治社会一体化建设。4月9日，中央政治局委员、中央宣传部部长黄坤明同志出席文化和旅游部揭牌仪式并召开座谈会，他指出：加强党对文化和旅游工作的全面领导，推进文化和旅游领域的治理体系和治理能力现代化。

改革开放以来，无论是国民旅游权利的普及，游客的权益保障，还是旅游市场主体的建设，旅游服务过程中的民事纠纷，乃至旅游投诉处理，都是在旅游行政部门领导下进行的。从北京治理黑车、黑导、非法一日游，到云南"史上最严的旅游整治"，再到原国家旅游局定期开展的专项整治行动，力度不可谓不大，短期效果不可谓不明显。但是我们想过没有，业界和社会付出的成本有多大？根源问题解决了吗？基于契约、诚信、价值观的长效治理机制建立起来了吗？顺着这个思路想一想，再看看世界上旅游发达国家和身边的香港特别行政区的经验就明白了：社会主义法治是建设优质旅游时代新型政商关系、商游关系、商商关系、商社关系，以市场导向重构商业文明的根本保障。有投诉就找政府，形成现象级负面舆情了就是找中央政府，政府领导再责成旅游行政主管部门处理，监管机构再去办案、约谈、公开处理结果，动员的社会资源太多了，成本太大了！是在法治共识的基础上，彰显司法机关作用的时候了。近年来，一直有"互联网+旅游+金融"的创业机构倒闭，团队跑路的消息，还有媒体推动的大企业垄断、小公司欺诈、消费者"巨婴"的论调，游客上访、媒体曝光、政府约谈，感觉就是锣鼓喧天唱大戏。不管什么事，也不管事大事小，都要行政机关出面，不能说没有用，可是效果不明显，也容易"按下葫芦起了瓢"。从上海、云南、深圳的经验看，司法机关一介入，相关事件进了法律程序，各方的权利和义务主张均在法治的框架公开博弈，事态很快就平息了，也容易建立长效机制。

  法治建设需要国家资源，也是需要地方氛围和市场推动。深圳是一座移民城市，开放城市，也是一座商业发达，市场主体比较有力量的城市。做生意的人多了，就容易产生契约意识。商业力量起来了，再组织行业协会，就会有和政府对话协商的可能性，市场环境就会沿着法治和理性的轨道前行。在我的印象中，深圳不仅旅游投资机构和市场主体比较活跃，行业协会在维护会员权利、彰显行业力量方面也发挥了很好的作用。各级各类行业协会脱钩后，既不能继续做"二政府"，也不能办成与会员进行商业交易的会展公司、培训中心，更不能办成与会员争利的市场主体。要在会员权利受到政府和社会伤害，行业声誉可能受损的时候，敢于并善于公开发出自己的声音。只有真正代表行业利益、维护会员权利，才能在法治的框架下推进产业发展和社会进步。总之，法治建设与我们每个人都相关，需要每个人的努力，希望深圳能够努力成为依法兴旅、依法治旅的国家样本。

  值此文旅融合新阶段，我们必须坚持社会主义核心价值观。传统文化和现代文明是社会主义核心价值观的主要表现形式，是国家软实力的核心组成部分。相较于传统的以展示为主的博物馆、美术馆、科技馆、图书馆教育，同样作为文化载体的旅游，具有让人在轻松的状态下不知不觉接受教育的功能与优势，这在中国改革开放四十年的旅游发展实践中已经得到了充分证明。新时期的旅游产品开发，既要挖掘优秀传统文化，传承红色基因，也要面向未来，面向新的文化创造。文化和旅游部党组书记、部长雒树刚同志强调对传统文化和文化遗产"要保护好，也要活起来"，在文化旅游产品的创造上，要"见物见人见生活"。国家发改委等五部委联合印发的《关于规范主题公园建设发展的指导意见》，对"文化自信"提出了明确要求，要讲好中国故事，用老百姓听得懂的语言去讲述老百姓，特别是年轻人感兴趣的故事。主题公园不仅仅是休闲场所，也不单单是简单的文化产品，更承载着新时代的文化自信、文化创造和文化软实力。今后一个时期的文化和旅游融合发展尤其是文化旅游产品的开发，必须要坚持正确的价值观导向，不要追求那些奇奇怪怪、哗众取宠的东西，更不能搞那些不健康、不文明，与社会主义核心价值观体系相违背的东西。

新时期旅游产业发展，既要满足游客的权利，也要兼顾企业发展特别是员工的利益，以及社区发展特别是居民的高水平就业，收入增长和生活质量提升的权利。这是正确处理新时代旅游发展进程中的公平与效率关系的准则，也是旅游企业社会责任的根本体现。客观地讲，过去这些年我们对效率讲得多，对游客权利关注得多些，对社区、居民、环境保护和可持续发展强调得不够。我们必须坚持以人民为中心的旅游发展观，按照习近平总书记的"两山"理论，把"绿水青山就是金山银山"落到实处，让人民在旅游发展中有更多的获得感，这是旅游人的责任所在，也是可持续发展之保障。

衷心祝愿深圳在文化和旅游融合发展的新时代，沿着市场和法治的方向，改革开放再出发，创新发展再辉煌。

2018 年 5 月 14 日
深圳

第008讲 | 创新旅游推广机制，讲好新时代的中国故事

尊敬的林妤真副总裁，

谷歌中国各位同仁，

女士们、先生们：

在不久前的博鳌亚洲论坛上，习近平主席发表主旨演讲："今天，中国人民完全可以自豪地说，改革开放这场中国的第二次革命，不仅深刻改变了中国，也深刻影响了世界！""我要明确告诉大家，中国开放的大门不会关闭，只会越开越大！"

回顾改革开放四十年来波澜壮阔的历史进程，入境旅游相伴始终，见证了时代变迁。经历了20世纪80年代的光辉岁月、90年代的成长壮大，以及进入新世纪后非典和金融危机的冲击，于2015年显现出了筑底回升的迹象，一代又一代入境旅游工作者付出了无尽的才情与努力，终于迎来了复苏增长的新阶段。四十年来，你们有过举国瞩目的骄傲，也有过边缘

坚守的寂寞，却从来没有放弃这一份事业。在此，请允许我向所有为了共和国的旅游业发展，向全世界推广美丽中国的旅游人道一声辛苦了！并致以崇高的敬意！

下面我就当前入境旅游市场现状、今后一个时期入境旅游发展和重点工作，向大家报告一些个人的研究结论。

一、入境旅游市场基本面：稳步进入了回升通道，基础支撑有待夯实

2017年中国入境旅游市场状况可以用两句话来概括：稳步进入回升通道，基础支撑有待进一步夯实。这既是对宏观数据研判的结果，也是对市场特征综合把握的结论。从数据上看，2017年入境旅游人数为1.39亿人次，同比增长0.8%，其中外国人入境市场同比增长3.6%，"一带一路"沿线国家活跃度明显上升。相关数据证实了我们在年初和之前做出的预测，中国入境旅游市场特别是外国人入境旅游市场，进入到恢复增长的新通道和总体回升的新阶段。

如果以更宏大的视野和比较视角来看，我们必须清醒地认识到，入境市场的基础还有些薄弱，关键支撑还不够稳固。2017年，全球国际旅游市场增长率达到7%，即使只用外国人入境市场的增长率与之对比，中国也只勉强达到国际市场增幅的一半。与6.9%的GDP增速和14.2%的进出口总额增速相比，入境旅游市场的增速明显偏低。与7%的出境旅游增速相比，入境旅游只是微弱的正增长。

二、入境市场未来观：有持续增长的市场空间，但是受制于更加复杂的外部环境和有待培育的内生动力

国家综合实力上升和总体形象向好是发展入境旅游的全新动力，也是

文化自信的现实基础。随着人民幸福、民族复兴的中国梦越来越成为现实,我们的旅游吸引力在美丽风景和多彩文化基础上,又增加了经济社会发展的当代成就。美好生活已经成为优质旅游新动力,这个观点对国内市场成立,对国际市场同样成立。越来越多的来华客源开始选择上海、深圳、北京、广州、苏州、厦门、成都、重庆等发达城市作为目的地,还有不少游客来中国购物、休闲、度假、研学和治病疗养。过去中国主要靠差异化吸引游客,现在开始靠美好生活和品质服务吸引游客。从这个意义上说,当代中国的发展成就,将会成为拓展入境市场日益显化的吸引力要素,也是展示文化软实力、彰显国家影响力的重要载体。新时代的入境旅游工作既需要着力吸引欧美日韩澳等发达国家的游客,更要关注"一带一路"沿线国家、金砖国家及发展中国家的新兴客源。

"一带一路"倡议得到了越来越多国家和地区的认同和响应,加上基础设施的互联互通和国家交往的民心相通,必将有效扩大入境旅游的市场空间。文化和旅游的进一步融合发展,也会助推非传统旅游资源的成长,对入境市场形成新的吸引力。根据中央深改委的部署,国务院批准设立满洲里和防城港两个边境旅游试验区,正在与有关国家研商跨境旅游合作区;海南自由贸易区与自由贸易港,会在签证便利化、新增航线和产业开放等方面有大的突破;加上更大范围、更深程度的体制改革与机制创新,都在为入境旅游营造有利的发展环境。中国旅游研究院一直致力于签证便利化、离境退税、航权开放等旅行相关政策的前瞻性探索,一直致力于美丽风景、美好生活、主客共享空间的系统性研究和市场转化实践。我们欣喜地看到:与入境旅游相关的政府部门、研究机构、市场主体,特别是目的地推广与营销机构已经开始协同发力,包括这次和谷歌中国的深度合作,都将构成入境旅游发展的基础支撑和全新动力。

与此同时,我们同样不能回避入境旅游发展进程中所面临的复杂局面，以及有效创新能力不足的现实问题。

国际旅游目的地竞争必然会进一步加剧，贸易保护主义导向的入出境政策可能会增长。周边国家和地区开始以高质量的产品、高品质的服务和便利化的入出境条件，遂行国家意志，成为促进国际旅游持续增长的主要抓手，这无疑会加剧入境旅游的竞争压力。还有一些国家出台增收入境税或离境税的政策，试图将更多的客源和消费留在境内。这些政策从局部、短期来看，似乎是合理的，但是从全局、长期的战略视角看，不仅违背了世界旅游发展的宗旨与目标，而且可能引发更多目的地国家与地区仿效，将对国际旅游的持续发展造成不可预计的负面影响。我们不能不警惕，不能不反对。

对日本等15个国家实施全民免签，与俄罗斯等6个国家实施团队互免签，北京、上海、广东、海南等地实施的72小时过境免签，标志着我国签证便利化近年来取得了很大成就。但是从全球范围来看，我国的签证政策仍然偏紧，签证及其附加服务费用仍然偏高。不时出现的雾霾天气让游客直呼"行程中看不见中国的美丽"，甚至被部分国际媒体列入全球旅游警告。国家形象、国家和地方旅游形象的统筹，国际旅游推广的体制机制还有待于进一步创新。外交、外宣、旅游、文化、商务、教育等部门之间的合力也有待于进一步整合。客观地讲，我们还不善于对外言说新时代的中国故事，有些时候还是在自说自话，打动不了潜在客源，特别是年轻人群体。除了整个国家和少数城市具有较高的国际知名度以外，多数旅游城市，特别是新兴旅游目的地的知名度还没有在全球拓展开。

当然这并不是哪个机构、哪几个人短期内就能完全解决的问题，整个国家都还处在学习的阶段。但是我们只有正视这些问题，才能一步一步补齐短板，夯实基础，促进入境旅游健康、有序和可持续发展。

三、创新发展入境旅游是国家意志，更是旅游人的责任

当前和未来一个时期的入境旅游指导思想是：遂行新时代入境旅游发展的国家意志，进一步夯实入境旅游市场基础，稳步改善国际旅游环境，创新宣传推广方式，讲好中国故事，培育市场主体，确保入境旅游持续增长。

我们要善于挖掘入境旅游市场的新潜力。将人民幸福、民族复兴和美好生活作为入境旅游发展的新动力。各国各地区的旅游竞争，已经从推广营销，逐步扩展到基础设施、商业环境和公共服务之间的全面竞争。为什么欧美日韩长期成为国际最主要的旅游目的地，特别是旅游消费中心，正是因为其美好的生活，以及完善的商业环境，能够让入境游客获得非常便利的旅行服务和质量更佳的旅行体验。我们要做好主要客源国以外的新兴客源国，特别是"一带一路"沿线国家，包括金砖国家、上合组织成员国等发展中国家的宣传推广工作，以新市场撬动新潜力。

我们要善于培育入境旅游新动力，尤其要把"中国梦"作为引领入境旅游发展的战略动力。"中国梦"是实现国家富强、民族振兴、人民幸福，实现从经济复兴到文明复兴的伟大梦想。"中国梦"的实现过程，是世界重新认识中国的过程。商业接待体系与公共服务体系的持续完善，将为入境旅游发展创造更好的外部条件，"望得见山、看得见水、记得住乡愁"的美丽中国将展现在世人面前。生活富足自信、城镇化发展和美丽乡村建设会让中国变得更有吸引力。调研表明，与时俱进、富有创新、充满活力的中国形象将对入境游客形成强烈的感召力。市场推广要从传统资源向当代生活转变，从封闭景点向旅游目的地转变，从波澜壮阔的宏大叙事向家长里短的生活方式转变。要用各种新兴的社交媒体，要从境外目的地游客的视角，以生动的故事与鲜活的人物为载体推广中国。

我们要善于让市场主体发挥新作用。当代中国旅游业发端于入境旅游，旅游服务接待系统也是围绕入境市场建设起来的。现在，很多旅游投资机构和旅行服务商的资源配置是围绕出境旅游业务展开的，无法支撑入境旅游的国家战略。什么是企业社会责任？自觉地服从和服务于国家战略，就是最大的社会责任。全国28000家旅行社，特别是国际旅行社，如果不能在入境旅游发展上跟国家战略保持一致，肯定是不合适的，也是需要行政主管部门积极引导的。

我们要善于运用文化和科技为入境旅游赋予新势能。科技发展和文化创意正在深刻改变着旅游的市场逻辑，入境旅游要充分利用现代科技，讲好中国故事。如何让境外游客更加便利地了解中国、进入中国，以及更加便利地消费，科技和文创要主动服务于这个目标。

我们要善于构建入境旅游市场增长新机制。加强对文化、旅游、外宣、商务，甚至教育等具备外宣职能的相关部委的统筹，将分散的力量整合起来，将入境旅游作为国家形象的重要载体。入境宣传推广要与相关的工作密切协调，相关工作要主动为入境旅游服务，时刻牢记入境旅游是旅游业发展最为重要的任务之一。

值此文化和旅游融合发展的新时代，我们必须清醒地认识：发展经济需要扩大入境旅游，文化自信需要依托入境旅游，创新宣传推广、讲好中国故事需要面向入境旅游。让我们行动起来，为了一个持续增长、优质发展的入境旅游新时代而努力奋斗吧。

2018年5月22日
北京

第 009 讲 | 旅游 IP，不仅仅是网红

尊敬的景域旅游集团洪清华董事长，

各位业界同仁、媒体朋友，

下午好！

近年来，在洪总的倡导和旅游业界共同努力下，一个名为 IP 英文简称，借助现象级的网络文学、游戏、影视作品和娱乐节目的营销造势，俨然成为投资者和运营商共同关注的显话题。值此文化和旅游融合发展的新时代，总结这些年的探索经验，理性谋划未来的发展方向和提升路径，正当其时。

我们要为网红 IP 提供市场空间，更要传承优秀传统文化，还要为欠发达地区的旅游发展注入新动能。习近平总书记在中共中央政治局第十二次集体学习时发表讲话："要系统梳理传统文化资源，让收藏在禁宫里的文物、陈列在广阔大地上的遗产、书写在古籍里的文字活起来。"领袖的讲话为旅游 IP 健康稳定可持续发展提供了指导思想，五千年文脉涵养的

泱泱中华，积淀了从《诗经》到《红楼梦》、从兵马俑到故宫、从敦煌到清明上河园等优秀的传统文化遗产，这是创新发展旅游 IP 最为宝贵的本底资源。如何传承优秀传统文化，讲好中国故事，提升旅游项目的品质感和获得感，是国家战略，也是产业使命。对此，旅游投资机构和运营商，特别是企业家和研发团队必须要有清醒的认识，不能只盯着网红、流量和外国的综艺节目做文章。

近年来，以故宫为代表的历史文化正在以全新的面目走进公众视野，成为认识、体验中华文化与传播中华文化的新型媒介，甚至吸引年轻人前去"打卡"，并引起了市场主体的广泛关注与竞相仿效。这些"头部 IP"资源自身具有的国家文化符号和强大市场号召力是极为稀缺的，也是很难简单模仿和复制的。需要以更加开放的视野，挖掘经济社会欠发达地区的优秀传统文化，提高温冷点旅游目的地竞争力。一些日常的生产方式和生活习俗也是旅游业可以利用的资源，如吉林的查干湖冬捕，以其奇特、壮观的场面和神秘的仪式感，被列入省级非遗名录和吉林新八景。还有福建宁德的畲族婚礼、江西婺源的篁岭晒秋等，都是很好的文化旅游资源，可惜"养在深闺人未识"。驴妈妈们能不能导入旅游 IP 的市场观念和商业模式，以增量激活存量，探索出一条有时代特色的文化和旅游融合之路呢？这个思路也是与世界知识产权组织发起的"知识产权、旅游和文化"项目相响应的。2014 年启动的该项目宗旨是将 IP 确立为一种内生性发展工具，创造性地推动社会发展。

我们要做传统文化的守护者、传承者，更要成为当代文化的创造者和引领者。我们不能只盯着老天爷馈赠的自然资源和老祖宗留下的历史遗产，更应面向国民大众的现实需求，以美好旅游生活为导向，创造承载人类文明发展方向的新内容、新文化、新生活。美国的迪士尼、环球影城和古根海姆美术馆，欧洲的《哈利·波特》《帝企鹅日记》、公共艺术与"白夜节",日本的漫画、建筑与数字艺术博物馆,韩国的流行文化与消费时尚,不仅吸引了世界各地的文化、休闲和旅游消费者,也对一代又一代人的价值观念起到了塑造作用。旅游业可以把网红IP和传统文化场景化,可以借鉴或引进其他国家和地区的IP品牌,更可以用大数据从旅游市场上发现新需求,用产业化思维推进新时代的文化创造。其实,所谓经典,不过是时间的结果。相信业者今天的努力将会为后人留下历史记忆和文化资源。从这个意义说,旅游业者有责任,也有能力通过夜间旅游、避暑旅游、冰雪旅游、科教旅游等资源开发和业态创新,以市场的力量推动文化的创造。从国际经验和市场实践来看,只有原创而且经过市场检验的内容,加上与国情、区情和旅情相适应的商业模式,才是旅游IP从网红概念走向文化支撑的沧桑正道。

各位同仁,各位朋友!

旅游IP要关注短期的流量,更要关注长期的价值,以人的连接为导向,才能成就最好的旅游。知识产权的概念早已有之,为什么近年如此之热?不能不说与互联网和大数据有关。从《花千骨》《琅琊榜》《何以笙箫默》等网络剧的热播,到《仙剑》《步步惊心》等手游陪伴一代人的成长,再到《爸爸去哪儿》《美好食光》等网络平台推动的娱乐节目,既有内容的竞争,也有资本和平台的竞争。有竞争就有指标,下载量、月活量、到达率、打开率等动态指标在传导压力出精品的同时,也会诱导内容生产和营销机构过于关注短期流量。有的作品还没有经过市场检验和时间考验,就匆忙做周边市场开发,结果一时的热闹过后,留给地方和企业只有食之无味、弃之可惜的鸡肋罢了。如果我们没有文化自信和工匠精神,只是一味跟着潮流走,也许会取得一时的成功,终究不过是随波逐流的浮萍。

值此国民休闲、大众旅游、主客共享、文旅融合的新时代,希望有更多的旅游IP通过优质内容和美好生活来打动人、连接人,稳步培育国际视野、中国风格的市场价值和长久的生命力。油画《开国大典》、歌舞史诗《东方红》、电影《霸王别姬》、话剧《茶馆》如此，黄浦江畔的历史建筑、董竹君女士的锦江饭店、南京路的商业街、陈光甫先生的中国旅行社也如此。我相信旅游市场50多亿人次和5万亿元的消费力量，相信大众创业、万众创新的市场力量，更相信投资机构、研发和创作团队、产品开发、市场推广，特别是旅游运营商是有情怀、有逻辑、有模式，更要有耐心。假以时日，旅游产业一定会培育出更多的"驴妈妈"、"帐篷客"等自主知识产权的现象级新产品。

在文化和旅游融合发展的国家战略体系中，旅游业责任重大。希望同志们在持续满足国民大众对美丽中国旅游梦的进程中，自觉肩负起传承文化、引领文化、创新文化的时代使命，培育优质旅游的全新动能，为建设世界旅游强国而努力奋斗！

2018年11月30日
上海

第010讲 | 文旅融合新使命，社会责任新担当

尊敬的文化和旅游部雒树刚部长，
尊敬的中国旅游协会段强会长，
各位企业家、媒体朋友，

大家上午好！

为服务旅游集团和一线企业，由中国旅游研究院和中国旅游协会联合发起并共同举办的"旅游集团年会"已经走过了十年。在原国家旅游局、文化和旅游部的领导下，在业界、媒体和社会各界的大力支持下，旅游集团发展报告、二十强名单，特别是政府领导和企业家围绕科技创新、产业投资、国际化成长、美好生活与内容创造等主题所做的精彩演讲，对于形成发展共识，培育产业动能，起到了积极的促进作用。没有坚定的理论支撑，就不可能有真正的道路自信。在文化和旅游融合发展的新时代，围绕社会责任这个主题，回顾过去，引领未来，应是正当其时。

旅游集团和成千上万的市场主体，一直都是国家战略的践行者，旅游

产业的创新者，也是社会责任的推动者。改革开放四十年来，旅游企业一直都与国家战略相向而行。以国旅、中旅、中青旅三大旅行社为代表的第一代旅游企业率先从"民间外交"的事业序列走向旅游市场，成为"创汇导向、入境为主、重构主体"的战略实践者。以携程、春秋、开元、海昌、如家、七天、华住、途家为代表的民营企业，在大众旅游新时代，面向国民旅游新需求，成为"社会投资、扩大消费、促进就业"有力支撑，开拓了创新发展新格局。以港中旅、华侨城、锦江、首旅、岭南、杭旅为代表的大型旅游集团更是在国际化发展、供给侧改革、全域旅游、"旅游+"、品质旅游等国家战略中扮演了关键角色，发挥了积极作用。没有他们"虽万千人，吾往矣"的义无反顾、奋力拓展和负重前行，旅游业就不可能有今天的市场化程度、商业创新力和社会影响力。值此隆重纪念改革开放四十年之际，我们有必要以行政主体和消费主体的名义，郑重宣告：以旅游集团为代表的各级各类企事业机构，是国家旅游发展不可或缺的市场主体，其历史贡献应当铭记，其时代价值值得彰显。

改革开放四十年来，旅游企业在践行不同时期国家战略的同时，一直用不同的方式积极承担应尽的社会责任。我们看到了万达集团在贵州援建丹寨小镇、旅游职业学院；华侨城集团在西藏林芝投资国际汽车营地项目；国旅总社在河北省康保县举办恋人花节；都是既投资又"投智"的旅游扶贫新举措。我们看到了锦江国际集团综合运用资本、法律和跨文化管理团队，在世界宣传国家形象；开元旅业集团探索民企运营文化场馆；富力地产和星牌集团投资中瑞酒店管理学院；实现了"以文促旅，以旅彰文"的融合发展目标。我们看到了携程旅游集团的全球旅行救援系统已经初见成效，积极推进安全和负责任的旅行。我们还看到了首旅集团倡导的"中国服务"正在成为现实；看到了岭南集团在珠江边上的"岭南五号"项目，在历史遗产活化和社会和谐共生领域中的成功实践；看到了黄山旅游集团在世界自然和文化遗产保护上的努力；看到了东方园林、海昌海洋公园在生态保护上的尽心尽力，看到了祥源投股在齐云山下的汽车文化；看到了凯撒旅游、华远旅游为导游等一线人员付出的关爱。以上种种，还有更多没有列举出来的企业、项目和经验，都在说明一个越来越清晰的事实：旅游企业是旅游强国战略不可或缺的关键力量，更是国家和人民可以信任、可以依赖的市场主体。

在这个隆重的时刻，我们尤其不能忘记百万导游人员，他们从高门槛、高收入、高社会地位的"三高"人群，进入旅游市场成为专业人员，再到今天风里来、雨里去，职业尊严已经低到不能再低的普通工种。还有更多的文博场馆讲解员、酒店客房清洁工、餐厅服务员、景区讲解员、车辆驾驶员、安保人员和旅游志愿者，无论时代如何发展、环境如何变化，他们自始至终奋斗在旅游服务的第一线，是真正的旅游品质之锚、中国服务之基。无论是政府、企业家，还是教育、科研和媒体各界，我们时刻都不能忘记一线员工的收入、成长和职业尊严，并给予必要的关注、呼吁和掌声。没有这些默默付出才情、韶华和努力的旅游从业者，旅游发展的国家战略和集团成长的美好愿景，就会因为缺乏底层的保障而成为空谈。

各位业界同仁，朋友们！

值此文化和旅游融合发展的新阶段，旅游集团肩负伟大的历史使命，也将承担更多的社会责任。

旅游集团应当，也可以是要做文化和旅游融合发展的促进者，意识形态和安全生产的守护者。雒树刚部长在主旨讲话中提出：全系统、全行业要紧紧围绕融合发展这个阶段性重点目标，贯彻落实"宜融则融，能融尽融；以文促旅，以旅彰文"的工作思路，坚守意识形态和安全生产两个底线，促进旅游与生态文明和经济社会协调发展。这意味着旅游集团面临着文化和休闲新空间，更多的旅游市场主体同时也是文化市场主体，更多的文化市场主体也是旅游市场主体。也意味着旅游集团面临更为严格的底线约束，旅游产业的促进者同时也是意识形态和安全生产的第一责任主体。在融合发展的过程中，我们有能力用好市场优势和商业能力，把承载五千年文明的优秀传统文化、传承红色基因的革命文化和社会主义核心价值观为支撑的先进文化，转化为广大游客喜闻乐见的旅游项目。在讲好中国故事的同时，持续提升旅游项目、旅游产品和旅游服务的品质感，不断增加旅游集团的竞争力。这里所说的竞争力，包括旅游集团在产业内的竞争优势，及其支撑的旅游产业在国民经济和社会发展中的话语权，也包括对国际旅游市场特别是来华入境旅游的影响力。改革开放四十年来，国家发展入境旅游的决心从未动摇。今天，中国梦正在成为入境旅游市场的新动力。旅游集团要与海外旅游、文化、宣传推广部门协调一致，积极推广美丽中国，丰富内涵、提升品质，不断提升国家、重点旅游城市、国家旅游线路、国家文化公园的知名度、美誉度和满意度，推动入境旅游市场健康稳定可持续发展。

　　旅游集团应当，也可以为旅游强国目标持续提供创新支撑。经过四十年的努力奋斗，我们已经完成了从旅游资源大国到旅游大国的转型，正在向旅游强国迈进。旅游大国可以利用传统的自然资源和历史文化资源，去适应现实的市场需求，可以自己发展自己的。旅游强国则意味着我们已经走进了世界旅游经济体系的中心位置，对全球旅游产业格局产生越来越大的影响，更多的企业将会利用全球资源，服务世界市场。这意味着别人更多的尊重，也意味着更多的防备，这就要求我们要学会与运通、途易、JTB、雅高、迪士尼这样的市场主体，进行商业理念、产业要素、协调创新等全方位的同场竞争。在一个全球化配置资源的市场竞争中，不可能利用资源所有权构筑市场壁垒，也不可能利用资本霸权到处收购。大力培育科技、教育、文创、法律、公关、游说等新时代旅游发展的全新动能，积极探索与国际组织、国家和地区、非政府组织、社区居民等多元主体相协调，强化法治和契约精神，共商共建共享全球化旅游发展的未来。

旅游集团应当，也可以关注国民旅游权利的实现和服务品质的提升。旅游市场主体要以美好生活为动力，打通国民休闲和大众旅游的资源界限，研发创新分层多元的旅游项目、产品和服务，平衡淡旺季的旅游供给。对于经济欠发达地区而言，固然需要旅游集团的大投资、大项目，更需要通过渠道和平台把当地产品销售出去，还需要结合区情建设一批公共文化设施和休闲中心，让社区居民有实实在在的获得感。无论是国旅总社在康保的景区开发，还是景域旅游集团对土特产品的 IP 植入，都体现了对生态环境、社区和员工的关注。在扩大投资、供给和就业的同时，旅游产业也面临切实提升服务品质的现实压力。现在说融合，谈战略的多。这是好事，意味着企业家视野的开阔和战略领导力的提升，但是我们时刻都不能忘记，广大游客满意不满意，社区居民认可不认可，才是旅游集团能发展多快，甚至能不能生存的根本之所在。现在不少大集团成立了研究院和研发中心，投入了宝贵的人力、物力和财力资源，建议不要急着当智库、接天线，而是面向市场，扎扎实实地研发游客所需要的项目和服务，重点解决服务品质和管理水平系统提升的体制机制问题。外面的世界越是喧嚣，旅游集团越需要冷静、理性和定力，集中精力办好自己的事情。不必为一时一事的进退得失而欣喜或者焦虑，只要做的是阳光下的生意，广大游客跟着我们，人民拥护我们，与国家旅游战略相向而行的道路就会越走越宽阔。

各位领导，同志们！

今天莅临会议还有旅游行政主管部门、地方政府、宣传部门、行业协会的领导和各大媒体的同志们，现场聆听了业界领袖的声音，看见了成千上万的旅游市场主体践行国家战略和社会责任。衷心期待大家为了旅游集团的做强做优，为市场主体的创新发展营造更为有利的发展环境。

希望出台促进导向和鼓励创新的产业政策，实施规范为主和兼容试错的微观监管机制。今天，消费主体走在了市场主体的前面，市场主体走到了行政主体的前面。"（企业）法无禁止即可为，（政府）法无授权不可为"，是社会主义法治建设的自然要求。在此背景下，如何在保障国民旅游权利、提升国民旅游福祉的同时，培育充满生机和活力的旅游市场主体，兼顾效率与公平，从而建立依法兴旅、依法治旅新体系，是各级政府特别是旅游行政主管部门必须要回答的现实课题。

希望营造客观、公正、包容、积极向上的舆论环境，最大限度地促进旅游集团持续发展和企业家健康成长。创新不易，创业更难，承载国家战略和践行社会责任的旅游企业更难。在诗与远方的日子，每每看到业界同行负重前行的样子，我总是因为你们把聚光灯下的机会让给自己而深深地不安，总是想为你们多做一些，再多做一些事情。颁发"旅游思想者"、发布"旅游集团20强"、公开站台发声、报送内部参阅材料，等等，甚至为此而蒙受误解和攻击，也无怨无悔。我知道自己才情有限，能力有限，甚至效果也有限，却没有理由不为你们冲刺和登顶时送上鲜花和掌声，没有理由不为你们一时的失意和困境时鼓劲加油，没有理由不为你们"事了拂衣去，不留功与名"而致敬和祝福。为新时代旅游产业带来更多的大光明和正能量，永远做阳光下的同行者，应当也可以是社会各界，特别是传媒界的身体力行的共识。

希望面向市场和产业需要，推进当代旅游理论创新、学术研究、科技研发和人才培养。很多时候，我们写文章，是为了更多的同行引用率。我们做研究，是为了让自己获得更多的社会声誉。我们办学，是为了让学校更有名，而不是让学生成为世界公民和合格的旅游从业者。这种情况再也不能继续下去了！面对生养和哺育我们的这块土地，我们要像熟悉掌心纹路那样熟悉本土旅游集团的历史和现状，要像爱护自己的眼睛那样爱护我们的企业家和创业者，所有的才情和努力都应当为了与业者同呼吸、共命运、心连心。

最后，请允许我代表中国旅游研究院和中国旅游协会，发布2018旅游集团二十强名单（部分企业营业额相同，并列入围。排名不分先后，参照入围企业所在地唱名），他们是：中国旅游集团、华侨城集团、首都旅游集团、美团点评集团、北京东方园林集团、众信旅游集团、凯撒旅游集团、大连海昌集团、锦江国际集团、携程旅游集团、景域旅游集团、春秋旅游集团、华住集团、同程旅游集团、浙江旅游集团、杭州商旅集团、开元旅业集团、祥源控股集团、安徽旅游集团、黄山旅游集团、福建旅游集团、山东银座旅游集团、湖北文旅集团、岭南国际集团、腾邦集团。在历年调研过程中，课题组得到了金陵饭店集团等60家样本企业的大力支持和积极配合，此致衷心感谢！

致敬，文化和旅游融合发展新时代！

致敬，国家旅业第一方阵！

2018年12月10日

北京

第011讲 | 文之大者,为国为民

12月12日晚上,人民大会堂举办《纪念改革开放四十周年文艺演出》。长期浸于消费、市场和产业研究的我,被国家舞台和时代旋律深深震撼,并生出发自内心的感动。当全场齐声合唱《歌唱祖国》时,相信每个人的内心都激荡不已。那一刻,浮现在我脑海中的是艾青先生的诗句:"为什么我的眼中常含着泪水,因为我对这块土地爱得深沉,"还有金庸先生的"侠之大者,为国为民。"其实,不管是事业还是产业,为文者又何尝不是如此呢?

四十年来,我听到了人民在这片美丽的国土上纵声歌唱。从80年代的新一辈,到希望的田野上;从很精彩也很无奈的外面世界,到春天的故事;从物质生活到精神生活水平都在持续提升,不是少数人和个别阶层,而是整个国家走进了新时代,人民情不自禁地歌唱祖国。那些承载着一代又一代人记忆的歌声啊,已经成为国家和民族的历史基因。节目临近尾声,当郭兰英、才旦卓玛、李光曦等一批"80后、90后"老一代歌唱家步入舞台中央，深情演绎《我爱你，中国》时，全场数千人掌声雷动。那一刻，他们真诚而完美地诠释了什么是国家功勋演员，什么是人民艺术家。历史已经证明，并将继续证明：只有与时代紧紧联系在一起，真诚地为人民而歌唱，歌曲、戏剧、舞蹈、图书发行、新闻出版、电影电视等文化成果才能深入人心，传得开、唱得响、留得住。从《诗经》到《红楼梦》的文学作品，从《开国大典》到《父亲》的油画作品，从《一江春水向东流》到《霸王别姬》的电影作品，《风》也好，《雅》《颂》也罢，所有能称之为经典的作品无不是时代的产物，无不是历史检验的结果。无论文化表现形式如何与时俱进，无论纯粹艺术，还是商业创作，如果你的心中没有人民，眼里没有"座儿"，那么终有一天会被人民所忘记，也会为市场所抛弃。任何时候，文化都不能是文化人的把玩，都不能满足于唱堂会和小圈子里的相互捧场，而是要面向时代、面向生活，坚持为大多数人服务。舞台艺术、高雅文化如此，民间艺术、网络文化同样如此。

四十年来，我看到了人民在辽阔的大地上自由旅行。尽管自古就有"读万卷书、行万里路"的传统，但是受制于收入、闲暇时间、消费意愿和外部环境的限制，"春风得意马蹄疾，一朝看尽长安花"的又有几人可享受呢？若非做官、经商、求学、讨生活，绝大多数国民可能一辈子都在面朝黄土背朝天，活动足迹能逾百里已是值得夸耀的事情了。伴随着改革开放而兴起的旅游业，其实也是外国人、港澳同胞、台湾同胞和海外侨胞在看风景，国人只是通过导游、酒店服务员、友谊商店售货员等岗位从服务者的角度了解旅游。对于多数国人而言，入境游客只是近在眼前的风景罢了。当读到世界旅游组织1980年发布的《马尼拉宣言》，我被深深震撼了："旅游是人类长存的生活方式，是人的基本权利"。从那时起，我就发誓要为"更多的国民旅行，更高的品质分享"而奋斗终生。1999年国庆"黄金周"开始，我们逐渐迎来了大众旅游新时代。2017年，50亿的国内旅游人次、1.3亿的出境旅游人次、3.7次的国民出游率，意味着旅游已经从少数人享受的权利走入国民大众的日常生活，也是人民生活水平提高的重要组成部分。从长江三峡到漓江山水，从长城、故宫、兵马俑到深圳特区、浦东新区和东方之珠，再到世界各地，到处都有国人在欣赏美丽的风景。以至于有文化系统的同事跟我说，做旅游业多好啊，到处是"People mountain people sea"（人山人海），随便圈个山山水水就可以坐等着收钱了。

事实上，美丽风景是旅游产业所依托的本底资源，却不是旅游活动，更不是旅游业的全部。今天的游客仍然需要美丽风景，更要美好生活。无论是国内旅游，还是出境旅游，人们更愿意与本地居民分享高品质的公共空间、休闲场所和公共服务。享受高速交通网络、城市公共交通和商业环境的完善，特别是智慧城市、数字城市和海绵城市建设进程的加快，"主客共享"不仅是理念共识，也是清晰可见的生活实践。回过头来看，如果没有市场主体和千万从业人员所付出的才情、韶华和努力，没有多样化的资源开发和高品质的服务，只是有那么一些山山水水和文化遗产，我们就无法顺利实现从旅游资源大国到旅游大国的转变，更无法实现"更多的国民参与，更高的品质分享"的美丽中国梦。

旅游在享受文化，同时也是传承文化和创造文化。很难想象如果没有旅游市场，会创造出《印象丽江》《天门狐仙》《文成公主》这样的大型山水实景演出作品，会创造出开封的清明上河园、华侨城的欢乐谷主题公园、海昌海洋公园、长隆野生动物园、华强方特主题公园等为亿万游客带来欢乐的休闲文化场所，会将一批历史名城名镇名村的历史遗产活化，成功地将乌镇戏剧节、北京798艺术园区、成都宽窄巷子推向世界。不能认为守着祖先荣光和历史遗产是文化，为今天的国民幸福和美好生活而创造就不是文化。正如习近平总书记所指出的那样，人民对美好生活的向往就是我们的奋斗目标。

同志们，朋友们！

四十年来，我还明显地感觉到了人们在网络上积聚的创新活力。为了把旅游业培育成国民经济的战略性支柱产业和人民群众更加满意的现代服务业，我们需要在传统的自然和历史文化资源之外发现新领域，寻找新动能，构建新平台。诗和远方在一起的日子，我一直在努力向文化系统学习，向文化机构学习。有时和年长者谈诗词歌赋、音乐美术、戏曲舞蹈，觉得自己没有过去；听年轻人谈移动互联网、大数据、人工智能和数字艺术，感觉连未来都没有了。应当说，已经过去的是文化，正在发生的和将要来临的也是文化。近年来，正是包括网络在内的新平台、新领域和新动能，传承五千年优秀传统文化、发扬红色基因的革命文化的同时，网络空间的年轻人开始以自由探索的精神、以兼容并包和宽容失败的氛围，着力塑造新时代的创新精神。这种创新精神正在成为新时代文化创造的新空间，旅游发展的新动能，文化和旅游融合发展的新领域。

网络正在创造新时代文化创造的新空间，拥有无限的潜力和可能。随着数字图书馆、数字博物馆的建设进程和数字艺术的创新发展，以及主动面向市场的文创研发，越来越多的文化资源得以通过互联网加以传播，初步实现了"文化遗产要保护好，也要活起来"的目标。《如果国宝会说话》《上新了故宫》之所以会成为年轻人追捧的网红，离不开互联网和社交平台的传播。总体而言，类似的文创还是基于历史的传承与发扬，还是精英主导的教化，而不是源于当代生产和生活实践成长起来的文化。由此，我更加关注榕树下、优酷土豆、爱奇艺、QQ音乐、B站、抖音、花椒、喜马拉雅等依托消费市场、依靠科技创新成长起来的网络文化平台，以及LOFTER等更年轻一代的同人空间。当我浏览肘臭臭、三白蝉（均为网名）创作的《曾侯乙编钟》《千里江山图》等作品，聆听音频怪物的《百鬼夜行》、叶洛洛的《九九八十一》《断弦歌》，会有在博物馆看国宝原件和在太庙听《图兰诗歌》同样的震撼，因为他们在传承灿烂的文明，更在创造不一样的未来。对待年轻人的无限潜力和多元成长的网络空间，很多时候我们恐怕得有医者父母心而非拔苗助长的心态：偶尔是规范，经常是安慰，总是去关注。毕竟，这个世界是他们的，也是我们的，但最终是他们的。

网络正在成为新时代旅游发展的新动能，旅游者和企业家有了更多的选择。在人们传统的印象中，团队旅游者跟着旅行社走，自助旅游者跟着《国家地理》《孤独的星球》和《米其林指南》走。如今，人们出行前会看马蜂窝的游记和攻略，在携程和去哪儿预订航班和酒店，然后带上手机和《穷游锦囊》上路了。前段时间，曾经有媒体问我如何看待一些城市和乡村因为抖音、花椒等短视频而成为"网红"？我的回答是：旅游目的地和旅游产品不必介意做"网红"，但是又不能仅仅满足于做"网红"。网红产品和服务可以让游客有获得感和粘连性，为什么不呢？在目的地，游客可能通过手机上的APP花式搜索吃喝玩乐项目、文化休闲空间和生活场主体验，导航、支付和分享几乎都可以在网络空间完成。更多温点甚至冷点级别的产品、项目和服务，因为互联网的传播而广为人知，更多的旅游创业所需要的资本、知识、人力资源和推广体系，因为网络而获得了创新发展。与此同时，我们也要对"网红经济"有清醒的认识，要着重研究大众旅游和国民消费的基本面，商业模式和市场形象要经得起市场的考验和时间的检验。

网络正在成为文化和旅游融合发展的显著推动力，也是创业创新最为活跃的领域。很多时候，我们看文化艺术是从创作和供给的视角，看旅游则是从消费和资源的视角。这次国家机构改革以后，按网络语言说，"诗和远方在一起了"。我们不能只是停留在"从此王子和公主过上了幸福生活"的童话故事里,加强文化和旅游融合的理论研究、政策设计和产业创新,还有很长的路要走。12月10日,在"2018旅游集团发展论坛"的主旨讲话中,文化和旅游部雒树刚部长指出:围绕文化和旅游融合发展这个现阶段的重点工作,牢牢守住意识形态和安全生产两个底线,形成了"宜融则融,能融尽融;以文促旅、以旅促文"的工作思路。文化系统拥有类型丰富、存量巨大的资源优势,而旅游产业拥有日益增长的消费增量。我们要以美好生活连接文化建设和旅游发展,文化建设和旅游发展都是为了人民的美好生活,要以大数据重构文化资源和旅游市场,更要努力培育充满生机活力的市场主体。

正如习近平总书记指出的那样,"历史是人民书写的,一切成就归功于人民。只要我们深深扎根于人民,紧紧依靠人民,就可以获得无穷的力量,风雨无阻,奋勇向前。"文化是文化人的事情,更是人民向往和追求,并参与创造的事情。相信随着互联网原居民和移动互联网新一代的成长,网络不仅仅是传播文化的平台,也是创造文化的空间。借用金庸先生的话,文之大者,为国为民。我们要积极引导网络文化事业的发展,更要为年轻人和企业家营造有利于文化和旅游创业创新的环境,特别是促进导向的产业政策和兼容试错的监管体系。只要我们的发展为了人民,创新依靠人民,力量来源于人民,相信不远的将来,我们就会看见网络真正成为文化和旅游融合的示范领域和样板空间。

2018年12月15日
中国网络文化年会,北京

第012讲 | 新时代旅游发展的国家要求、人民期待与学术担当

各位学界同仁,

媒体朋友们,

下午好!

党的十九大确立了习近平新时代中国特色社会主义思想为党必须长期坚持的指导思想,中华民族迎来从站起来、富起来到强起来的伟大飞跃。第十三届全国人大通过了国家机构改革方案,不仅开启了文化和旅游融合发展的新时代,也开启了旅游学术研究和理论建设的新时代。文化和旅游部党组副书记、副部长李金早同志在开幕致辞中充分肯定旅游科研工作的作用与成就,并代表部党组提出了加强当代旅游理论建设、回应旅游实践需要的战略要求。文化和旅游部党组成员杜江同志为优秀学术成果奖获得者颁发了证书。这充分体现部党组对旅游科研工作的重视,也吹响了新时

代旅游科研新征程的号角。来自全国高校和科研机构的专家学者就"优质旅游:共同价值与国家治理"这一年度主题,与政府官员、企业家和游客代表进行深入而广泛的交流。会议所形成的诸多共识必将成为促进新时代旅游业创新发展的理论动力。

值此会议即将结束之际,我循例找了几幅图,与青年旅游学人谈谈心。

一、广场舞与大妈们的美好生活

有段时间,大妈们的广场舞成为网络和传统媒体的热词,与旅游相关的评价则基本上是负面或者说是嘲弄的。比如只要有自由活动的时间和空间,也不管是在哪儿,不管别人是否侧目,大妈们打开手机播放器就能舞起来。这有什么不好吗?多数时候人们对某件事物的看法只是源于文化差异罢了。我是个广场舞的宣传者,曾多次在国内外的公开演讲中提到广场舞,建议邮轮公司在漫长的海上行程中,于邮轮甲板上开设广场舞教程,来个四海一家。还在威尼斯、哈萨克斯坦、新西兰多次邀请部长、企业家和教授们来北京、来中国和大妈们一起跳。只有零距离接触普普通通的中国人,了解他们日常生活的喜怒哀乐,而不是看电视和网络,看景区和剧场,才能真正理解什么是中国梦,什么是中国当代活的文化。当然,市井或者说市民文化不是当代文化的全部,更不是研究旅游和发展战略的全部文化资源。可是我们总是把自己拔得太高,动不动就像辛弃疾那样跑到临江的亭子上,"把吴钩看了,栏杆拍遍,无人会,登临意"。再说了,如果不是恰好赶上那些风云际会的大事件,也就无法写出黄钟大吕的历史回响。元朝管道升的《我侬词》听起来很像大张伟和花儿乐队的《嘻唰唰》——抱歉,我每次都听成了大扫除的"洗刷刷",或者做头发的"洗剪吹"——就很适合做今天的广场舞曲啊:"把一块泥/捻一个你,塑一个我/将咱两个一齐打碎/用水调和/再捻一个你,再塑一个我/我泥中有你,你泥中有我。"所以我说广场舞里有文化,有历史传统,也有现实可触的中国梦。当代旅游发展理论不是一直倡导主客共享的理念吗?不是一直强调旅游是异地生活方式的体验吗?不是强调美好生活是旅游发展新动力吗?这就需要与真实的生活相接触,真实地参与到他们的生活场景中去,才会有真正意义上的了解与共情。

经常有青年学者问我现在的旅游研究热点有哪些,并困惑于如何找到有价值、有意义的选题,就是经济学家张五常教授所说的"大鱼"吧。每次听到这样的问题,说实话很是困惑:我们的人民,我们的父老兄弟对美好旅游生活的向往与追求,与旅游供给发展不平衡、不充分的矛盾,难道不是最大的课题吗?需要指出的是,如此宏大的叙事并不是讲话、文件和口号,而是由一件件日常生活的细节所构成的。同样是跳广场舞,有人选择交谊舞、民族舞,有人选择拍手舞、跺脚舞,有人选择"佳木斯僵尸舞",不同群体如何在同一个空间里共存共融?音箱谁带来?人从哪里来,怎么散开?谁来组织?如何解决饮水、上厕所的问题?这些问题就是美好生活的现实问题,也是休闲旅游研究的现实出发点。有人用"窥视"(Mapping)的方法已经做出了很有价值的社会学、建筑学、城市规划的论文。

当代学术研究已经不再是书房中的顾影自怜,走进生动活泼的生活场景和日新月异的产业实践,真实触摸美丽中国旅游梦,才会有持续前行的力量和原创思想。希望旅游研究者走出图书馆和实验室,自觉践行以人民为中心,开创文化和旅游融合发展的新时代。到现实生活中去,用学到的理论、知识、工具和方法,分析研究人民对美好旅游生活的现实需求,和行政主体、市场主体一道去切实增进国民大众的旅游和休闲获得感。在此过程中,自然也会找到产业创新和优质旅游的发展方向。

二、人艺的人民艺术家

北京是文化中心,得地利之便,倒是常常有机会去剧场看京剧、昆曲、交响乐、话剧、现代舞和先锋话剧什么的,艺术享受之余,也结合学术和行政工作做了些思考。近期印象深刻并深为感动的是文化和旅游部党组成员魏洪涛同志微信分享给我的一段视频,北京人民艺术剧院老艺术家组成"花甲合唱队",黄宗洛、于是之、朱旭、英若诚……都是名动一时,堪称国宝级的老艺术家。从画面看,应该是20世纪90年代某次文艺界迎春晚会的演出,曲目是无伴奏合唱《叫卖组曲》。艺术家逐一演绎了商贩叫卖烧饼、豆腐、蔬菜、冰激凌、柿子、花卉、金鱼、报纸,还有收废品、锯锅补碗的市井声音。一时恍兮惚兮,直觉万千生活入梦来,却又那么清净。反复听了几遍,不由得感慨万千:没有融入生活的现场观察、几十年如一日的反复练习和艺术积淀,哪来现场的出神入化啊!什么叫来源于生活,又高于生活,这就是。没有走村串乡的周朝采诗官,没有煮茶招待说故事路人的蒲松龄,就不会有"经典咏流传"的《诗经》,就不会有国人津津乐道的《聊斋志异》。

现在有的创业者喜欢"蹭概念",一会儿2C、2B、2G、C2B2G,一会儿AI、Big Data,再一会儿是区块链、量子通信,动不动就要"颠覆",要"革命"。旅游业的市场创新和产业升级固然需要理念、科技和创业激情的推动,但是每天都在谈论新的概念,贩卖似是而非的"鸡汤",今天是"时代正在抛弃你",明天是"同龄人正在摒弃你",后天是"厉害了,我的大旅游"。弄得跟宇宙大爆炸的那个奇点似的,什么都是新的,什么都是快的。这正常吗?我们太浮躁了,以至于不能静下心踏踏实实地做事情,更忘记了"太阳底下无新事"的常识。上个月我在研究院的旅游文献中心一些年轻人开了一个闭门会,聊了聊关于区块链旅游的概念、前景与可能的商业，结论性的意见也在网上公开了。核心观点就是创业者不能浮躁，不能老是跟着"概念"走，更不能总想着吃巧食。消费者不是傻子，能进到同一个圈子的人，在同一个层面说话的人更不可能是弱智，况且还有法治和政府监管呢。我看还是做阳光下生意，赚说得清楚的钱为好。除非乔布斯这样的商业天才，绝大多数的企业家和经理人还是扎扎实实地做产品和质控。老话说，"不怕慢，只怕站"。没有几十年如一日的钻研与坚持，只靠概念忽悠，哪怕一时成功了，也不可能长久更不可能有的真正的经典与传承。

有的学者呢，喜欢"跟风"，什么热就研究什么，全不管这个热度究竟能持续多长时间，也不管自己的前期积淀厚实不厚实，反正就是"有枣没枣打一竿"，先刷个流量和存在感再说。学术界成了急功近利的名利场，偌大的高校、诸多的研究机构已经放不下一张安静的书桌了。不是说做学问就不能追求功名利禄，而是说要扎扎实实地立言、堂堂正正地立功、清清白白地立德。如果每个人都忙着填写项目申报书、参选评奖、研讨发言、电视有声、网络有名，有些学术资源和行政资源者，则忙着建各种各样的非实体平台和组织，今天和这个签约成立协同创新中心，明天和那个发布战略合作协议，却"只闻楼梯响，不见人下来"，这正常吗？张爱玲的一句话"出名要趁早"，早已为诸多学术界野心勃勃的"于连"、"左冷禅"们误读了，以为什么都可以走捷径，什么都可以是"做"出来的。结果呢？"出水才现两腿泥"，碰到真正的高手和大家，很快就蔫了。什么时候，博士就是为了经世济民而饱读诗书的士子，教授就是安安静静教书的君子，研究员就是潜心静气做研究的学者，当代旅游理论建设大成就的时代差不多也就来临了。至于一篇论文、一本著作、一个项目、一次演讲的价值，还是留给别人去评价吧。说到评价，我倒更愿意相信有时空距离之后的民间评价，而不是那填在表格上的荣誉。进一步地，对一名学者的时代影响和历史地位的评价，则只能留给历史和后人。一时一地的荣辱，不必在意，要坚信历史是人民写的。

三、申葆嘉先生的往来书笔

清明节值班期间整理文献，展阅申葆嘉先生关于旅游研究几个问题的亲笔来信，起首是"戴斌学棣"，古风跃然纸上，不由静思半晌。先生就读于西南联大，后任教于南开大学，长期从事旅游基础理论研究，是我国旅游学科奠基人和第一代旅游学人的代表。1996年，我在南开大学读到《旅游学刊》连载五期的《国外旅游研究进展》，高山仰止，竟生出"才情有限，无力再做基础理论，还是老老实实地搞自己的产业经济和企业管理吧"之感叹。携文章赴北村当面请教，先生很是谦逊，反复说只是钻故纸堆的文献研究成果，做学问得有自己"往桌子上一放梆梆响的东西"。环顾斗室，没有电脑，更没有百度和谷歌，就是眼读、手抄、做卡片，也没有微信等社交平台，就是书信和当面交流。正是这样"当时只道是寻常"的喝茶、聊天和争论，一批又一批青年学子感受到了什么是"谦谦君子，温润如玉"。2009年春天，第一届中国旅游科学年会，先生以中国旅游研究院学术顾问的身份做大会演讲，并多次受邀来京指导青年旅游学人。记忆中，学贯中西的先生从不用PPT展示公式、模型，也不用英语，就是那么云淡风轻讲旅游学术的这点儿事。只是每次时间有限，年轻人也不愿意总是回顾过去，加上受"七十不留饭、八十不留宿"传统讲究的影响，就来得少了。至今思来，亦为憾事，唯有常念"云山苍苍，江水泱泱。先生之风，山高水长"，以慰平生，留待来者。

先生读书做学问，强调基于学理和逻辑的理论架构。仅"旅游"和"旅游学"这个概念，就先德语国家、法语国家、后英语国家，再亚洲和中国，在文本研究的基础上，结合著译者所在国家、地区和时代特征，剥丝抽茧，条分缕析，提出自己对旅游学核心概念的定义、解释与阐述。在晚年的学术生涯中，先生沿着黑格尔"概念的展开即为理论"之路径，最终从涂尔干（Emile Durkheim（1858—1917），也译作迪尔凯姆）的社会事实、社会分工和逻辑实证主义出发，经由结构主义和功能主义、新实用主义方法论和符号互动理论、跨文化多元系统分析，系统建构了《旅游学原理——旅游运行规律研究之系统陈述》。值此国家机构改革后文化和旅游融合发展的新阶段，追思先生提出的"旅游是市场经济的产物，是社会现象"；"旅游研究终须以经济入、从文化出"；"不搞好基础理论，实践就是大象冲进瓷器店"等观点，仍然闪耀着理性的光辉，彰显着现实的意义。

至此，有两句话与各位同仁共勉：欲有优质旅游，必先有品质学术；欲有品质学术，必先有学养护身。这是当代旅游学界的责任，也是当代旅游学人的担当。

四、国家博物馆的革命重大历史题材油画

每次在国家博物馆看到《复兴之路》，在《长征》《太行山上》《开国大典》这些重大革命历史题材的美术作品，我都抑制不住地心潮澎湃：我们需要司母戊大方鼎、千里江山图、快雪时晴帖、白玉苦瓜等国宝来宣示灿烂的历史文化，需要齐白石先生的虾、张大千先生的花鸟去装点文人士大夫的书香生活，需要"老树画画"和打油诗、《就喜欢你看不惯我又干不掉我》这类绘本图画来舒缓工薪族辛劳一天的心情，我们更需要这些集体创作的重大题材来建构当代中国的文化自信。站在辛亥革命以来的仁人志士群像前，我会觉得自己身上的文人士大夫的功名思想是如此渺小；站在毛主席西苑机场阅兵图前，我仿佛听到了不断有人倒下，又不断有更多人加入的红军、八路军、人民解放军"请您检阅"的报告声，仿佛看到人

民领袖的虎目含泪；站在开国大典的巨幅作品前，耳畔回响着"中国人民从此站起来了"、"人民万岁"的激越宣告。事实上，类似承载民族记忆和国家价值的宏大叙事，在俄罗斯、美国、英国、日本的国立博物馆、美术馆、艺术馆都有陈列。

  旅游学术研究和理论建设也一样，不能只依着个人的兴趣搞些"论文、专著、基金"，也不能只为了江湖的虚名整天写"会议、采访、时评"，得有那一股劲儿，抓好学术团队和学术梯队建设，发表一批能够影响时代、载入史册的理论成果。诗三百，风、雅、颂各有所长，也各有所爱。总体而言，还是喜欢风的人多，很少会有人出口成颂的。可是真要读进去的话，就像观看国博的重大历史题材馆那样，会碰到中国文化体系中最坚硬的内核。现在旅游方面的论文每年超过五万篇，还有很多教授、博士、博士后用英文发表在 *Tourism Management* 等国际一流的学术期刊上，而且 H 值也越来越高。一方面为青年学者的学术成长而高兴，为中国在国际旅游学术界话语权的提升而自豪。另一方面，我也很是忧虑，因为一些文章是高校和研究机构有组织、有计划地推动熟悉期刊论文发表规则的青年学者"做"出来的，甚至是流水线"生产"出来的，而不是学者出于学术兴趣，厚积薄发的结果。其中相当一部分的研究主题都是写给同行看的，而不是为国家旅游战略服务的，甚至也不是为了旅游产业创新服务的。如果导向出了问题，思想被悬置，只余下技术和学术，长此以往，可怎么行啊！金融是为实体服务的，所以国家反对金融业一味地"脱实向虚"。房子是用来住的，所以国家要抑制房地产业的投机炒作。科学研究、理论建设和数据分析是为产业发展和国家战略服务的，而不是让学者沿着自我精英化的方向一路向前的。如果我们不能与千千万万的游客和员工在一起，不能想他们之所想，急他们之急，以知识分子的才情和科学家的努力让他们享受美好的旅游生活，获得应有的职业尊严，哪怕再多的荣誉，也终将失去人民的信任,终将为历史所忘却。

坐而论道固然可以气象万千,但是真要扭转乾坤的话,非得起而行之。行什么?行国家战略所需。脱离了国家战略和产业支撑,学者的自我精英化也是走不远的。希望旅游学者,尤其是青年学人认真学习党的十九大精神和习近平新时代社会主义思想。总书记号召"把论文写在祖国的大地上,把成果应用到社会主义现代化建设中",真正要把这句话落到实处,并不是件容易的事情,但是真要是做到位了,离大成就庶几不远矣。

2018 年 4 月 20 日

中国旅游科学年会闭幕演讲,北京

第013讲 | 中国旅游业的目标重构与动能转换

女士们，先生们！

下午好！

中国市场化意义上的旅游业与改革开放同时起步，接待外国游客、港澳同胞、台湾同胞和海外华人华侨，以获得经济建设所急需的外汇收入。受益长达三十年的"封闭红利"，处于卖方市场态势的中国旅游业需要解决的重点问题是供给短缺，而不是需求不足。无论自然资源、人文资源，还是航空、酒店和汽车等接待资源，乃至导游、翻译等人力资源，都由体制内的条条框框所控制。因此，20世纪80年代到90年代中期的旅游发展主要指导思想只能是"政府主导、适度超前"，事实上，行政资源的释放和公共机构的参与是这一时期旅游经济发展的主要动力。

从80年代末到90年代初，为了应对入境旅游市场增幅放缓，以及总需求特别是消费需求不足的挑战，中国开始探索开始发展国内旅游。受益于双周末、"黄金周"、带薪休假等假日制度的优化与完善，"人口红利"

被有效释放了出来。随着社会主义市场经济的建立与完善，国家、地方、集体、个人和外商投资旅游业的热情空前高涨。尽管仍然强调旅游为国家战略服务，强调旅游消费和投资的经济功能，但是市场取代了行政，成为旅游业发展的主要动力。

伴随着国民参与旅游活动的普及化和日常性、旅游经济体量与综合影响力的扩大，旅游业在2009年年底被赋予前所未有的双定位：国民经济的战略性支柱产业和人民群众更加满意的现代服务业。这意味着中央政府既要求旅游业从更高的政治站位服务于国家战略，又要求旅游业着眼于广大游客对服务品质和发展质量的合理诉求。为了"迎接正在兴起的大众旅游时代"，更好地呼应全域旅游发展新格局，资本和技术开始以更大力度进入旅游业。旅游业也因此成为大众创业、万众创新最为活跃的领域之一，更为直观的说法是"创业照耀旅游的星空"。

女士们，先生们！

中国特色社会主义进入新时代以后，社会主要矛盾已经转化为人民日益增长的美好生活需要和发展不平衡不充分之间的矛盾。习近平总书记代表中国共产党人和中国政府庄严承诺！"永远把人民对美好生活的向往作为奋斗目标"。国家机构改革中新组建的文化和旅游部，肩负着推进文化事业、文化产业和旅游业融合发展的重任。在这个伟大的时代背景下，我们有必要重新思考当代旅游发展的理念、目标和动能，以美好生活链接文化建设和旅游发展，以大数据链接资源供给和市场需求，以充满生机的新型市场主体满足主客共享的美好生活需要。

美好生活既包括丰衣足食的基本需求，也包括诗与远方的精神追求。在解决了温饱问题和住房、汽车等物质保障之后，文化、休闲、旅游等精神层次的追求开始变得重要起来。"吃有肉、住有楼，还有闲钱去旅游"是老百姓对小康社会的朴素理解。"世界那么大，我想去看看""生活不止是眼前的苟且，还有诗和远方的田野"则是年轻一代的城市白领对远方风景和美好生活的无限向往与现实呐喊。当恩格尔系数稳步下降，非物质需求日渐上升，旅游成为老百姓日常生活不可或缺的刚性需求的时候，如下观点就获得了越来越多的社会共识：不能让卫星上天、航母下海的国家就不是强大的国家，而不能让民众安宁地阅读、看戏、欣赏音乐和自由旅行的国家也不是文明的国家。

美好生活是文化建设的宗旨，也是旅游发展的目标。如果更多的人可以在日常生活中走进图书馆、博物馆等公共文化场所，可以欣赏高质量的戏曲、音乐、舞蹈艺术，可以参与开放性的读书分享、群众文化和非物质文化遗产的传承等终身学习和美的教育活动，文学艺术的日常教化功能就会不可逆转地显现出来。从世界范围内看，文化氛围深厚的国家、城市和乡村，往往也是游客喜欢到访并给予好评的旅游目的地。无论任何时候，任何地方，"人都是最美丽的风景"。目前，文化建设虽然取得了长足进展，但是公共文化空间还没有成为人民群众的日常生活场景，也没有真正嵌入到"美丽中国旅游梦"的现实体系。当且仅当文化成为每个人的自觉追求，并且是日常生活不可或缺的组成部分的时候，文化建设才有生生不息的内在动力，文化自信才有的取之不竭的源头活水。

美好生活是小康社会和文化建设的新追求，也是旅游产业发展的新动能。中国旅游研究院对国内60座城市和海外27个国家和地区连续40个季度的监测结果表明：经济社会发展水平高、文化艺术氛围浓厚的旅游目的地，不论是接待游客数量、旅游收入、企业利润，还是游客满意度评价，都远高于那些经济欠发达、社会欠发展、公共文化建设不完善的地方。好的旅游目的地需要空间拓展，更需要内容创造，从而让游客在主客共享的生活场景中通过深度体验以增强获得感。商业环境、国民休闲和文化品质所构成的美好生活，为旅游目的地建设、形象培育、宣传推广和市场主体建设提供了全新的发展动力。文化和旅游融合发展，让中国旅游业从美丽风景的 1.0 阶段，走向美好生活的 2.0 阶段。

旅游经济发展的动能正在由传统资源，转向文创、科技和资本驱动的新业态和新模式。归根到底，中国旅游业可持续发展离不开市场主体的创业创新。旅游景区、旅行社和星级饭店的传统业态如何升级？主题公园、文化场景、旅行服务、定制旅行、民宿客栈、共享交通等新业态怎样导入？低空旅游、避暑旅游、健康旅游、研学旅行等新需求如何培育？以及，如何通过大数据引导旅游投资机构和运营商，把更多的资源和精力投入到原始创新、内容创造和品质提升上去？为了实现人民对旅行过程中的美丽风景和美好生活的向往，我愿意与各位一起努力，共同探索文化和旅游融合发展的新未来。

2018 年 9 月 9 日
世界旅游联盟"湘湖对话"，杭州

第014讲 | 诗和远方的日子　砥砺前行的样子

亲爱的北京导游朋友们，

尊敬的全国旅游业同仁，

　　还记得在凯撒旅游集团做2018年开篇演讲，首次为导游发声，引发政商各界热议，仿佛还是昨天的事情；今天又在北京导游大会上做2019年新年献词了，真是光阴荏苒啊，不过也是收获满满的一年。正如宋宇局长所肯定的那样，"取得了显著的成绩，交出了一份靓丽的成绩单"。也如刘毅会长所说的那样，"走进今天的会场，我仿佛感受到了春天的气息"。

　　过去一年里，我看见了更多的父老乡亲在大地上自由地旅行。受益于国有重点景区门票价格下调的政策利好，居民出游意愿持续高涨，国内旅游市场保持两位数的增长，还有超过1亿4000多万的公民在海外旅游，国民出游率接近人均4次。在千千万万的导游、领队、讲解员、司机、酒店服务员、客服专员、旅游演艺人员等一线从业人员的共同努力下，前三季度全国游客满意度增长了 2.63%，达到 78.19 分的近年新高。"有得游、游得起、玩得好"的美丽中国旅游梦一天比一天变成现实。

过去的一年里，我看见了"诗和远方终于在一起"了。无论是国庆假日天安门广场"快闪"的《歌唱祖国》，还是境内外游客的脚步在博物馆、美术馆和戏剧场慢了下来，都意味着广大游客需要的不再只是美丽风景，更是美好生活。无论是文化和旅游部的组建，还是北京和全国各地文化和旅游厅（局、委）的挂牌，无论是投资热点，还是舆论焦点，都在说明一个越来越明显的事实：美好生活正在有机链接文化建设和旅游发展，大数据开始重构文化资源和旅游市场。从年初国家机构改革方案公布的那天起，雒树刚部长和文化和旅游部党组就没有停止过融合发展的理论探讨和政策设计。从"文化遗产要保护好，也要活起来"，到"宜融则融，能融尽融"，再到"以文促旅，以旅彰文"，我们看到了"以人民为中心"的习近平新时代中国特色社会主义思想在旅游领域的贯彻落实，新时代旅游发展的方向、动力和路径日渐清晰。

在过去的一年里，我看见了中国梦正在成为入境旅游的新动能。从入境旅游时代的封闭红利，到大众旅游时代的人口红利，再到智慧旅游时代的技术红利，中国旅游业抓住一个又一个市场机遇，自然资源和历史文化资源得到充分的利用。在驻外旅游办事处主导的主流媒体平台、事件营销和会议展览之外，中国之窗、中国馆、中国文化中心等外宣窗口，孔子学院等教育机构，新华社、广电总台等媒体的国际化传播，以及"延禧攻略"等热播电视剧和"武侠世界"这样的互联网社交平台，都成为美丽中国的目的地形象推广新平台。从包括中国在内的全球客源流向和流量来看：世界自然和文化遗产仍然是旅游发展不可或缺的资源要素，而高品质的美好生活、完善的商业环境和公共服务，已经成为吸引异国他乡的游客流连忘返的主要动因。

同志们、朋友们！

正在到来的这一年，我对旅游业依然持乐观的预期，并将看见更多旅游人不忘初心、砥砺前行。"诗和远方在一起"后，能否过上美好的日子，需要我们以人民为中心，走高质量发展的兴旅道路，以文促旅、以旅彰文，坚守意识形态和安全生产两条底线。不断增强广大游客的品质获得感和社区居民的参与感，应当是当前和今后一个时期旅游发展的责之所系、利之所在，也是创新之动能。作为旅游业者的优秀代表和现代旅游业的坚强支撑，百万导游正在以其专业能力和敬业精神重塑职业尊严。广泛分布于旅行服务、旅游住宿、旅游景区以及交通、餐饮、文化娱乐、商业购物等领域的市场主体，无论是投资者，还是经营者，无论是传统业态，还是新业态，都在创业创新的道路努力前行。有人成功了，有人失败了，更多人坚持着，从市场和商业的角度看，这都很正常，我只想说：你们不忘初心、砥砺前行的样子，真的很赞！

让老百姓"有得玩"，是新时代普及国民旅游权利的题中之意。如果旅游产品创新落不到实处，服务品质得不到提升，没有增加居民收入、落实带薪休假、扩大文化休闲和旅游消费补贴等需求刺激政策，拉动就只可能是境外消费。近5000家博物馆，还有更多的科技馆、美术馆、图书馆，特别是沿海发达地区的公共文化中心，不断增加项目、内容和场景的同时，应以更大的力度向社会开放，向游客开放，让文化场馆成为主客共享的示范领域。要释放积极的鼓励信号，充分发挥国有、民营和社会资本在文化建设和旅游发展中的积极性和促进作用。

当前和今后一个时期，如何摸清楚文化建设的供给侧家底和旅游发展的需求侧变化，并将两者在数据层面有机结合起来，是文化和旅游领域大数据建设的首要任务。无论是决策参考的宏观数据，还是市场创新的微观数据，都是国之公器，都要科学设计指标，客观采集数据，都要为了公平和正义的目标而使用数据。从近年来的旅游大数据建设实践来看，发报告、做排名、发论文的工作做得不少，但是实际转化为政策储备的较少，能够支撑产业创新的实验数据就更为稀缺了。我们需要大数据支撑的政策设计和效能评估，更需要文化和旅游领域的"贝尔试验室"。

让老百姓"玩得起"，是国民大众能否共享旅游发展成果的重要观测指标。改革开放四十年来，旅游业之所以能够成为国家战略的有机组成部分，除了早期的入境旅游创汇的因素，就是因为城乡居民喝着白开水、吃着方便面、坐着绿皮火车，天南海北看风景看出来的。我们还处于大众旅游的初级阶段，既要看到少数人的消费升级，更要看到普通百姓的旅游权利。千万不能忘了老百姓的看风景和过生活的基本需求，千方百计把直观的、刚性的价格降下来，让老百姓玩得起，应当是政商各界的身体力行的理念和共识。过去一年中，多数高等级景区与宏观政策相向而行，不同程度地下调了门票价格。也有的景区迫于政策压力而下调门票价格，但是产品创新和品质提升的内生动力不足。还有的景区通过提升强制性的内部交通费、减少服务项目、扩大商业经营范围等方式以弥补门票损失。

在国民参与的大众旅游新时代，在"主客共享"的全域旅游新方位，面对广大游客对美丽风景和美好生活的双重诉求，景区之外的交通、住宿、餐饮、购物、娱乐消费的价格，乃至手机漫游费的高低，都是社会广为关注的社会热点。事实上，旅游价格总体水平的下降，不仅是"旅游惠民"的政策要求，也是提升消费需求，扩大旅游市场的内在要求。在这个旅游发展理念和景区管理制度双重博弈的过程中，旅游市场监管机构在新的一年里还有更多的工作要做。

让老百姓玩得开心、游得放心，是新时代旅游发展以人民为中心的现实要求。2009年国务院《关于促进旅游业发展的若干意见》提出："把旅游业培育成国民经济的战略性支柱产业和人民群众更加满意的现代服务业"。2018年，原国家旅游局把"优质旅游"作为年度工作重点。从连续十年开展的游客满意度调查结果来看，无论是入境游客，还是国内游客，对休闲时间、公共服务、文化创意、诚信经营、信息获取、便利支付、投诉响应等涉旅供给和政策设计，还有很多不满意的地方。入境游客的满意度首次出现较大幅度的下滑，国民出境旅游人次和海外消费的超预期增长和满意度提升，都在提醒我们：如果不能让老百姓游得放心，玩得开心，旅游业就会失去持续增长的市场基础。提升服务品质已经是一项长期的任务，如何在文化和旅游融合发展的新时代贯彻落实好"人民群众的满意就是最大的政治"，像抓"厕所革命"那样抓旅游服务的品质提升，是广大游客的期待，更是旅游行政主管部门和业界共同的奋斗目标。

同志们、朋友们！

在"诗和远方"的日子里，我还想看见更多的文明旅游和理性消费。随着旅行经验的丰富，见多识广的国民在旅途中应当，也可以展现出从容、优雅和尊严。无论在邮轮上，还是在酒店里，取自助餐时都要养成排队、量取、光盘的习惯。无论在机场，还是在火车上，说话的声音都应以对方听清即可，或者安静地阅读。无论任何时候，任何地方，都要提醒自己："除了记忆，什么都不带走；除了脚印，什么都不留下"。以游客的视角看居民和员工也好，以居民和员工的视角看游客也罢，人都是最美丽的风景。希望有一天，卞之琳先生的美丽诗篇在我们日常旅行中随处可见：你站在桥上看风景／看风景的人在楼上看你／明月装饰了你的窗子／你装饰了别人的梦。这么想着，就很美好。

旅游业的可持续发展是一项系统工程，它需要宏观和微观的统筹协调，需要社会各界的共同努力，也需要每个参与者都有获得感。让广大员工特别是导游、客服、保洁等一线从业人员有获得感，让地方政府和社区居民有参与感，是新时代旅游业健康稳定可持续发展的宗旨和导向，也是现实保障和发展动力。过去的几十年，一些自然和历史文化资源丰富的地方，因为交通等基础设施落后、经济活力和内生创新动力不足，只能寄发展希望于旅游业。加上短期内看上去无限增长的劳动力供给，我们将一部分受益，另一部分人受损的"非帕累托改进"视作理所当然。结果是误将短期做长期，陷入"投入少、见效快，永远的朝阳产业""政府主导、超前规划"之幻觉而不能自己。

今天的中国已经完成了旅游资源大国到旅游大国的历史进程，正在从旅游大国走向旅游强国。由小到大，可以自己发展自己，无视别人的感受，或者说别人也不在意你起步的那一点成就。但是从大到强就不行了，无论是外部的消费市场，还是内部的生产要素，都将面临前所未有的竞争。不是说一开发旅游，土地资源就会源源不断地供给了。地方政府会计算啊，如果发展高效农业、绿色工业、信息产业而不是旅游业，是不是会带来更快的经济、就业和税收增长？也不是一说旅游，劳动力资源就会蜂拥而至了。他们同样会计算，如果到金融、教育、交通等领域，是不是会有更多的工资收入，会有更高的社会地位？就是移民安置和动迁人口，也希望有更高质量的就业，希望可以通过自己的努力和政府的帮助去实现阶层的流动，而不是一辈子甚至是下辈子都处于低水平就业的阶层。事实上，从土地、劳动到资本，从政府、企业到居民，从要素市场到消费市场，一些不利于旅游业可持续发展的抑制因素正在积聚，不可不察、不可不谋。如何兼顾效率和公平，学会与地方政府、社区居民和企业员工共商共建共享，不仅是旅游主管部门，也是各级各类旅游企事业单位都需要思考，将切实付诸行动的现实课题。

同志们，朋友们！

很多时候，我们之所以选择旅游业，不仅仅因为它可以带来收入和职位，更因为它给予了你我为国为民而尽忠竭智的时代机遇。幸福都是奋斗出来的，为了更多人的诗与远方，旅游人愿意、应当，也有能力砥砺前行！

2019，北京导游再出发！

2019，中国旅游再升华！

2018 年 12 月 27 日

北京导游大会

下篇

旅游领域聚焦

55亿人次国内旅游、1.5亿出境旅游
6万亿元的旅游总收入
对国民经济社会就业的综合贡献均超过10%
宏观数据昭示着旅游产业的辉煌成就
法律、文件、会议和领导人讲话
不断提升旅游业的战略摆位

可是内心总有隐隐的不安
很多人连一次观光旅游的经历都没有呢
节假日的人均出游距离不到300公里
人均旅游花费只有300元多一点
每年乘坐飞机出行者不超过国民的10%
拥有出境证件者也是如此
让老百姓有的游、游得起、游得舒心
旅游工作者不管走得有多远
都不能忘记的初心
更是应当承担的使命

第015讲 | 人的连接　最好的旅游

尊敬的雏树刚部长、石井启一大臣、都钟焕长官，
各位旅游业界同仁，

　　下午好！

　　自古以来，东亚各国就有读万卷书、行万里路的传统。习近平主席说，旅游是人民生活水平提高的重要指标，出国旅游尤为人民所向往。受益于各国政府为国民旅游权利做的努力，受益于移动互联网和社交平台的广泛应用，受益于资本推动的创业创新，今天的国际旅行越来越便利，接待环境越来越友好，"说走就走的旅行"已从梦想照进了现实。阅尽了东京的繁华与精致、首尔的流行与时尚、北京的传统与现代，游客和旅行者已不再浅尝辄止于自然景区和文化遗产地，不再满足于城市地标的打卡，而是追求异国他乡生活方式的体验和人民之间的日常交流。来自世界各地的川端康成迷捧着《古都》，循着主人公的足迹探寻着千年京都静谧不变的美与风雅。漫迷们在《灌篮高手》樱木花道同学的一兰拉面门前排起长

队,并在脸书、微信、KaKao Talk 上兴奋地分享。在日本国民的日常生活里,这可是普通到不能再普通的家常拉面馆哦。又有无数少男少女们因为"云画的月光"来了一场跨越时空的"昌德宫月光之旅",实地感受了历代朝鲜国王和王后的爱恨情仇,等等。这些有别于传统的旅游景象,意味着游客既要美丽风景,也要美好生活。事实上,美好生活正在成为旅游资源开发和产品创新的全新动能。

俗话说,远亲不如近邻,亲戚可以不来往,但是邻居是搬不走的。地缘的相邻、文化的相近、生活的相吸,中日韩三国之间的民众往来向来频繁。中国已连续多年稳居日本和韩国入境旅游客源国的首位。我们也注意到,过去五年的中国出境游客满意度并没有相应提升。赴日游客满意度 2014—2017 年分别是 78.54、78.06、77.63 和 78.39,今年第一和第二季度的指数分别是 77.64、79.16,在主要出境目的地国家和地区的排名徘徊在十名上下。赴韩游客满意度其排名仍然靠后,2014—2017 年分别是 77.77、77.58、76.87、76.95,今年第一季度和第二季度分别位于主要出境旅游目的地国家第 16 位、第 25 位。无论是市场推广,还是现场消费,主要关注于景观、购物、美食等自然空间和物化产品,游客很难感知日常生活的品质,也很少有当地居民的日常交流机会,导致记忆点和获得感均显不足。

只有以人的连接为导向,才是最好的旅游。后工业社会的生活方式和消费观念日新月异,3D 打印机、扫地机器人、语音输入、智能手机、在线翻译、增强现实,这些二三十年前漫画中的科幻道具已经走入了日常生活场景,全球化则让地球村的生产体系和生活方式趋于同构。在这一背景下,单纯的地理空间和物质享受已经很难对游客产生持久的吸引力,更别说好评度了。做游客满意度调查结果的游客动机分析时,我们看到了一位旅行者的分享很有意思,他说:"'孤独的美食家'是好,但对于人类来说,最大的悲哀就是胃的容量是有限的,尤其旅行有时间成本。无论食物有多美味,一旦超过量,也会难以下咽。哎,只能选择自己有眼缘的了。"

我注意到,近几年东京银座、新宿等商业区涌现了大量站立式餐厅,不少政商精英和白领阶层各自买上一杯咖啡或红酒,围着小小的站立台边喝边聊。沿着梅田空中庭院走过来的一个高架桥下有整层的居酒屋,很多人也是站着吃、喝、交流。麦当劳、肯德基,还有已经成为网红的喜茶店,陆续推出了"带上你的朋友,第二杯半价"的热销产品。还有欧洲文化传统所强调的"街道就是一切(Street is all)",充分说明了休闲商业环境中的社交需求和亲情需要,旅游也是如此。过去五年,赴韩中国游客的平均同行人数从 4.4 人降至 2.1 人,同行者中的朋友、情侣和家人的比例则从 38.3% 升至 53.4%。亲情、友情和日常生活的温暖更容易打动这些新型旅游者,比如一名游客在社交平台上分享:在冲绳旅游,去当地一户居民家里做客,我和朋友一起弹着尤克里里,厚着脸皮唱了 the Boom 乐队的冲绳民谣'岛呗'和周华健翻唱的'海角天涯'各一遍,当地人便把我当成家人一样对待!事实上,通过空间移动和旅游消费,结识目的地居民并相互交流,很容易提升游客的满意度和品质获得感。

各位同仁,

为更好地落实中日韩三国领导人的共识和倡议,更好落实三国旅游部长的《苏州宣言》和《行动计划》,需要旅游业界和地方政府相向而行,并付出切实的努力把理想变成现实。

人是最美丽的风景,也是最好的旅游形象,彼此之间应继续释放更多的国家善意和人民友好。主人有热情,客人有礼貌,主客关系才能相处好。主人与客人之间,游客与游客之间才可能有更多的连接。当然,我们可以通过网络社交平台将来自不同地域、远在天际的旅行者连接在一起,但是隔着屏幕冷冰冰的交流永远代替不了人们面对面的交流,及其所承载的温度与情感。

只有体现人类共同价值的旅游活动和生活场景,才能把不同国家、不同地区、不同文明的人有机链接起来。我们一如既往地强调安全、品质和便利,也与时俱进地倡导温暖、尊严和平等。我们已经切身感受到Airbnb、途家、小猪短租、摩拜单车、GreenCar、Kozaza、Zipbob等共享经济为跨境旅行带来的便利,但是最终体验还是要依靠线下的真实场景与人际交往。我看到了商业正在从"普通便利店"转向"社交便利店",看到了既能学习烹饪技巧,又能深度体验饮食文化的本地烹饪课程,看到了一个月时长的首尔MI现代舞学习班,这些强调文化体验、当地玩乐和社交属性的旅游产品正在受到越来越多的游客追捧。

你瞧,在我们焦躁不安、千方百计地谋求创新时,创新正在悄然发生。未来的旅游资源开发的重点也许不在于如何打造传统的旅游吸引物,而是如何重塑游客有感并能够亲身参与的美好生活。万丈红尘最温暖,寻常生活客自来。经历了太多家国情怀的宏大叙事、蓝天白云的空镜头和差异化导向的探索实践,是时候了,让我们回归日常生活,通过人的连接实现最美的旅游!

2018年10月29日

苏州

第016讲 | 扩大旅游交流是新时代国际合作的战略选项

尊敬的李金早副部长、段强主席，

女士们，先生们！

纵观全球有影响力的双边、多边和区域合作，安全和经济都是首当其冲的战略选项。早期的北约和曾经的华约谋求缔约国家的集体安全，欧盟的前身煤钢共同体、石油输出国组织欧佩克谋求资源和生产要素的定价权。从G7（七国集团）、G20（二十国集团）、OECD（经合组织）、APEC（亚太经合组织）等全球性的国家对话与合作平台的历年峰会主题来看，基本上都是围绕安全、经济和贸易等主题展开的。在这个世界和平大趋势与地区热点并存，经济全球化不断受到贸易保护主义挑战的今天，安全与经济领域的对话、共识和行动框架无疑是国家间合作不可忽视的首要内容和关键主题。

有史以来，人类从未停止对美丽风景的向往和美好生活的追求。丝绸之路、万里茶路、郑和下西洋和地理大发现，人类在这颗孤独的星球上越走越远。工业革命带来了交通工具的改进和交通网络的完善，让八十天环游世界的梦想照进了现实。"二战"以后，欧美国家开始进入了大众旅游时代，旅游开始进入国家和地区合作体系，并成为政要们严肃话题之外的谈资。今天，亚太已经成为欧洲、北美之外的旅游经济第三极。2017 年，国际旅游市场规模已经达到了 13.22 亿人次，同比增长 7%，旅游对经济的综合贡献均超过了 10%，对就业的综合贡献也逼近 10%。在旅游服务贸易活动和市场主体的共同推动下，旅游从国际合作的边缘走向中心，并发挥积极作用的时机已经成熟。

顺应时代发展和人民日益增长的美好生活需要，中国积极倡导旅游领域的国际合作。2012—2013 年、2016 年和 2017 年，中国先后与俄罗斯、印度和哈萨克斯坦互办旅游年，通过旅游宣传、民众往来和投资合作，成员国的形象在年轻人心中开始从陌生的邻居发展到熟悉的朋友。原来见面会问"阿拉木图怎么样，阿斯塔纳在哪里？"，现在一起讨论迪马希和鹿晗谁更帅。之前只是从广播、电视、报纸和文学作品中建构起一个永不言败、自强不息又略带忧伤的俄罗斯，现在还要加上生活乐观、积极向上和人文时尚的印象。还有更多的中国游客在泰姬陵感受古老的印度文明，在孟买和新德里看到了现代印度的繁荣与进步。国之交，在于民相亲，有了民众之间的频繁往来，特别是年轻人之间面对面的接触，也就有了国家关系的民意基础。正如习近平主席所指出的那样："人民对美好生活的向往就是我们的奋斗目标"，"中国人自古以来就是读万卷书，行万里路的传统……出国旅游尤为人民所向往"。为了保障不同国家、不同地区之间的民众能够跨越国境自由而便利往来，为了进一步夯实国家外交的民意基础，为了让区域多边合作更有活力，把旅游纳入上合组织的战略议题，扩大成员国之间的旅游交流,扩大成员国之间的旅游合作正当其时。

女士们,先生们!

正如我们看到的那样,源于1996年"上海五国"会晤机制的上海合作组织(SCO:Shanghai Cooperation Organization),其成立初衷和早期任务聚焦于政治互信、地区安全和经济合作,后来逐渐加入了科技、文化、教育、环境保护等方面的合作内容。近年来,随着组织影响力的扩大和各项工作机制的稳定,特别是各成员国对旅游发展的重视和区域内旅游市场的持续增长,旅游被纳入了战略合作的框架。在成员国、观察员和对话合作伙伴国双边旅游交流持续增长,旅游合作日渐深化的基础上,各方于2016年峰会签署《上合组织成员国旅游合作发展纲要》,2017年进一步签署了《〈上合组织成员国旅游合作纲要〉联合行动计划》。各方共同认识到:通过成员国之间的旅游交流合作,促进民众往来,增进相互之间的理解和包容,将为上合组织注入新动力,形成新亮点。今天上午的旅游部长会议和下午的旅游合作研讨会正是为了落实发展纲要和联合行动计划,旅游行政部门、旅游推广机构、旅游运营商、旅行代理商、投资机构、行业协会、教育和研究机构的代表齐聚江城武汉,通过研讨和会商形成更加广泛的社会共识,培育务实高效的市场动力。

国际旅游交流与合作离不开国家间的政治互信,以及由此而来的签证、移民、海关和边境管理的良性合作;离不开主流媒体的基础形象建构和网络社交媒体的互动传播,以增加潜在客源特别是年轻人之间对目的地国家的好感度;离不开机场、码头、铁路、公路、口岸、电信等基础设施的互联互通;离不开公共服务和商业环境的完善。从目前情况来看,这些基础条件都已经具备或者正在完善,中国倡议的"一带一路",哈萨克斯坦的"光明之路"、俄罗斯的睦邻友好政策,以及各成员国的开放与信任构建了区域旅游合作日益牢固的政治基础。随着基础设施的完善、更多签证政策便利化和移民管理友好度的增加，民心相通和民众往来越来越频繁。考虑到经济、贸易和人文交流的持续增加，我们完全有理由期待一个依托上合组织成员国，涵盖3400万平方公里、30亿人口和1.5亿出游人次、1800亿美元旅游消费力的区域旅游合作机制很快得以成型。国际旅游交流合作将在上合组织的战略目标、组织动力和世界旅游发展体系中扮演关键角色，发挥积极作用。

良好的开端是成功的一半，领袖们的前瞻性谋划和政府高层的框架性安排为国际旅游交流合作奠定了基础。与此同时，我们也要看到从理想到现实还有漫长的路要走，所谓"行百里者半九十"，就是这个道理。与亚太、欧洲和北美等发达国家间的旅游合作相比，上合组织成员国之间的旅游交流总体上还处于初级阶段，各国旅游市场发育不平衡、旅游资源开发不充分、政热经温旅游冷等问题都比较突出。2017年，上合组织成员国到访中国的游客不足250万人次，占外国人入境总人次的8.6%。中国到访上合组织成员国的游客不足180万人次，占中国出境外国总人次的比重为3.4%。从结构上看，这一旅游交往集中在中国和俄罗斯两国之间，在上合组织成员国到访中国的游客中，俄罗斯游客占比超过50%，中国到访上合组织成员国的游客中，70%的中国游客首选俄罗斯。很多人对乌兹别克斯坦、塔吉克斯坦、吉尔吉斯斯坦还不够了解，对着世界地图经常会出现张冠李戴的情况。无论中国人去俄罗斯，哈萨克斯坦人来中国，我听到最多的抱怨就是签证的耗时费力，上个月在京会见哈萨克斯坦欧亚旅游协会的会长，她告诉我过海关足足花费了150分钟，以至于见面就很委屈地说："我看着也不像是坏人啊。"如果要想来一个说走就走的中亚五国行，或者想找几位志同道合者来个丝路自驾，就更加困难喽！旅行社、OTA、酒店、景区、铁路公司、租车公司之间的信息沟通、商务谈判和贸易结算也存在语言、法律和规则方面的困难。这些看上去很琐碎、但是又必须面对的问题如果得不到政府机构的重视和行业协会的有效帮助，游客、企业、地方政府和社区居民就无感，政治家的战略构想就会事倍功半。希望这次会议能够直面这些问题，从大处着眼，从小处入手，发扬"钉钉子"精神，稳步推进上合组织框架下的旅游合作。

女士们，先生们！

现在是行动起来，通过旅游推广和文化、艺术、教育、科技、传媒领域的互动，持续提升成员国之间国家知名度和好感度的时候了。相对于美国、日本、韩国、新加坡、澳大利亚和欧洲各国在中国的旅游推广成就，俄罗斯和中亚五国投入的经费预算、人力资源、活动频度和专业性还有很大的提升空间。我们需要用游客听得懂的语言，告诉他们感兴趣的事，让更多游客愿意沿着"一带一路"和"万里茶路"的经典线路到访问阿拉木图、阿斯塔纳、奇姆肯特、比什凯克、塔什干、杜尚别、阿什哈巴德、莫斯科、圣彼得堡、喀山等地方。这些城市是交通便利、基础设施和商业环境完善，是国际旅游者的首选。相对于乡村旅游和自然风光为主的旅游活动，城市旅游尤其要推广高品质的生活方式，以及不同国家和地区的友好度。在面向终端市场的广告投放时，需要明确告诉游客"We are ready for you"，包括导游、餐饮、酒店、交通和语言标志等。为此，我和中国旅游研究院的同事们愿意在市场数据、专题研究、教育交流和会议、路演等方面提供力所能及的帮助。

现在是行动起来，通过政府和私人机构的共同努力，为游客提供安全预期和便利服务的时候了。相较于国内游，安全性与便利性无疑是跨境旅游目的地选择的首要因素。自成立以来，上合组织将地区安全作为首要任务，在打击恐怖主义、维护世界和平、为地区旅游交流与合作提供安全保障的努力是有目共睹的。但是在旅行便利化方面，仍有进一步深化交通基础设施、电信和互联网等领域的合作空间。如何简化直达航班、代码共享、行李直挂、旅游包机的作业审批流程；如何加快高速铁路、高速公路的联网，多语种标识和驾照互认；如何推进旅游团队免签、过境免签、落地签证、增加签证通道、缩短申请时间、延伸签证有效期限、降低签证费用；如何推进电信、金融和文化部门的合作，降低成员国之间的国际漫游资费、扩大银联（Union Pay）、微信（WeChat）和支付宝（Alipay）等新型支付的范围，都应当是当前上合组织深入旅游合作的务实之举。

现在是行动起来，加大政府主导的制度创新和企业主导的市场创新的时候了。4月13日，中国政府在与俄罗斯、蒙古接壤的满洲里市设立了边境旅游试验区。公开信息表明，下一步还会在沿边地区设立更多的边境旅游试验区，并探索与其他邻国共同创设跨境旅游合作区，让边境地区的居民更加自由地往来，旅游要素更加自由地流动。这需要政府相关部门的专项工作组定期会晤、规划和推进，更需要旅游投资机构、旅游资源商和旅游运营商之间加强往来，遂行国家意志，架起民间交流和旅游合作的立交桥。生意是人做的，中国讲究做生意先交朋友，买卖不成仁义在嘛。希望大家来到这里不仅是听会，还要多交朋友，请大家现在就交换彼此的联系方式和商务信息，最好是拿出手机，相互加上微信。中方的企业家和专家学者主动邀请与会嘉宾晚上去江边散散步，去汉正街喝啤酒、吃热干面，聊聊家常，好不好啊？

2018年5月9日

上合组织旅游合作研讨会

第017讲 | 国际旅游组织的价值与价值观

尊敬的国际山地旅游联盟副主席邵琪伟先生，
尊敬的文化和旅游部党组成员魏洪涛同志，
女士们，先生们：

上午好！

值此国际山地旅游联盟（IMTA）成立一周年暨北京论坛召开之际，我谨代表中国旅游研究院致以热烈祝贺！一年以来，联盟秉承"连接山地精彩 共享美丽生存"之宗旨，在主题会议、专题宣传、市场推广、学术研究、平台搭建和会员发展等项工作都取得了长足进展，在山地旅游领域快速形成了国际声誉和行业影响力。作为中国发起成立的国际旅游组织，包括国际山地旅游联盟、世界旅游城市联合会和世界旅游联盟，无疑是具有时代价值和历史意义的。

联盟的成立适应了山地旅游和户外休闲的市场需要。根据联盟的介绍，国际游客的五分之一是山地旅游的参与者，这意味着每年超过2亿人次的市场存量。如果加上国内游客和省内游客,市场规模就更大了。然而,无论是数据统计、理论建设、政策设计还是产业实践,人们对于山地旅游还是知之甚少。山地旅游到底有多大的市场存量和增长空间?山地旅游者的活动范围、消费结构和消费特征是什么?山地旅游有哪些类型?投资和运营山地旅游需要注意哪些方面?公共机构、私人机构和非政府组织在山地旅游中各自的角色和责任分别是什么?联盟在过去一年中通过会议、研讨和出版物对这些问题的回答,初步满足了山地旅游者、涉旅供应商、地方政府和国际学术交流的现实需要。

联盟的运作满足了国际山地旅游目的地推广机构和市场主体的现实期待。相对于游客对于平原、草原、沙漠、河流、冰雪等地理和人文空间的了解,拥有丰富地质地貌和多彩民族风情的山岳地区,很多时候倒真的是"养在深闺人未识"了。这次世界杯期间,打开联盟的官方网站(www.imta.org),就是"争夺宝地,畅玩俄罗斯山地"的醒目招贴画,还有包括中欧山地旅游对话会、高空扁带挑战赛,以及这次会议释放出的更多关于山地旅游活动信息的宣传和市场推广。今年6月,文化和旅游部在韩国旅游展上推出了"山岳旅游"的全新主题,获得了喜爱爬山的韩国游客的认可。种种迹象表明:山地旅游作为独立的目的地类型和新兴市场已经登上了世界旅游业的舞台。从创始会员和首批新增会员的领域分布来看,既有目的地营销机构,也有投资机构、旅游运营商和装备制造,他们需要信息与数据的交流,需要在IMTA的平台上进行更加广泛而深入的交流,也需要理论、标准和数据对创新发展的支撑。

联盟的发展正在引起与旅游、生态、扶贫等领域专业机构和国际社会的广泛关注。包括贵州在内的山区,往往是自然资源和人文资源富集区,也是经济社会欠发达地区,通过发展全域旅游和"旅游+",可以有效带动地方经济增长、增加就业和社会发展水平。这需要权威机构和专业平台发出声音，推动并协助公共机构和社会力量投资并完善交通、电力、通信等基础设施。我们注意到，贵州已经实现了"县县通高速"的目标，极大增强了边远山区、民族地区和贫困地区的可进入性，为近年来贵州旅游的持续增长提供了有力支撑，为世界范围内的旅游促进减贫（PPT）提供了中国经验。所有这些经验都是应当肯定的，在今后的运作中也应当继续坚持并有所创新的。

目前，国际旅游组织在中国已经形成既相互补充、协调发展，又有所竞争的"3+3+X"运作格局。即传统的联合国世界旅游组织（UNWTO）、世界旅游与旅行理事会（WTTC）、亚太旅游协会（PATA）、中国发起成立的世界旅游联盟（WTA）、世界旅游城市联合会（WTCF）和国际山地旅游联盟（IMTA），再加上经济合作组织（OECD）、每年定期在郑州举办的世界旅游城市市长论坛、中国旅游协会（CTA）、中国旅行社协会（CATS）等行业协会。这么多的国际组织和行业协会一下子成长起来，对于尚处于市场化进程中的发展中国家来说，确实值得关注的现象。事实上，地方政府和市场主体已经在关注其形象，比较其优势，并据此选择与其合作的方式。

女士们，先生们！

从历史经验和国情、旅情出发，无论是国际旅游组织，还是国内的旅游行业协会，若想真正实现其宗旨，获得会员发自内心的认同和行业的认可，都应当也必须关注人类命运共同体和旅游商业共同体、旅游行政共同体、旅游学术共同体的建设，培育所在领域和行业的共同价值观；持续强化平台建设、思想建设和内容创新，不断提高为会员服务的专业能力与工作效率；招募国际化的专业团队，建立符合国际惯例的激励约束机制，确保组织目标的实现。

一流的国际旅游组织需要以共同价值为导向

一流的国际旅游组织需要以共同价值为导向。在中国发起成立和开展活动,当然要尊重本地的法律法规和政府管理,但是更要承载人类命运共同体的共同价值,发出世界旅游特别是山地旅游共同的声音。国际旅游组织在成立、成长和壮大过程中,应是人类命运共同体的建设者和共同价值在旅游领域的践行者。它的初心是唤起民众山地旅游意识,实现山地旅游的权利,倡导面向未来的、健康的、文明的生活方式,而不是为了凸显自己的精英地位而去居高临下地教育会员和行业;它的使命是为山地旅游共同体谋发展,团结和带领一切与山地旅游有关的目的地推广机构、管理机构、研究与发展机构、投资机构、旅行服务商,以及住宿、餐饮、房车、宿营地、山地旅游用品与装备制造商,通过专业交流促进市场合作,而不是谋求自身的财务利益和社会影响的最大化;它的未来在于越来越多的国际国内会员认同其理念,践行其使命,扩散其影响,而不是有多少权力机构和高官权贵为其站台背书。现在有的国际组织和行业协会吃饭靠政府、人员靠借用、报告靠贴牌、活动靠补贴、合作卖牌子,长此以往,哪怕是北京这样的"金主",哪怕是含着金钥匙出身的"中字头"、"国字号",恐怕也不会持久。

一流的国际旅游组织需要以平台建设为支撑

一流的国际旅游组织需要以平台建设为支撑。这些平台包括但不限于会员服务平台、信息发布平台、知识网络平台、数据采集平台和国际合作平台。服务会员首先要学会倾听,通过随机式调研、专题调查和专项研究,系统而有效地了解会员的诉求和旅游协会的现状。信息发布平台不是开通官方网站和两微两端等社交账号那么简单。关键是我们有没有会员和行业真正想看的内容,真正要了解的信息,并以公众听得懂的语言去讲公众感兴趣的故事。没有受众黏性的平台就是僵尸平台,就是面子工程,国际组织必须高度重视之。

举办会议是搭建国际合作平台的重要模式，也是几乎任何一家国际组织的常规动作。会议是解决问题的，不是用来"秀"的，更不是用来讲排场、比阔气和显示主办方实力的。同志们想一想，如果我是会员，看到交的会费都用于这些面子和形式了，下次换届的时候我还能投你的票吗？当然，如果你这个会长、主席、秘书长的连任与会员的票数无关，那是另外一回事。而那些对主题和议程认真设计，对会议成果精心整理并有效传播的会议，也许场面不够豪华，接待没有彰显尊贵，却依然会受到与会者的好评和业界的认可。受世界百货公司协会（IGDS）邀请，我参加了伯尔尼和广州两届年会做主题演讲，对其会议组织和会务工作印象颇为深刻：创立于1946年、会员遍布世界各国、各大百货公司高管出席的会议，居然没有邀请国家领导人、地方高官、明星大V出席，没有为任何一位贵宾提供机场和酒店礼遇、专车接送、专业志愿者"一对一"服务，没有剪彩、致辞、合作协议签署等政治环节，没有盛大宴会、精美茶歇和文艺表演，更没有为主席、总裁等领导在前排设沙发座位，甚至没有华丽的大屏幕，主办方两分钟的幽默开场致辞一结束，就直接进入主题演讲和专业研讨环节。

类似的国际会议参加多了，自然就会回顾与反思：中华民族传统文化讲究"文以载道"，革命传统文化强调实事求是、艰苦奋斗，社会主义先进文化则弘扬以人民为中心，反对"四风"，追求实效，让人民有更多的获得感。以追求公共利益为己任的国际组织，是不是发自内心认同了？是不是身体力行实践了？没有切实有感的内容，总是寄希望于那些飘飘忽忽的东西，这样的国际组织，不管你的总部在哪里，不管你有什么背景、有什么资历，都是注定走不远的。

一流的国际旅游组织需要以内容创新为核心

一流的国际旅游组织需要以内容创新为核心。山地旅游目的地营销组织、开发机构和各类涉旅市场主体是我们的服务对象。任何一家非营利组织的使命都只能是会员扩大和社业各界对其价值观的认同,而不可能是办了多少场活动,收了多少赞助费。国际旅游组织的内容创新,不管是年度报告、市场数据、会议研讨和政策建议,都是以短期内会员利益的最大化为目标,长期努力构建有利于本行业发展环境为导向。离开这一点,再多的成果也只是小圈子里的孤芳自赏。当然,国际旅游组织和行业协会也不是联合国,更不可能"包打天下",它首先要站在会员的立场上,为会员的权益鼓与呼。当大集团阻碍市场繁荣和产业创新,当政府管制导致了不公平的市场环境,当国际旅游贸易环境恶化,国际组织和行业协会要及时、理性而有效地发出自己的声音,表明自己的立场和态度。须知,"谁拯救了我们,谁就是我们的英雄"啊!现在有的旅游行业协会还是习惯于跟风发些不痛不痒的倡议、声明、共识、宣言,而漠视企业和地方会员的核心诉求。长此以来,协会和组织的凝聚力和向心力又从何谈起呢?我们还要勇于和善于到世界上去与其他国际组织竞争,只有在竞争中胜出的机构才是真正卓越的、一流的机构。

一流的国际旅游组织需要有专业团队做保障

一流的国际旅游组织需要有专业团队做保障。庙容易盖,和尚难请啊!我们成立的不是政府机构,任命或者选聘一些人就可以按"三定"的框架往下走了。对于国际组织的领导者和管理团队来说,是创业,而且是国际化高水准的创业。既然是创业,就要有市场意识和专业思维,简单地说,就是用我们的专业服务来吸引更多的会员认同和日益广泛的社会声誉。创业团队和专业人才需要多大规模?人哪里来?激励约束机制如何设计?理事会和秘书处如何运作?尽管我们也制定了章程、建立了组织、招聘了人员，看上去像那么回事，但是客观地讲也只是搭了那么一副架子而已。如果不能以创业的思维，招聘一批国际化的专业人才，并放手让他们开展工作，再过十年、二十年恐怕也难有真正的起色。事实上，真正的国际组织从来就不是名称，甚至是法律和组织所决定的，归根结底是国际同行发自内心的认同和身体力行的追随。

2018 年 7 月 9 日

北京

第018讲 | 中欧旅游可持续发展：理性与逻辑

尊敬的欧盟议会塔亚尼主席：

值此中欧旅游年开幕之际，不由想起八年前与您在中国的第一次见面的场景。当时我刚刚就任中国旅游研究院院长，就收到了您的亲笔贺信。您还在访问期间现场题词：中国与欧洲不仅有着悠久的历史渊源，而且是未来的希望，人民之间的友谊与和平是最重要的。在您的见证下，我们与NECSTour的斯嘉丽缇主席签署了可持续和优势旅游方面的研究协议。我们共同认同旅游在推动中欧关系可持续发展进程的重要作用，愿意在交流和分享各自经验的过程中，共同克服影响中欧旅游业发展的难题。还要特别感谢您亲自邀请，让我去年有机会访问了欧盟议会并就中欧旅游可持续发展发表了专题演讲。事实上，欧洲正在向中国游客释放更多的善意，对现实中的非原则问题给予了理解与宽容，以越来越有效的政治智慧和专业能力耐心细致地保持中欧旅游的可持续发展。

因为旅游发展理念的广泛共识，因为稳定发展的双边关系，中欧旅游交流合作正在迎来最好的历史时期。中国已经连续多年保持世界第一大出境旅游客源国地位，为世界旅游经济的增长做出了10%以上的贡献。2017年，首站访问欧洲的中国公民已经超过了600万人，考虑到欧洲以外地区来这里的中国游客，以及一次旅游会到访多个国家的现实，估计汇总起来的数据会超过1200万人次。意大利、德国、法国、英国、西班牙、奥地利、希腊、比利时、葡萄牙、波黑、塞尔维亚等，特别是去年与中国互办旅游年的瑞士和丹麦，几乎所有欧洲国家在中国民众中都享有很高的知名度，并成为越来越重要的出境旅游目的地。

希望欧洲对于中国游客不仅是重要的，也是友好的。只有持之以恒的善意、包容和耐心的改进，才能不断增强游客的品质感和获得感。无论是旅行社还是游客，都希望欧洲各国的签证申请能够更加便捷。比如一些远离签证中心的客源城市，签证官能否在旅行社的配合下到现场去采集指纹呢？比如巴尔干地区的签证政策能否协调一致？毕竟游客大老远地来一趟不容易，想多去几个国家也属正常。希望欧洲各国进一步加强对游客人身和财产安全的保护，当重大安全事件发生时为游客提供及时而有效的行政援助和司法救济。很多时候，语言沟通是首要的。希望更多的公共和私营机构采用"欢迎中国（Welcome Chinese）"标准，为游客提供中文导游、中文标识和解说系统、中文菜单、中文资讯、互联网接入和银联卡（Union Pay）、微信等服务友好界面。

尊敬的中国国家旅游局杜江副局长：

在您和国家旅游局的卓越领导下，中国入境旅游，特别是外国人入境旅游市场结束了世界金融危机以来的多年低迷状态，开始进入全面恢复增长的新通道。习近平主席倡议的"一带一路"框架下的互连互通和人心相通，让沿线国家的旅游合作更加紧密，跨越国境的旅行越来越便利。北京、上海、广州等多个城市实行了144个小时的过境免签政策，运营里程位于世界第一的高速铁路、高速公路网络和日渐完善的民用航空和通用航空系统，以及多语种语言环境和国际化的支付平台，可以让游客无障碍地快速到达任何一座城市。以"厕所革命"为代表的公共服务越来越完善，只要打开手机等智能端，游客就可以即时获得包括厕所在内的城市、乡村和景区的服务信息。如果游客遇到困难，只需要拨打统一的电话号码12301，各地的旅游委员会、旅游警察、旅游巡回法庭和市场监管机构都将提供及时有效的帮助。

中欧旅游年将会助推民众之间更加频繁地往来，相信会有越来越多的欧洲朋友来中国。为了更好地吸引欧洲游客，我们需要更多的预算用于电视、广播、报纸和互联网社交媒体，创新展会、路演和推广的组织方式，多邀请欧洲的旅游批发商、专业记者和意见领袖来考察，培养成千上万的"中国旅游专家"。我们还需要进一步改进签证政策，150欧元的签证费能不能降一降？申请周期能不能再缩短些，效率能不能再提高些？有效期能不能延长到一年甚至十年？

我们还需要告诉欧洲朋友一个真实的中国，一个美丽的中国，一个超乎想象的中国（Beyond your imagination）。长江、长城、兵马俑、熊猫、京剧和功夫固然是中国；北京CBD、上海浦东、广州的小蛮腰、重庆两江口、深圳华强北为代表的现代与时尚也同样是中国；在这块广袤的国土上，承载着近14亿人美好生活梦想的"中国梦"同样是中国。衷心希望欧洲朋友们来中国的时候，能够多体验当代中国人的现实生活。可以去精品店、超市、菜市场，可以去博物馆、电影院、戏剧场，可以去酒吧、茶馆和夜市，甚至可以在广场上和中国大妈一起跳跳广场舞。说起广场舞，这可是一项集舞蹈、音乐、体育、健身和社交等多项功能于一身的好项目。下次诸位来中国，不论是来观光、休闲、度假，还是会议、商务、研学，我都推荐并愿意陪着实地感受，相信都会爱上它的。

尊敬的威尼斯市政府布鲁加洛先生：

这是我首次到访这座有"亚得里亚海明珠"美誉的浪漫水城，除了会议，想去圣马可广场、凤凰歌剧院、总督宫、叹息桥，想傍晚乘着"贡多拉（Gondola）"，一边蜿蜒穿行在城市的水道时，一边聆听诗人徐志摩先生记述的歌声。更想去路边的咖啡馆坐坐，听当地人用美妙的意大利语聊一些家长里短的事情。事实上，相对于那些旅游手册上的景点，游客更加强调对城市生活方式的体验，目的地则成为本地居民与游客共享的生活空间。中国也有一座以水而闻名的城市——苏州，其旅游推广主题并不是水，而是"苏式生活"，给人以温暖而雅致的感觉。一座城市既有优美环境和历史人文，也有品质生活和好客之心，才会有游客络绎不绝地到访、停留和分享。在我的心目中，威尼斯正是这样的城市。

女士们、先生们！

旅游正在改变世界，也在改变中国和欧洲。我们注意到旅游领域中不断增加的跨国投资和商业存在，加上游客的消费，必然带来旅游与经济社会之间多元而广泛的互动，并对就业、环境、大国关系乃至文明演化带来深刻的影响。展望未来，我们坚信中欧旅游持续向好的基本面不会改变；人民对美好旅游生活的向往不会改变；旅游业对于效率和品质的承诺不会改变。

不忘初心，牢记使命。让我们相向而行，为了一个"善意、包容、便利、品质"的中欧旅游新时代而共同努力！

2018 年 1 月 18 日
意大利威尼斯

第019讲 | 澜湄合作的旅游担当

各位部长阁下,

女士们、先生们:

　　澜湄合作(GMS)是中国、缅甸、老挝、泰国、柬埔寨、越南等澜沧江—湄公河流域六国共同发起和建设的新型次区域合作平台,是习近平主席倡导的构建周边命运共同体的具体实践,也是共商共建共享"一带一路"的重要平台。旅游交流合作是 GMS 的重要领域,也是国家领导人、政府首脑和社会各界高度关注的话题。习近平主席在中国共产党十九大后首次出国访问越南和老挝,拉开了新时代特色周边外交的序幕。访老期间,习主席发表署名文章指出:"中国将积极支持老挝举办 2018 旅游年,鼓励更多中国游客来到老挝观光旅游,感受老挝历史文化的独特魅力","欢迎更多的老挝朋友到中国留学、旅游、工作,成为继承和发扬中老传统友谊的使者"。李克强总理提出,对于澜湄合作要"构筑人文交流桥梁""六国应在教育、科技、文化、旅游、青年等领域开展形式多样的人文交流"。《澜沧江—湄公河合作首次领导人会议三亚宣言》中明确指出要"增进旅游交流与合作,改善旅游环境，提升区域旅游便利化水平，建立澜湄旅游城市合作联盟。"

中国与湄公河五国山水相连，互联互通，旅游交流日益密切，规模不断扩大。澜湄合作机制启动后的两年时间里，中国与澜湄五国已经新增航线332条，加上已经通车的昆曼公路和2021年年底竣工的中老铁路，人文交流和旅游合作将会更加便利。文化和旅游部数据中心数据显示，2017年，中国与澜湄五国的互访游客已经超过3000万人次。中国已成为泰国、越南、柬埔寨和缅甸入境旅游市场的最大客源国，老挝的第二大客源国。2017年，中国公民赴泰国旅游高达980万人次，占泰国入境游客的28%，旅游消费高达1047亿人民币（5200亿泰铢）。

在旅游交流规模扩大的同时，澜湄旅游合作主体更加多元，形式更加多样。2017年12月，云南省旅游发展委员会在缅甸举办了"中缅旅游文化官方路演"系列活动。2018年，为庆祝中柬友好建交60周年，千名中国旅游者访问了柬埔寨王国暹粒省。2018年，国务院同意设立广西防城港边境旅游试验区。中国企业不断加大在澜湄五国的旅游投资力度，如中免集团（CDF）先后在柬埔寨金边、暹粒和西哈努克港3地开设了免税店，云南建投集团在老挝开发了万象国际旅游中心、万象赛色塔综合开发区等项目，华侨城云南文投集团投资打造了"吴哥的微笑"等演艺节目。为落实有关协议，中国旅游研究院先后主持完成了《柬埔寨王国暹粒省旅游开发规划》、与穷游网联合发布和即将发布旅游路书《老挝锦囊》《柬埔寨锦囊》《缅甸锦囊》。

旅游在澜湄经贸合作和人文交流领域也可以发挥重要作用。2017年，中国同五国贸易总额达2200亿美元，同比增长16%。受各国经济发展水平和产业结构影响，中国与部分国家的进出口商品多为机电产品与农产品。深化扩大旅游合作，对于优化中国和澜湄五国的贸易结构，促进双边贸易平衡发展具有重要意义。旅游交流规模的扩大和旅游合作机制的深化，增进了民众对彼此的历史文化、民族风情和当代生活的了解，夯实了澜湄国家命运共同体建设的民意基础。

我们也注意到，与澜湄国家领导人的要求相比，与广大游客和旅游业界的期待相比，旅游合作的深化还面临基础设施薄弱、市场主体发育不足、业态相对单一等方面的问题和挑战。我们看到了区域内主要城市开通了国际机场，基本能够满足国际游客的通达性需求，但是旅游集散地与目的地特别是区景之间的交通基础设施还不够完善，特别高速铁路尚未建设，高等级公路数量少、里程短、通达性较差，很大程度上制约了国际旅游市场扩大和服务品质的提升。自驾游客抱怨说，"从磨憨到琅勃拉邦只有270公里，我们走了7个小时"。旅游住宿业态相对单一，高星级酒店数量较少，主要集中在首都及少数重点城市。越南的滨海资源，柬埔寨、缅甸、老挝的生态资源和佛教文化，对中国游客具有独特的魅力。但是受经济发展水平制约，很多地方的基础设施和服务设施还不够完善，资源还未得到充分利用。观光之外的休闲、度假、商务、自驾、研学、会奖等高附加值的新型旅游需求难以得到有效满足。

女士们、先生们！

澜湄旅游合作的机制深化，需要国家、地方和企业的广泛共识和相向而行。澜湄旅游合作的创新发展，需要以华侨城集团为代表的旅游业界，自觉承担周边国家命运共同体建设的践行者，人文交流的推动者、服务品质的保障者，以及旅游资源开发、旅游投资和产业合作的先行者。

我们要用好既有的交流机制，也要创造全新的合作平台。稳步落实《澜湄合作五年行动计划》，充分利用中国国际旅游交易会（CITM）、南亚博览会、澜湄博览会、澜湄流域国家文化艺术节等重点展会活动，深化澜湄国家民众相互之间的认知与了解。共同培育澜沧江－湄公河旅游品牌、共同开发"一程多站"主题线路、重点关注汽车自驾游、内河游轮游、低空飞行游等新市场、新产品和新业态。还要加强沿线城市和乡村目的地的联合促销，吸引更多区域外的游客到访，持续提升 GMS 在世界旅游格局的地位与影响力。

我们要做好澜湄旅游总体规划、国别规划和专项规划，也要找准投资方向和合作载体。过去四十年，中国完成了从旅游资源大国到旅游大国的发展目标，正在走向旅游强国。经验之一就是政府主导、规划先行。协调并推进流域国家的旅游发展规划应当成为领导人会议的专门议题，并成立专门的工作机构和技术平台加以落实。中方可以分享包括 A 级标准在内的景区开发、管理和运营的经验，也可探索将景区援建作为国际合作的新载体。为有效推动产业合作，应选择一批以代表性强、辐射面广、示范作用较大的优选项目清单，鼓励民间资本参与项目建设及运营。积极争取开发性金融支持，推动丝路基金、亚洲基础设施投资银行等在澜湄国家旅游基础与接待设施建设投资。多组织投资者和企业家为主的旅游项目推介和实地考察，切实推进已签署项目落地。

我们要关注自然和人文资源的开发利用，也要守住生态文明和可持续发展的底线。旅游发展是人与自然、人与社会相互作用的复杂系统，当以系统论作为国际合作的指导思想。华侨城集团围绕"文化＋旅游＋城镇化"、"旅游＋互联网＋金融"的创新发展战略，在云南推进全域旅游的协调、共享、可持续发展，已经积累了不少经验，拥有较高的国际知名度和广泛影响力，理应在澜湄合作特别是人文交流和旅游合作中扮演重要角色，发挥积极作用。湄公河流域五国的旅游部门和投资机构合作，共同建设国际一流的旅游景区、共同开发文化项目，推出一批旅游演艺、文化创意等文化和旅游融合发展项目，惠及所在国家和社区居民，是我们的责任所在和使命所系。

2018 年 11 月 24 日
昆明

第 020 讲 | 共建海丝之路，共享海岛生活

尊敬的吉哈德副总统，

中国代表团杜江团长、张利忠大使，

女士们，先生们：

  2006 年以前，马尔代夫九成游客来自欧洲。2007 年，马尔代夫政府代表团赴北京商谈中马旅游合作，在中国国家旅游局、国家民航局的支持下，旅游宣传和市场推广的效果很快就得到了显现，也开通了直航。2007 年，中国首站赴马尔代夫人数增长 47.3%，在过去十年间一直保持了 27.1% 的复合增长率。2017 年，中国游客占马尔代夫国际旅游市场的 22.1%，继续保持第一大客源国地位。

  快速增长的中国游客有效拉动了当地的消费、投资和经济增长，对就业的综合贡献也是清晰可见的。腾邦集团联合贝恩资本收购了全球最大水上飞机公司马尔代夫 TMA 集团，此次跨国并购，将有力提升马尔代夫的旅游业配套和基础设施建设，吸引更多中国游客前往马尔代夫观光旅游。由中国

机械设备工程股份有限公司主导投资开发的马尔代夫北马累环礁旅游岛开发进展顺利,是迄今马尔代夫最大的旅游岛建设开发项目,也是中企在该国最大的商业投资合作项目。马尔代夫经济为旅游驱动型经济,其旅游产业对GDP贡献率超过四分之一,提供了国家70%的外汇,产生了三分之一的政府收入。从2012年至2016年,旅游对GDP的贡献率均超过22%,如按照游客规模估算,中国游客的相关消费,相当于马尔代夫GDP的7%。

旅游促进了中马两国人文交流,夯实了战略互信的民意基础。近年来,随着中国游客的增多,本地商家为了提供更好的服务品质而增设了机场中文标识,餐厅和酒店增设了中文菜单,旅游从业人员可以用中文进行简单的沟通与交流。持有招商银行信用卡的游客在微博上开心地说:可以在马累机场的贵宾室免费休息3个小时哦!

这些成就的取得,离不开中马两国的战略互信和政府高层互动。马尔代夫是中国周边大家庭的一员,中马两国传统友好,建交46年以来,两国平等相待、友好相处、合作共赢,始终健康稳定发展。2014年9月14日,习近平主席首访马尔代夫,将两国关系提升为面向未来的全面友好合作伙伴关系。就在那次访问之后,中国部分旅游公司的马尔代夫专线产品销量翻番。2017年12月7日,习近平主席与来华进行国事访问的亚明总统举行会谈。中方赞赏马方积极参与"一带一路"建设,视马方为建设21世纪海上丝绸之路的重要合作伙伴,愿意同马方对接发展战略,分享发展机遇,实现共同繁荣。事实证明,国家之间的战略互信和领袖间的互访往往是旅游目的地发展的基础保障,也是最好的宣传。

国家主流媒体的善意释放和行业媒体的持续跟进,让更多的中国游客了解、选择和到访马尔代夫。我们注意到中央电视台、人民日报、新华社、中央人民广播电台及其"两微一端"为马尔代夫做了大量的宣传报道,快速而持久地提升了海岛旅游目的地的知名度,让私密、品质、便利的标签,连同"深醉在印度洋碧水白沙的温柔"这一主体形象深植广大游客的心中。更多的旅游传媒机构、旅行社和OTA则通过广告、路演、明星代言和产品销售，让越来越多的中国人知道了芙华芬岛（Huvafen Fushi）、悦榕庄度假酒店（Banyan Tree）、希尔顿伊露岛（Hilton Irufushi）、满月岛（Full Moon）、白马庄园（Cheval Blanc Randheli）等优质旅游度假地，并实地体验浮潜、潜水、冲浪、风帆、水上摩托、皮划艇、鲸鱼潜艇、空中摄影、深海捕鱼、烧烤派对等海上休闲项目和海岛风情。

在繁荣的趋势下，我们也注意全球范围的海岛旅游正处于消费需求持续增长、资源创新品质提升和产业竞争日趋激烈的新阶段。无论是夏威夷、济州岛、塞浦路斯、普吉岛等传统海岛旅游目的地，还是苏梅、帕劳、塞舌尔等新兴的中远程海岛旅游目的地，都在进一步扩大在中国的旅游宣传和市场推广的力度。

中国自身也拥有丰富的海岛旅游资源，并致力于因地制宜打造海岛旅游目的地和海洋旅游大国。海南省的"国际旅游岛"国家战略已经实施了十年，在中央政府的支持下，正在进入全新的发展阶段。浙江省在舟山群岛每年举办一次"国际海岛旅游大会"，还有福建的湄洲岛、广西的涠洲岛等也在致力于发展海岛和海洋旅游。随着旅游经验的成熟和消费行为的变迁，中国的海岛海洋旅游者已经不再满足于阳光、沙滩和海水的"3S"度假项目，而是以"美丽风景＋美好生活"的名义，提出了更加个性、品质、时尚和定制的新要求。消费需求的变迁和海岛旅游的多样性，要求我们对旅游市场推广、目的地开发和产品创新进行顶层设计的超前谋划。值得关注的是，针对中国游客和投资的持续增长，推特、脸书等网络社交平台也有一些杞人忧天的声音。这些声音，虽然不是主流，但是也值得每一位关心中马旅游交流合作的政府机构、投资企业、社区居民和到访游客的关注。处理不好的话，也可能会影响马尔代夫旅游业的可持续发展。

女士们，先生们！

海岛旅游是中马两国共商共建海上丝绸之路的重点节点和关键领域，需要更加有力的高层推动，需要更多的理性对话和社会共识。纳入两国元首和政府高层的战略议题，定期交换信息和数据，就共同关心的问题形成议题，交由双方指定的旅游工作组推进落实。文化和旅游部数据中心的福州分中心正在建设"海上丝绸之路旅游数据中心"，我们愿意与马方一道，定期发布专项数据和专题报告，共同举办"海上丝绸之路旅游发展"马累对话。海岛旅游的生态环境很脆弱，不仅本地政府和社区居民高度关注旅游业的可持续发展问题，国际社会对文明旅游和理性消费也是高度敏感。针对日益增长的出境游客，中国政府的旅游行政主管部门，先后发布了《出境旅游文明指南》和不文明游客"黑名单制度"。在2014年的国事访问中，习近平主席表示"我们的公民到海外旅游讲文明。矿泉水瓶子不要乱扔，不要去破坏人家的珊瑚礁。少吃方便面，多吃当地海鲜"。中国游客是来享受美好生活的，会把这些当作家园一样爱护的。

坚持投资、贸易和服务领域的对外开放，稳步实施"一岛一酒店，共享美好生活"的优质旅游发展策略。马尔代夫全国有1000多个珊瑚岛，除了已经开发100多个度假岛屿，适合开发的海岛还有不少。类似马尔代夫这样的海岛旅游目的地，中国的基础设施投资商、文旅生活综合开发商、酒店、免税品、餐饮和休闲娱乐运营商，是有意愿也有能力开发的。包括跨海大桥、住宅区、酒店等基础设施建设，还有包机、金融支付、互联网应用等商业服务，都有中国企业家的身影。如同20世纪60年代日本出境旅游兴盛时对夏威夷的投资，还有海南国际旅游岛引进国际酒店、医疗、互联网服务和人力资源一样，吸引包括中国在内的国际投资，是海上丝绸之路建设的必然举措，也是落实"一带一路"倡议和建设人类命运共同体的必由之路。两国政府还需要进一步释放信心，透明政策，有序扩大中国在本地的旅游投资。也希望商界能够在战略层面上理解并与政府相向而行,建议中国商会定期出版《马尔代夫旅游投资白皮书》和《中资企业社会责任报告》,讲好新时代的中国故事,增强中国在马尔代夫投资的战略透明度。

鉴于休闲度假游客是中马航线的主要客源且有较强的季节性,建议优先发展包机业务,而不是更多城市之间的定期航班。这意味着北京的捷达假期、上海的春秋、广州的广之旅、深圳的海外国旅等旅行社,以及携程、马蜂窝、驴妈妈等线上旅行服务商,而不是各大航空公司是马尔代夫首选合作伙伴。面对全球化的海岛旅游竞争,我们需要在中国市场进行持续而针对性的旅游宣传和市场推广。考虑正在方兴未艾的定制旅游、亲子旅游、蜜月旅游、康养旅游等细分市场,马方应给予定制旅游公司、商务和私人飞机运营商更多的关注。

中马两国政府需要更加及时地交换信息,密切合作,共同培育海上丝绸之路首选的海岛旅游目的地。2018年2月6日和3月10日,中国国家旅游局根据马尔代夫的安全局势,两次发布的旅游提醒,对本地旅游市场、旅行服务商和赴马游客都造成了一定影响。针对群众性群会、紧急状态这样的突发事件,两国外交和旅游部门在发布旅游提醒时,是否能对范围、程度和时效做更加细致的审核?对旅游提醒的法律效力做可操作性的法律界定,比如是否属于"不可抗力"?

有了两国之间的战略互信和政府高层的密切互动,有了高效而专业的市场运作,一定会有越来越多的企业家和游客来到马尔代夫,共建美丽海岛,共享美好生活。

2018年7月3日

马累

第021讲 | 大湾区旅游合作的国家战略与香港使命

尊敬的香港旅游事务署黄智祖专员，
尊敬的香港旅游发展局林建岳主席，
各位香港旅游业同仁，
媒体朋友：

大家上午好！

大湾区是世界经济强国的重要引擎，全球知名的纽约、旧金山和东京三大湾区，不仅凸显了美国和日本强大的经济实力和综合国力，湾区城市群特别是首位城市稳居世界交通中心、金融中心、商贸旅游中心和国际消费中心，而且也吸引了大量的商务、会议、展览、奖励和研学旅行者，以及追求品质生活和时尚触感的都市休闲旅游者。纽约湾区是世界金融的核心中枢，其金融、奢侈品和都市文化均可称为世界地标，具有超强的全球辐射性。东京湾区聚集了日本三分之一的人口，三分之二的经济总量和四分之三的工业产值。包括伦敦、悉尼等著名的湾区城市，均是全球性的旅游目的地和消费中心，每年数以亿计的到访游客为这些城市的经济增长、社会就业和多元文化生长做出了不可替代的贡献。

无论是"一带一路"倡议，还是"三步走"的中华民族伟大复兴的强国战略，都对粤港澳大湾区建设，对互连互通、区域内人员自由往来、更多的国际游客到访和旅游产业合作寄予厚望。香港、深圳、广州、澳门、珠海、东莞、中山等核心城市的国际知名度高、可进入性强、基础设施和公共服务体系完善，特别是商业环境、法治环境、市民素质和生活品质等都市旅游的核心吸引力强，完全有可能成为世界级旅游目的地集群。当前和今后一个时期，持续扩大香港与内地的旅游交流和产业合作，是国家旅游发展的战略所系，也是香港旅游发展的使命所在。如何抓住国家开放和区域融合的历史窗口期，实施更为便利的旅游政策，促进大湾区城市群之间最大限度地人员自由流动，是关注和思考香港旅游发展的每个人都需要给出答案的现实课题。

今年1月15日，国务院决定撤销深圳经济特区管理线和相关部署，意味着大湾区城市群建设进入了新的历史阶段。熟悉中国改革开放历史的人都知道，深圳经济特区初建之时，引进到加工区的原材料、机器设备、交通工具和生活用品都是免税的。为防止走私以及出于安全等方面考虑，经国务院批准，1982年6月，在特区和非特区之间用铁丝网设立了全长84.6公里的管理线，称为"二线"。2010年7月1日，深圳经济特区范围从福田、罗湖、南山和盐田4区327.5平方公里延伸到全市1952.8平方公里，进入了"大特区时代"。粤港澳大湾区建设进入国家战略以后，必然要求广东省、香港特别行政区、澳门特别行政区扩大开放并加速融合。这次从法律意义上撤销管理线，明确向外界释放了全面开放的积极信号。

港珠澳大桥建成通车、城际交通网络的完善、通关政策的协调创新，正在为大湾区的旅游市场提供比以往任何时候都便利的基础设施、公共服务和商业环境。上半年正式投入运营后，连同广州为中心的城际铁路和高速公路网，将为大湾区城市群的客流、物流和信息流带来极大的便利。根据香港特区政府与中国铁路总公司签署的合作备忘录，广深港高铁有望在今年全线通车。届时，从香港到广州只需48分钟，从香港到北京不到9个小时。也就是说，白天在广州办完公务，看看小蛮腰的灯光秀，去珠江边喝杯啤酒，再回到维多利亚湾入梦；或者在香港喝完早茶，晚上回到北京吃烤鸭，都完全零压力。

从旅游发展特别是目的地建设的历史经验看，相对封闭的地区固然可以让外界产生神秘感和差异性，进而成为吸引游客到访的"拉动力（Pull Power）"。在旅游已经成为国民大众日常生活选项，游客在目的地广泛融入到市民的日常生活空间，深度体验和分享品质生活方式的今天，一个人员自由往来、物资和信息自由流动、市民和游客共享的开放空间更会成为促进旅游业发展的"推进力（Push Power）"。值此粤港澳大湾区正式纳入国家战略规划之际，我们有理由期待对外开放特别是区域内部人员和要素自由流动会步入全新的发展阶段。香港将和内地其他城市共同分享国家创新发展的机遇，以及越来越成为现实的"中国梦"。中共中央十九大报告中明确提出要制定和完善便利香港、澳门居民在内地发展的政策措施，支持香港融入国家发展大局。

交通基础设施的改进与完善，内地的开放与大湾区城市群的融合，必将有助于"尽享·最香港（Best of all, it's in Hong Kong）"的世界级都市旅游新形象。对于香港而言，广东1.09亿高消费潜力的常住人口，还有内地50多亿人次的客源市场，任何时候都是香港旅游发展不可忽视、也不可或缺的基础市场。2017年，内地首站赴香港游客4001万人次，同比增长5.9%（由于统计口径的差异，香港方面提供的数据是4444.5万人次，同比增长3.9%）；香港赴内地游客达到7980万人次的规模；澳门赴内地游客2465万人次，同比增长4.9%；内地赴澳门游客3523万人次，同比增长3.4%。

在内地访港游客的规模数据之外，我还愿意与各位分享游客眼中的香港是什么样的。根据中国旅游研究院对27个海外目的地的游客满意度调查结果显示，内地游客对香港的综合评价在过去五年二十个季度里波动上升，排名稳步上扬，2017年以79.60分的高度排名第一。

从收集到的评论来看，他们喜欢香港对内地的友善："怎么大家都反映香港人不友好呢？难道是我去的时候大家的态度都转变了？觉得还不错啊，问路也都很热情的，还推荐吃的什么的"。他们喜欢香港的现代化都市繁华："高楼耸立，无论是平地还是山地；立体交通，各种高架桥，一辆辆汽车像七星瓢虫一样穿梭来穿梭去"。他们喜欢香港的市井生活所散发出来的都市魅力："我印象最深刻的就是八达通卡几乎可以做一切日常生活的事情，还有过马路时绿灯的声音"。正是这些美好生活的现场体验和真实触感让不少内地游客成了"香港控"，"基本上每年去一次香港，为美食和购物。香港的有序是内地无法感受到的，喜欢这种感觉"。

各位同仁，各位朋友！

在看到频繁的人员往来和巨大的旅游商机的同时，我们也要看到大湾区旅游合作所面临着的一些现实问题：比如少数低价旅游团还存在强迫购物、欺诈消费；比如极个别旅游从业人员和居民对内地游客还不够友好，导致内地居民对香港的城市友善度感觉不够好；比如内地赴港澳游客的联签联检、一签多行、"个人游"政策普惠等方面的局限，以至于有人感叹"去一趟港澳比去欧洲还难"。这些问题有市场面因素，有环境因素，也有政策因素，在CEPA及其补充协议和旅游工作机制的框架下已经得到充分的重视。在接下来的大湾区建设的国家战略框架下，希望内地和香港的旅游业界共同努力，使这些问题能够逐步得到有效的解决。

为了加强世界级城市群建设，是创新粤港澳旅游合作机制，务实推进都市旅游融合发展的时候了。2月6日，国家发改委网站正式发布《长江三角洲城市群发展规划》，明确提出，到2020年，上海虹桥商务区将拥有10条磁悬浮列车、30条城际及高速列车的站台，一个能容纳5条线路的地铁站，两个能容纳国内国际航班的机场航站楼和一个全新的城市巴士总站。面对国际国内如火如荼的城市群发展态势，我们深切感受到：如果说过去一百年的竞争是城市的竞争，那么未来一百年的竞争则可能是国家战略框架下城市群之间的竞争。经济社会发展如此，旅游发展也同样如此。粤港澳大湾区拥有世界级的城市群，以及日益增长的内生性旅游需求和旅游产业开放的内在动力，没有理由不进一步扩大开放，加强合作。事实上，今天的香港与内地的旅游合作已经从早期的单向输入，发展到了"融合发展、专业互动、共享共赢"的新阶段。希望相关机构和市场主体能够联合举办一些专业会议，加强人员交流，发现和利用旅游领域的合作商机；联合发布一些数据报告，强化信息共享。既要重点分析访问内地的香港游客下降的原因，促进更多香港居民访问内地，特别是青少年到内地进行研学旅行，也要预判形势，防止内地访港游客再次下降。联合共建旅游数据、旅游研究、旅游教育、旅游投资、智慧旅游等专业平台，把大湾区作为相互关联的目的地进行规划建设，并向世界推广。专业人员的自由流动也应当是大湾区框架下香港与内地旅游产业合作重点之所在。

为了国民旅游福祉，是加快推进便利通关措施，最大限度促进游客在大湾区范围内自由通行的时候了。中国和越南正在研究在广西凭祥的友谊关口岸试行"两国一检"的新通关模式，即在两国指定口岸，按照商定的方式，对进出口货物进行"合作查验，一次放行"，并将适时推广到人员的出入境方面。我们注意到特区政府正在和全国人大、中央政府有关部门探索用第二代身份证替代港澳通行证、144小时入境免签合作，特别是广深港高铁"一地两检"通关模式，对香港旅游发展、区域旅游合作和大湾区建设无疑都是重大利好消息，希望能够在宪法和基本法的框架下加快推进这些利好政策的落地实施。随着游客在不同城市之间自由而便利的通行，香港和内地旅游业界多年来谋划的整体目的地打造、全球联合推广、"一程多站"行程等项目，就会离现实越来越近。

为遂行大湾区城市群国家战略，是进一步发挥旅游市场主体在双向交流中主导作用的时候了，是综合运用商会、行会和NGO搭建专业平台、优化合作机制的时候了。完善的市场商业环境、充满生机活力的市场主体、富有创业精神和专业能力的人力资源，都是都市旅游目的地竞争力的底层器件和关键要素。多年以来，受益于自由竞争、法治精神、经济增长和"一国两制"，香港的世界旅游目的地和国际消费中心地位越发巩固。在这个波澜壮阔的历史进程中，香港旅游业的"三驾马车"——旅游事务署、旅游发展局、旅游业议会的协调配合，香港总商会、香港酒店协会等行业组织的专业运作，迪士尼、海洋公园、香港会展中心、半岛酒店等市场主体的高效运营，理工大学、中文大学等高等教育的人才支撑，以及动物、海洋等环境保育组织和社区义工组织都做出了载入史册的贡献。过去四十年来，内地旅游业的发展成就与香港的客源市场、资本市场和品牌管理是分不开的。今天，包括岭南国际集团及其名下的花园、中酒、广之旅，长隆集团及其名下的广州、珠海野生动物园项目，深圳华侨城集团及其名下的欢乐谷系列、东部华侨城，都已经成为形塑国家旅业格局的重要力量。各级各类涉旅行业协会先后完成了与政府"脱钩"的任务，广州、深圳等地的旅游协会、酒店业协会、旅行社协会等行业组织服务会员的意识和能力更是走在前面，具备与香港同类组织对话的能力。

青年兴，则旅游兴；人才旺，则旅游旺。今天还有不少来自高校的青年学生，不久的将来，你们都是大湾区建设、香港和内地旅游交流合作的主力军。旅游业如果不能吸引年轻人持续进入，是没有未来可言的。国家已经进入了大众旅游新时代，全域旅游新方位，对国民经济和社会就业的综合贡献均超过了10%，是名副其实的支柱产业。内地居民的出境旅游已经成为全球旅游经济新引擎，全世界都在关注中国市场的动向与变化。作为"一带一路"倡议和粤港澳大湾区的首位城市，背靠内地日益增长的市场机遇，香港旅游的未来不可限量。希望你们多去内地看一看，周末可以到大湾区的其他城市，寒暑假和毕业旅行可以去上海、杭州、北京、成都、武汉，可以去长江三峡、长城、大运河，也可以去广袤的西部和山区、农村。通过旅行系统地了解一个传统而现代的中国，一个发展不平衡、不充分又努力建设全面小康社会的中国。通过与内地业内人士的交流互动，留在这个领域发挥你们的才情，为香港旅游业的发展，为香港与内地的旅游合作做出应有贡献。

就像本次会议的主题："Best of all, We are one Hong Kong"，只要香港业界与内地加强交流合作，共同努力，更加积极融入大湾区战略，积极主动地承担起"一带一路"倡议，就一定可以共同创造一个"最香港"未来。

谢谢！

2018年3月26日
香港

第 022 讲｜"一带一路"助力香港旅游业可持续发展

尊敬的香港特区政府行政长官林郑月娥女士，
尊敬的文化和旅游部领导于群先生，
各位旅游业界同仁、媒体朋友们：

上午好！

习近平主席倡议"一带一路"以来，中国先后与 65 个国家和国际组织签署了合作共建协议，涵盖了世界 62.35% 的人口和 1/3 的 GDP。大规模的人口基数和持续高速的经济增长，为旅游业奠定了坚实的市场基础和产业合作空间。2017 年，沿线国家和地区的出入境游客 5.82 亿人次，境内游客 84.2 亿人次；出境旅游消费 3294 亿美元，入境旅游收入 5091 亿美元。中央政府高度重视旅游业发展，推动旅游业在对外交往和国家战略体系中发挥积极作用。无论是"一带一路"、上海合作组织、亚太经合组织、澜湄合作机制，还是粤港澳大湾区建设和涉港工作议题，都会主动设计旅游议题和专项行动计划。随着港珠港大桥、广深港高铁的投入使用，粤港澳大湾区建设进程明显加速，"一小时黄金旅游圈"正在形成，香港旅游发展正在迎来全新的历史机遇期。

中国和"一带一路"沿线国家持续增长的旅游交流，进一步强化了香港特区的国际旅游集散中心和都市旅游目的地地位。2013年，"一带一路"沿线国家来内地的入境旅游者只有903万人次，内地赴"一带一路"沿线国家的出境旅游者为1549万人次；2017年，两项指标分别达到1064万人次和2741万人次。无论是游客的往来，还是产业的合作，香港都会因为世界交通枢纽地位、海上丝绸之路的重要门户、东西交融的文化氛围和法治精神，而成为联结内地与世界的中转站和体验地。这个地位既是国家战略赋予的，也是香港经济社会发展体系内生的，不会因为海南国际旅游岛、上海自由贸易实验区建设而改变。数据表明，来自新加坡、菲律宾、马来西亚、泰国等东南亚国家的游客占除内地外短途客源市场的比重约40%。来自韩、美、日的游客均超过10万人次，来自澳、英的游客也有5万人次，还有很多中国内地飞往东南亚国家的航班是在香港转机的。随着"一带一路"倡议的推进，我们完全有理由期待中央政府的涉港政策和珠三角的区域合作，将会巩固和提升香港作为世界一线都市旅游目的地的地位。

粤港澳大湾区建设进程的加快，势必会对香港旅游业的客源结构、消费行为和商业运营带来根本性的变化，需要在系统评估的基础上形成应对策略。随着交通基础设施的完善、生活品质的提升，以及通关、通信、支付等旅游便利化措施的推进，香港与深圳、广州、中山、东莞、珠海、澳门等城市之间，将越来越互为客源地和目的地。内地一直是香港入境旅游的基础市场，过去十年，内地游客占香港入境游客的比重从60%上升到76%。2018年上半年内地赴港游客增长趋势更加明显，同比增长13.4%。

对于内地客源的比重增长，香港业界完全不必担忧。一方面，世界旅游目的地更多是与服务品质、公共服务和管理水平，而不是由客源所决定的；另一方面，更加开放的旅游市场和准入政策，将会更有利于香港的旅游企业和专业人士在内地发展。

随着国民旅游经验的成熟，政府推动的文化与旅游融合发展，为香港旅游业的创意创新带来了全新的市场动能。在内地和国际游客的心目中，香港旅游形象的主基调是繁华、动感和时尚，铜锣湾、旺角、中环、兰桂坊各大商业街区，迪士尼乐园、香港海洋公园、黑暗对话等主题乐园均有较高的辨识度和满意度。值得关注的是，游客对香港历史博物馆、香港海事博物馆、元创方等传统及特色博物馆也有较高的评价。带有本地文化符号和生活气息的叮叮车、半山自动扶梯，及其连接的众多景点与餐厅，也让游客有了参与和分享的兴趣。针对众多自由行游客，我们需要更好地展示香港的人文底蕴、文化创意和美好生活，而不仅是逛街购物。当然，我们还需要进一步向内地传递香港融入国家战略的意愿，以及对游客的包容和善意。为此，中国旅游研究院愿意提供相关的数据、信息和专题报告，并继续与香港旅游业议会、香港旅游署、香港旅游协会、香港酒店协会、香港总商会、香港理工大学等政商学研各界保持密切的沟通。

衷心祝愿香港旅游业在"一带一路"和粤港澳大湾区国家战略体系中，扮演更加重要的角色，发挥更大的作用，走向健康稳定可持续发展的未来。

谢谢！

2018 年 12 月 12 日
香港国际旅游论坛大会
林郑月娥女士代为宣读演讲稿

第023讲 | 迎接世界旅游休闲中心的大湾区时代

女士们，先生们：

旅游休闲是澳门经济可持续发展的重要基石，也是中央政府重点支持的区域发展战略。近年来，特区政府和社会各界同心协力，稳步推进世界旅游休闲中心建设，成就斐然。凭有限空间的娱乐、休闲、文化资源和贸易物流中心地位，吸引了世界各地的游客心往身至。2017年澳门接待入境游客人数超过3200万，同比增长5.4%，过夜入境游客超过1700万，同比增长高达9.9%。这确是件值得包括澳门同胞在内的每一个中国人都感到骄傲和自豪的事情。

谁的万丈红尘，不是他人的蓬头垢面。澳门取得的这些成绩，离不开城市领导者和公共部门旅游规律的把握，离不开市民和社会各界对"景观之上是生活"、对"主客共享"等当代旅游休闲理念的共识和努力。去年11月，澳门被联合国教科文组织评为"创意城市美食之都"。游客来到澳门可以与市民共享覆盖全境的免费Wifigo，可以在政府办公的地方享受公共图书馆,可以在关口免费获取世界文化遗产地图信息。游客对澳门的人情味和包容性的正面评价之多,令我们专业研究机构都由衷地赞叹。比如,"最让我感动的是有次跟一个出租车师傅聊天,他问我是不是澳门人,我说不是,但是有ID。他一脸你白痴的样子说,有ID就是澳门人啦。感觉比国内很多地方都包容"。人是最美丽的风景,在澳门得到了最好的诠释。

澳门与内地、澳门与香港密切的旅游交流和务实合作,为世界旅游休闲中心奠定了稳定的市场基础。2017年,内地到访澳门旅游人数为2220万人次,占澳门入境旅游市场的68.1%,澳门居民赴内地旅游人数为2215万人次,占内地入境旅游市场的16%。港澳互访游客数量虽然近年来有所下降,但仍然是各自仅次于内地的第二大客源市场。

女士们,先生们!

看到成就的同时,我们也关注澳门旅游休闲业今后的发展方向和可能的提升空间。从数据结构上看,首次访澳人数比重高达59.3%,两次到访问的比重为21.9%。一日游比重高达47.1%,其中一半的游客平均停留时间在6小时以内。2005年的游客人均消费1526澳门元,2017年的数据是1990澳门元,考虑到物价上涨和汇率走弱的因素,几乎没有上升。

从中国旅游研究院重点监测的内地出境旅游者满意度评价来看,澳门在旅游目的地样本国家和地区的排名处于中等偏弱的位置,总体得分的提升空间有限。从网上评价来看,内地游客对本地旅游预订、旅行服务、住宿品质,特别是当地居民态度一直评价很高,对餐饮、交通和价格指数评价也不错,但是对景区、休闲娱乐、购物和行业管理的评价相对偏低。究其原因,应与面积相对狭小、容量相对有限、产业结构相对单一有很大关系。游客做澳门攻略时最关注的几个问题均与此有关:一天时间如何玩出最澳门的感觉?澳门一日游的最佳路线是什么?去赌场赌一把是什么体验？支付宝或者微信支付便利吗？晚上有什么地方好玩又安全的？对标志性景点大三巴的评价主要则是"人从众"，只是首次到访游客的打卡点，对于购物环境反映比较集中的是性价比偏低，店大欺客。

女士们，先生们！

随着港珠澳大桥的通车和粤港澳大湾区国家战略的实施，澳门与香港和珠三角城市群的人员往来将更加频繁，旅游交流的空间将进一步扩大，产业合作的基础将进一步增强，中央政府对澳门的支持力度会进一步加大。无论是世界旅游休闲中心的建设，还是澳门未来旅游发展战略的谋划，都需要在国家战略的大背景下，结合即将形成的"黄金三小时旅游圈"深化研究和重新思考。2017年，香港来澳游客占比已降至20%以下，游客平均停留时间也缩短至0.9天。港珠澳大桥通车后，如何有效提升大湾区市民的重游率，延长逗留时间，优化休闲消费结构？应该是优先思考的现实课题。

囊括九城两区的粤港澳大湾区，以其日益完善的交通网络为区域内旅行提供了通达的便利。粤港澳湾区的轨道交通网络已经基本形成，加上明天开始通车的港珠澳大桥和很快建成的中深通道，将形成连接深港、广佛和珠澳三大经济圈的闭合快速路网。接下来，我们需要加强法律、监管和政策等软性基础设计的互联互通，比如三地机动车牌照和驾驶证件的互认，深圳以外的其他城市进入澳门的签注便利化，公共交通系统的有机衔接。

在互联互通和民心相通的基础上，澳门可依托大湾区的内地城市作为旅游集散地，进一步吸引中南、西南地区的客源。2017年，排在第一位的内地客源来自广东，有900万人次。接下来就是湖南，超过100万，这意味着广东之外的泛珠三角客源市场也有很大的开发价值。在城市愈加成为独立目的地的今天，未来澳门可联合内地城市，尤其粤港澳大湾区城市群,联合开展市场推广和专项营销。

借助粤港澳大湾区特别是珠海的基础设施和商业资源,务实深化旅游产业合作,以突破面积狭小和接待能力的限制。通过发展社区旅游,固然可在一定程度上提高微型经济体的社会文化承载力,但是以澳门现有的人口密度和狭窄的面积,接待好持续攀升的游客肯定是不可持续的。想象一下,游客白天漫步澳门街区,品尝澳门美食,参加各种节事活动。到了晚上,有人选择继续在本地夜间游览和住宿,有人则搭乘公共交通工具,或者自驾通过珠港澳大桥,或者步行出拱北海关,去横琴、珠海、香港消夜和住宿,第二天再回来继续体验本地休闲生活。从供给侧看,珠海拥有的滨海度假资源、大型主题公园,以及大湾区的滨海、水网湿地等自然生态资源,均与澳门的博彩、美食等文化休闲资源具有天然的互补性。

完善的商业体系和高品质的生活环境,由此自发形成的休闲氛围,是国际旅游休闲中心的宗旨、导向和可持续发展的保障。好的旅游目的地需要空间拓展,更需要内容创造。世界旅游休闲城市的发展经验表明,相对充裕的物质基础、追求品质的生活态度和现代化治理水平是关键要素。与东京的繁华、巴黎的时尚和香港行色相比,澳门居民的生活显得更加淡定从容。当前来澳门游客的自由行比例已经高达83%,其中26~35岁的青年人占五成左右,他们愿意选择圣诞节和情人节来澳门体验欧美情调,购物、美食、演艺秀是其主要出游动机。随着游客越来越进入目的地公共生活空间和休闲场所,这种悠闲气质以及由此而来的人的联结,必然成为游客追寻的美丽风景和向往的美好生活。

当代旅游经济运行越来越离不开移动互联网、人工智能、大数据、文化创意和共享经济的新动能。相对于内地旅游业日新月异的科技创新、市场创新和管理创新,澳门的互联网企业不多,人才储备有限,短期内难以支撑和引领旅游休闲领域的创业创新。为抓住粤港澳大湾区建设的时代机遇，务实推进世界旅游休闲中心建设，澳门需要在这方面加快步伐，一方面完善相关法律，加强依法监管，另一方面要以包容、宽容和促进的理念，扩大与内地和香港的专业人员交流，促进本土商业机构的创新发展。

卡尔·马克思说过：消费并不完全都是劳动力的再生产过程，真正的消费就是一种人性的恢复过程。当世界旅游休闲中心遇见粤港澳大湾区，美好生活开始联结文化建设和旅游发展，澳门徐徐拉开了新时代旅游的大幕。

2018年10月24日
澳门

第 024 讲 | 重建城市记忆，触摸美丽中国

同志们、朋友们：

上个月 25 日，王家卫的经典作品《阿飞正传》在内地复映。"四月十六日下午三点之前的一分钟你和我在一起，因为你我会记住这一分钟"。因为这部电影，我和很多人一样记住了香港这座城市。很多时候，国家太大，景点太小，城市刚刚好能够住进我们的记忆里。就像国际游客四十年前对中国的记忆，除了长城、长江、黄山、黄河、故宫、石库门以外，就是城市了吧。留在记忆中的城市，有逝去的繁华、有传承的品质、有异国他乡的情调，也有景区、酒店、餐厅、友谊商店里特有的外事氛围。

事实上，国家中心城市一直都是，并将继续作为入境旅游市场的战略支撑，并在旅游业创新发展进程中扮演关键角色，发挥积极作用。除了北京、上海、广州三大口岸城市，以兵马俑闻名的西安，以西湖引人入胜的杭州，还有山水甲天下的桂林，共同构成了改革开放初期外国游客访华的经典线路。随着深圳、厦门、成都、重庆、苏州、黄山、青岛、大连等城

市知名度的上升、接待环境的优化、入境客源结构的变化，上述枢纽城市的入境游份额和增长速度相对平稳。我们也关注到，西安接待的入境游客一直以外国人，特别是欧洲、北美、日本和韩国等发达国家为主，而且重游率和人均消费水平都比较高。日本是西安的首位客源国，对中老年市场的吸引力比较大。游览了兵马俑、华清池、法门寺、乾陵等历史文化资源，在西线来一小块辣子锅盔馍，再定制几件耀州瓷，客户黏性就基本定型了。因为这个基础市场的支撑，加上区域经济增长、城市形象优化和旅游部门的宣传推广，这些年西安和陕西的入境市场处于持续增长的态势，2017年就突破了150万人次。客源市场结构和消费进一步优化，韩国客源和港澳台市场增长很快。在入境旅游步入恢复增长新通道，但是基础尚不稳固的今天，讲好西安故事，加强陕京沪入境旅游枢纽合作机制，无疑具有十分明显的现实意义。

西安在入境旅游，特别是外国人入境旅游市场之所以取得了令人自豪的成就，是与城市经济社会发展水平分不开的。2017年，西安市的国内生产总值7470亿元，同比增长7.7%。市场主体总数首次超过100万，举办规模以上会展活动199场，科技进步对经济增长贡献率达到60%。新增国际客运航线14条，机场旅客吞吐量4187万人次。数字是枯燥的，数字也是美丽的，它意味着历史文化名城在现代化进程中的市场活力，意味着基础设施和商业环境的完善，意味着生活方式的全球性和时尚化。国际国内旅游发展实践越来越证明了这样一个朴素的经验和理论：基础设施、商业环境和生活方式，已经成为当代城市旅游竞争力的关键要素，加上传统的自然资源和历史文化遗产，共同构成了城市旅游发展体系和解释框架。

同志们、朋友们！

随着签证便利化、航空网络完善和环球旅行经验的成熟，城市开始摆脱传统的行政辖区概念，而成为相对独立的旅游目的地。人人外出休闲度假，越来越多的游客会直接说去了某个城市，而不是说某个国家、某个省的某个城市。个别高知名度的世界遗产也会脱离所在城市的依附，成为独立的品牌形象。中国旅游研究院和领英国际发布的调查报告表明：31%的海外职场人对兵马俑具备认知，但知道西安这座城市的职场人却仅占比12%。如何重建城市记忆，探索城市作为独立目的地在国家、省域、景点和社区中地位和作用，是国际旅游发展的重大理论问题，也是我国入境旅游实践的现实课题。从这个意义上说，西安、北京和上海三大入境旅游枢纽城市建立合作机制是应时代而生，因形势而发展。

建设跨区域旅游城市群，是国务院发布的《"十三五"旅游发展规划》的重要内容。陕京沪入境旅游枢纽合作机制，将有效拉动入境旅游的持续增长。希望三地在合作机制的框架下，加强与国家旅游行政主管机构、世界旅游联盟、世界旅游城市联合会、世界旅游城市市长论坛等国际组织和城市联盟的合作，加强城市旅游推广和目的地管理的理论研究、经验交流和政策协同。面向全球商务、会展、研学和休闲旅游市场，重建城市记忆、推广美丽中国，应当是我们共同努力的方向。

城市间的旅游合作，除了政府层面的会议、政策和文件，市场主体之间的商业合作尤为重要，否则再好的构想也不可能真正落地。比如过境免签从72小时到144小时，不少城市都实施了这个政策，但是效果似乎并不明显。不是政策不好，而是没有与时俱进的城市调性和服务品质。没有人会因为免签而专门来到一座城市，却会因为温度与黏性而来，就像梁朝伟想去海德公园喂鸽子，就买张机票去了伦敦。那么调性和品质的背后是什么？是千千万万为服务于市民休闲和游客生活的市场主体，是充满生机、创意、创业和创新，承载人类共同价值的城市空间。景观之上是生活，没有主客共享的品质生活空间，就没有城市旅游的真正未来。这样的空间不是哪个权威部门规划出来的，也不是哪个专家学者指导出来的，而是循着开放、宽容和善意的思想，由生活在这块土地上的人民自由探索出来的。没有如此格局，国际一流旅游城市的梦想就不可能成为现实，也不可能真正与国际同行对话。

由于工作关系，我曾经多次到访西安这座历史文化名城，曾经登上高高的城墙去看晴天娃娃、驱车临潼去看兵马俑、吃过老孙家的羊肉泡馍和贾三包子、听过市民公园退休大爷们的八百里秦腔，无不留下了深刻的记忆。这次如果有时间的话，我想去大街小巷，看看永康书记捡烟头、抓厕所革命后的城市环境；想去商业街和居民区，品尝那些写进词、谱成曲、唱给全世界听的西安小吃；想去古老城墙下，和市民一起欣赏铺天盖地的无人机灯光秀。在我的心目中，既有历史文化积淀，又与时俱进的城市；既承载国家战略，又满足人民幸福生活的城市；既可以举办开城门、迎国宾的盛会，又可以让市民和游客可以共享、愿意参与、能够触摸的城市，才是有记忆的温度，也有生活品质的"这一座"城市。城市有了品质，游客自然就会心向往之，流连忘返。所谓桃李不言，下自成蹊也。

就像《阿飞正传》所说那样，"从现在开始我们就是朋友，这是事实，你改变不了，因为过去了。我明天会再来。"

2018 年 7 月 19 日
西安

第 025 讲 | 全域旅游在美丽风景里，
也在美好生活中

尊敬的青海省委王建军书记，

各位领导、同志们：

大美青海是中国和世界游客向往的地方，每每念起曾经到访过的藏传佛教圣地塔尔寺、鸟类天堂青海湖、国家公园三江源、王洛宾先生念念不忘的《在那遥远的地方》、茶卡盐湖，还有诗人海子吟唱的德令哈，都抑制不住要来一场说走就走的旅行。确实，在青海人民的眼中，在广大游客的心里，青海是高颜值的旅游目的地。

大美青海也是有内涵和实力的。多年来，在省委省政府的坚强领导和科学部署下，旅游发展理念获得了越来越多的社会共识，旅游形象得到了广泛传播，旅游基础设施和公共服务有了很大改善，旅游产业体系初步成型。近期认真学习了省委关于旅游业发展的"一个定位（把旅游业作为现代服务业的龙头产业来打造）、两个方向（大众游、高端游）、五三体系（全域旅游、全季旅游、全时旅游；自身优势、善于借势、无势造势；发展产业、促进就业、带动商业；精品路线、精品景点、精品产品；产区变景区、民房变民宿、劳动变体验）、十一大关系（旅游与人文、生态、民生、产业、就业、宣传推介、对口援青、高原康养、互联网+、安全、功能完善）"的新理念和新部署，系统研究了省政府《青海省关于加快全域旅游发展的实施意见》，特别是生态旅游和自驾车旅游示范省的新提法，我认为是完全符合新时代国家旅游业的发展要求，也是完全符合青海省情实际的。在国家旅游业的版图中，在旅游业界的视野里，青海必将成西部地区市场关注高、发展潜力强、增值空间大的投资热土。

与此同时，我们也要看到，值此大众旅游新时代、全域旅游新方位和优质旅游新战略，游客可以选择的境内和海外旅游目的地更加多元，对品质的诉求越来越高。游客不仅要欣赏异地的美丽风景，还要体验和分享他乡的美好生活。投资者不仅要看资源的稀缺性，还要看商业环境的完善和生产要素的配套。在这个讲颜值，也讲内涵和实力的时代，旅游目的地的发展已经不再是依托山山水水和历史文化资源开发几个景区景点那么简单了。我们需要在科学研判市场趋势和市场特征的基础上，以目标市场和重点项目为突破口，统筹推进政府、市场和社会力量，稳定推进旅游基础设施、公共服务和商业环境建设，引进和培育市场主体的创业创新，以智慧和耐心推进青海旅游业的可持续发展。下面，我结合旅游大数据，就旅游市场潜力、旅游产业动力和涉旅重点项目向各位领导和同志们汇报几点个人的研究结论，不当之处，敬请批评指正。

一、科学把握当代旅游市场规律和游客诉求：要美丽风景，更要美好生活

回顾改革开放四十年来我国旅游业的发展历程，最初是从入境旅游起步的，1999年国庆黄金周标志着国民旅游的兴起。2010年，国民人均出游率达到两次，旅游成为中产阶层的常态化消费。2015年，人均年出游超过3次，达到发达国家国民旅游权利普及的门槛水平，旅游开始进入国民大众的日常生活。2017年，我国已形成国内和出境游合计51.3亿人次，5.40万亿元总收入的空前市场规模，人均年出游近3.7次，开始进入大众旅游的纵深化发展阶段。在旅游市场发展的初级阶段，很多人是初次出游，旅游者更愿意感受异地美丽风景，追求"我来了，我看了，我标记了"。当旅游逐渐成为生活方式，旅游经验越来越成熟的国民在欣赏异地美丽风景的同时，更愿意去体验和分享目的地的美好生活。在国民旅游市场构成中，初次出游者仅占两成左右，也就是说，约40亿人次的基础旅游市场是由相对成熟的旅游者构成的。如此量级的成熟旅游者必然会带来旅游消费决策、购买行为、组织方式、消费结构和购后评价等方面质的变化，并对旅游宣传推广、目的地建设和产业发展模式带来根本性的冲击。

2010年，我国城镇居民出游以观光游览为目的者占32.9%，以休闲度假为目的的占25.0%；农村居民出游以观光游览为目的的占12.2%，以休闲度假为目的的占6.0%。2017年，这两组数据分别为22.1%、30.1%和21.8%、20.7%。这进一步证实了无论是消费能力高的城市居民，还是消费相对较弱的农村居民，都更加强调行程中的休闲行为和度假感受。国际国内旅游发展规律表明，当休闲度假超越观光游览而成为主要出游动机，那么旅游目的地的商业环境和休闲品质也必然会超越传统的自然景观和历史人文资源，成为塑造旅游目的地形象、支撑旅游产业发展和游客满意度

提升的关键因素。从调研反馈和各地旅游发展实践来看,"景观之上是生活""旅游目的地是生活环境的总和""品质、便利、善意,主客共享的生活空间""美好生活是优质旅游新动力"等理论观点正在为越来越多的人所接受,并积累了一批可复制、可推广的实践创新。

青海一直是海内外游客关注的热点旅游目的地,据马蜂窝提供的西北五省游记、问答和评论数据,青海在自由行市场上的综合热度仅次于陕西,位居第二。由于近年来游客对青海湖、茶卡盐湖的关注度不断提升,青海的游客问答数已经超过85万条,位居西北五省之首。来自互联网的大数据表明,北京和广东的居民最关注青海,其次是山东、江苏、浙江等沿海发达地区。最喜欢的景区分别是青海湖、茶卡盐湖、塔尔寺,最喜欢的青海美食是长面、寸寸和油香,最喜欢的非遗文化是那达慕、藏医药、回族宴席曲。全网涉及青海旅游业的相关信息主要来自微博(67.3%)、网站(21.2%)、微信(20.9%)、新闻(18.6%),而来自论坛、客户端、政务、报刊和外媒的信息均在10%以下,基本可以忽略不计。

令人困惑的是,尽管有如此高的热度,但是青海旅游的市场潜力似乎并没有转化为旅游产业优势。2017年,青海接待的国内游客规模为3477.08万人次,实现国内旅游收入为378.94亿元,无论是在全国还是西北五省的范围内比较,这样的成绩都不是理想的状态。

根据中国旅游研究院与中国电信旅游大数据联合实验室的测算,2017年,青海共接待乡村旅游者2651.7万人次。2018年春节期间,全国乡村旅游市场共有4.1亿人次出游,跨省出游7373万人次,过夜比率高达68.42%,平均出游时长85.21小时。其中西北地区平均出游76.77小时,稍低于全国平均水平,但是平均出游距离174.6公里,高于全国平均的169公里。自驾游则是极具市场潜力的新兴旅游市场,2018年春节期间,全国自驾旅游者平均消费1586元,明显高于非自驾旅游者的人均消费。2017年,青海共接待了跨省自驾旅游者 198 万人次，还有很大的发展空间。

我们再来看发展质量。从 2009 年开始，中国旅游研究院每个季度都对包括西宁在内的 60 个主要旅游城市的游客满意度进行监测和评价。从历史数据看，西宁前 5 年在样本城市的排名相对靠后，2013 年以来，综合指数和综合排名呈现波动式上升态势，但仍然处于第三梯队。以 2018 年第一季度为例，全国游客满意度平均水平为 76.99，最高的城市为 82.40，相比之下，西宁的游客满意度综合指数只有 73.95，在样本城市群中排在第 49 位。

二、系统谋划旅游产业发展：要有基础设施和重点项目，更要有商业环境的配套与完善

与京津冀、长三角、珠三角、中原和成渝城市群相比，包括青海在内的西部地区旅游业发展起步晚，远离主要客源市场，基础设施和商业环境相对薄弱。2017 年，客源地潜在出游力在东中西三大区域之间的比例大约为 6.3∶2.4∶1.3，相比较长期处于 7∶2∶1 的三级阶梯状分布格局已有所收敛。但是从发展模式与发展内涵来看，西部地区仍以资源驱动型为主，卖山卖水卖风景。东部地区已经进入内涵挖掘型发展模式，品情品调品生活。我们得承认：发展旅游，没有颜值是不行的，可是只有颜值没有内涵和实力也是不够的，还得有精品景区、精品线路、优秀旅游城市和乡村等点线面的强有力支撑。从这个意义上说，西部旅游的发展不能盲目照搬发达国家和地区的发展模式、发展经验，而是在结合省情和旅情的前提下，一面补该补的课，一面发挥后发优势，弯道超车。

从省会西宁的调研数据来看，广大游客对空气质量、自然生态、当地居民态度等方面的评价较高，本地旅行社和导游的服务也获得了较高认可。但是在城市整体形象和综合服务水平方面，尤其是城市现代化、美丽程度、知名度、开放度等城市形象指标和互联网覆盖、交通服务等方面还亟待提高。从过去十年 40 个季度的调查结果看，游客对包括青海在内的西部城市满意度低，主要归因于城市基础设施、公共服务和商业环境的现代化程度，而非狭义的旅游资源丰度和景区的等级。事实上，很多西部城市的自然和历史文化遗产，无论是数据还是品质都是高于东部的。环境支撑不给力，也只能徒唤奈何了。

透过那些冰冷而有锐度的数据，我们能够深切地感受到：当今旅游业的竞争，早已经不是传统意义的旅游资源对旅游资源、景区对景区的竞争，而是城市经济社会发展总体水平之间的竞争，也是不同国家和地区美好生活之间的竞争。这一论断是在全域旅游理论与实践的国际背景和时代背景下提出的，也是全域旅游发展的根本指导思想。离开了这一点，我们就没有办法真正理解当代旅游，就不可能创建真正意义上的全域旅游。也正在是这个意义上，我提出当地人民的幸福生活才是最好的旅游宣传，也多次为郑州年轻人的街舞、杭州的"未来生活节"、西安市委书记捡烟头而频频点赞。

这次以省政府名义颁发的全域旅游实施意见，明确提出了"旅游与高原康养的融合""完善标准化旅游基础设施""扎实推进厕所革命""推动互联网＋旅游"等有针对性、可考核的要求，尤其是就"着力拓展旅游购物"和"构建良好的旅游市场秩序"提出了明确要求，这就很好！没有这些基础支撑、公共服务和商业体系，游客来到大美青海，十有八九会发出"看景不如听景"的感叹。如果经过三到五年的努力，这些目标都能够实现的话，海内外游客来到大美青海，就不仅有得看，更有得吃、有得住、有得购，可以尽情分享青海人民的美好生活。

指导思想、发展目标和战略规划确定以后，如何落实就是关键。不能人人喊口号，更不要市、州、区、县、乡级级搞规划，层层搞验收。省委的战略部署和省政府的实施意见，千条万条，归根结底就是一条：城市要现代、乡村要美丽、生活要时尚。海东、海南、海西要打造成为国内外知名的文化旅游目的地，不能只有历史的追忆和书本上的想象，得有电影、电视、网络视频、文案和文化创意等看得见、摸得着的文化载体。谁来培育和发展这些载体？是文化人、文化市场和文化企业啊。发展文化事业，就是要坚持社会主义核心价值观，坚持正确的舆论导向。发展文化事业，就是在习近平新时代文艺思想的指引下，"文化遗产要保护好，更要活起来"。不要忌讳谈钱，当代文化要发展，就是要与资本、市场和科技相结合。不是要"鼓励民族、民间、民俗文艺团体和专业艺术院团与旅游集散地、重点景区合作"吗？不是要"支持设立传统演艺和非遗产品演示展销体验区，实现全省3A级以上景区均有非遗项目展示"吗？政策不要弄得太复杂，弄得找一大批专家解读和辅导人们才能明白做什么和怎么做。我看就是一条就够了："非遗"进景区免税收、创新给补贴、品牌有奖励。还有那些博物馆、美术馆、科技馆、展览馆和群艺馆，也要有科技和时尚的元素，不要为了所谓的秩序把市民和游客弄得有距离感。包括一些历史文化街区和市民休闲场所，围栏啊、隔离墩啊、玻璃罩啊，能撤除的不设立，能简单的不复杂，一定要让游客和市民亲而近之，而不是敬而远之。总之要开放，要见物见人见未来，文化才能真正成为有效的旅游吸引物。如果有一天，我们能在网络上看到年轻人在美术馆门前跳街舞，在博物馆里开冷餐会，青海的文化就真的活起来了。

三、目的地建设：协调看得见的手和看不见的手，共商、共建、共享，统筹推进优质旅游新发展

受早期入境、团队、观光旅游发展模式的影响，地方旅游主管部门对旅游的认识，就是人们远赴异国他乡欣赏不一样的风景，包括奇山异水、历史遗迹和地标性建筑。旅游目的地建设和发展也是围绕所谓的资源普查、形象推广、景区开发、酒店建设、旅行社审批和市场治理展开的。评五星、创5A、争牌子、招商引资，都是这个思路和模式的具体表现。在入境、观光和团队旅游时代，这样做没有问题，但是在以国民消费为主体，年轻群体为主导的大众旅游时代，如果继续沿用传统的思维，可能会事倍功半，甚至南辕北辙。到底如何看待美丽风景和美好生活，正在困扰着地方旅游发展实践。当然，由于发展阶段和发展水平的不同，各地的困惑也各不相同。

对于青海而言，当前要重点解决旅游供给和市场主体数量不足的短板。统计数据表明，截止到2017年年底，青海全省共有3家5A级景区、24家4A级景区，是景区指数最低的5个省份之一；全省共有五星级酒店2家，四星级酒店的数量为46家，是全国奢华和高端酒店数量最少的5个省份之一；旅行社总数为308家，是全国旅行社数量最少的5个省份之一。全省旅游类上市公司只有1家，还是去年在"新三板"挂牌的。2017年全省新建、续建旅游项目266个，计划总投资364.7亿元，累计完成投资199.3亿元，在全国还是处于偏低的水平。对于东部发达地区和中部城市群来说，高星级酒店、高等级景区和旅行社多一个少一个可能并不影响旅游业的整体发展，但是对于同时发力大众游和高端游的青海就不一样了。就好比别人瘦是营养均衡的结果，自己瘦是营养不足导致的。典型的旅游业态和新增投资的供给不足可能直接影响省委省政府战略意图的实现，不可不察也。

不管是大众游，还是高端游，都要打好生态旅游这张牌，以自由行为基础市场，以自驾游为主导产品，重点提升访青游客的满意度与获得感。根据中国旅游研究院和马蜂窝旅行网联合实验室提供的旅游大数据，与青海有关的旅游热词排行中，"自驾游"已经由第四位上升到第二位，"青海自驾游"的热度同比增长364%，位居西北五省的第二位。游客最关注的青海自驾游信息包括青海湖环线、青海甘肃大环线、青海省环线和西北大环线，他们希望了解游玩的天数、行车线路、沿途亮点和安全提示。在自驾游市场培育、要素配套和商业创新等方面，青海旅游还有大量的工作要做。

坚持主客共享的发展理念。主客共享不仅是旅游目的地基础设施、商业环境和服务水平的完善提升，也是当地居民与游客共商、共建、共享目的地的生活环境，更是旅游经营的包容态度。对历史遗迹的包容，行走在城市中能偶尔看到一处古老沧桑的建筑；对市井百态的包容，广场中能遇到操着乡音卖土特产的老农。这种包容带来的真实，才是目的地的本质，才是维系目的地旅游活力的源泉。同时，主客共享也需要勇气，将城市公园和公共景区开敞式改造，将绿色还给市民，将品质分享给游客。如杭州的"免费西湖模式"，免票不仅没有亏本，反而给杭州带来了意想不到的效益。我们要着眼于当地人和旅游者对美好生活的向往与追求，从重点旅游城市、重点旅游村镇开始，逐步完善目的地生活要素、休闲项目和商业环境，稳步提升整体意义上的环境品质。

践行全域旅游的发展战略。以全域为视野，可以实现从美丽风景到美好生活的附加值提升。景区是花朵，区域是土壤，全域视野要求不能只关注景区景点，要关注整个区域的旅游软硬件设施的完善和生活氛围的打造。东部地区出游力旺盛、基础设施完善，要更多关注商业、服务等软环境的优化提升，在美好生活的品质上下功夫。中西部地区，不仅要看到眼前的风景，更要分析远方的市场，要借助政策、资本等外部力量，完善区域公共服务等基础设施，逐步培育美丽风景衬托中的美好生活氛围。全域旅游示范创建单位，要贯彻落实好《全域旅游示范区创建工作导则》，抓创建促发展。

强化优质旅游的战略导向。大众旅游的纵深化发展，奠定了我国旅游"从高速旅游增长阶段转向优质旅游发展阶段"的战略基础。发展优质旅游要求以满足新时代人民的旅游美好生活需要为根本出发点，走内涵式、高渗透融合发展之路，做好"旅游＋生活""风景之上是生活"的文章。

2018年6月8日

青海

第 026 讲 | 美好生活是优质旅游新动力

尊敬的中共温州市委周江勇书记,

各位领导,同志们:

  值此全党全国和社会各界深入学习党的十九大精神,旅游系统深入贯彻习近平总书记关于旅游发展的一系列重要论述,全力推进优质旅游新战略之际,能够获市委邀请,并经国家旅游局批准,来到举世闻名的温州考察、学习和交流,我深感荣幸,也倍感珍惜。

  在这片 1.2 万平方公里陆域、1.1 万平方公里海域的土地上,生活着 900 多万常住人口。2000 多年的建城史,特别是 20 世纪 80 年代以来,这里创造了一系列世界瞩目的经济社会发展奇迹。这里是我国民营经济的先发地区和改革开放的前沿阵地;这里有著名的旅游景区楠溪江、雁荡山、江心屿,全年接待游客 1 亿人次,旅游总收入超 1000 亿元;这里刚开完市委十二届三次全会,正在举全市之力加快建设"时尚智城",加快提升中心城区首位度,全面实施乡村振兴计划,加快建设全国性综合交通枢纽，大力推进美丽温州建设。

受益于全面建成小康社会和中华民族伟大复兴的中国梦，国家旅游业正在迎来大众旅游新时代、全域旅游新方位、优质旅游新战略的历史机遇期。如何把握机遇，更新观念，切实把"人民对美好生活的向往就是我们的奋斗目标"落实到新时代旅游业发展体系的目标导向、资源开发和动力升级中，是国家旅游部门、各级党委和政府共同面临的现实课题。

下面我就"如何把握大众旅游市场特征""如何理解全域旅游资源体系""如何重构优质旅游的发展动力"三个问题，向各位领导和同志们汇报一些个人和所在机构的研究结论。不当之处，敬请批评指正。

一、大众旅游新时代，游客要看美丽的风景，更要分享美好的生活

受早期入境、团队、观光发展模式的影响，社会各界包括很多领导同志对旅游的认识，就是人们远赴异国他乡去看不一样的风景，包括山山水水的自然风光和历史遗迹、地标性建筑等人文景观。旅游目的地建设和发展也是围绕所谓的资源普查、形象推广、景区开发、酒店建设、旅行社审批和市场治理展开的，评五星、创5A、争牌子、招商引资，都是这个思路和模式的具体表现。在入境、观光和团队旅游时代，这样做没有问题，但是在以国民消费为主体，年轻群体为主导的大众旅游时代，如果继续沿用传统的思维，可能会事倍功半，甚至南辕北辙，搞不好就拧巴了。

从1999年的"国庆黄金周"开始，我国就不可逆转地进入国民的、大众的、现代的旅游经济发展新轨道。2009年，国务院发布《关于加快旅游业发展的意见》，提出要把旅游业培育成"国民经济的战略性支柱产业和人民群众更加满意的现代服务业。"2010年，国民人均出游率达到两次，旅游成为中产阶层的常态化消费。2015年，人均出游率超过3次，达到发

达国家国民旅游权利普及的门槛水平，旅游开始进入老百姓的日常生活。2016年，李克强总理在《政府工作报告》提出"迎接一个大众旅游的新时代"。2017年，我国国内游和出境游合计达51.3亿人次、5.40万亿元总收入的空前市场规模，人均出游率近3.7次，"全域旅游"成为党的十八大以来100个热词之一。根据国务院《"十三五"旅游业发展规划》确定的目标，到2020年全面建成小康社会时，旅游市场总规模将达到67亿人次，旅游业总收入达到7万亿元，旅游业对国民经济的综合贡献达到12%。

随着大众旅游时代的到来，特别是年轻人主导的散客化、去中心化、"小确幸"生活方式的变化，游客的出游动机、组织方式、消费内容与消费模式发生了根本性变化。人们在旅程中不仅要看不一样的美丽风景，还要分享高品质的生活方式。"景观之上是生活""最美的风景是人"等观点已经形成了广泛的共识。过去只要有长城、故宫、兵马俑这样的世界自然和文化遗产，不用宣传，游客就会来了；只要有权威机构发个牌子或者有领导人肯定，市场就认同了，游客就觉得值了。现在呢？一方面是"世界那么大，我要去看看"，另一方面是"我的行程我做主"。这意味着旅游经济运行的主导权已经从资源方转向了需求方，或者说游客主权的时代来临了。

从中国旅游研究院过去十年四十个季度对包括温州在内的60座城市的游客满意度调查研究来看，这个观点越来越得到了理论和实践两个方面的验证：优秀的旅游目的地，特别是旅游强市，已经不再只是靠几个核心旅游吸引物，而是必须以整座城市的调性、品质与整体实力为支撑。比如苏州的"苏式生活"，比如厦门的精致与优雅，比如成都的美食与包容等。想不通这一点，就会像西部某著名旅游城市领导所困惑的那样，拥有这么多举世闻名的文化遗产，有这么多的自然景观，外国政要都为之惊艳的城市，为什么旅游经济总量和游客满意度反而比不过苏州和厦门呢？因为时代变了啊！我去年在广州演讲时说：游客要的生活，我们给的是景观；游客要的是触手可及的温暖，我们给的是繁华的记忆；游客要的是说走就走的旅行，我们给的是规划好的线路和行程。事实上，无论是常住地，还是在目的地，游客追求的都是高品质的生活，至于那些景观啊，地标啊，历史文化什么的，不过是异地品质生活的组成要素罢了。既然是生活，就只能是日常的，所以说好的城市一定要经得起游客的寻常打量。

访问日本时，我曾经和奈良县知事荒正吾先生有过一段对话："现在日本的年轻人愿意来中国旅游吗？""愿意的，特别是西安，去了才体验感受到秦汉和盛唐的味道。""还会再来或者推荐亲朋好友来吗？""不会。只有兵马俑、大雁塔和古老的城市，但是景区拥挤、地面有垃圾，还找不到星巴克、哈根达斯和米其林，（年轻人觉得）没有品质"。中国旅游研究院每年发布《中国国内旅游发展年度报告》显示，国内客源近70%来自经济相对发达的东部地区，20%来自中部地区，只有10%来自西部地区。那些来自经济发展水平、文明程度更高地区的游客，在欣赏景色和生活方式的同时，自然而然地希望能够保证他们基本的生活预期。从世界旅游者的空间流动来看，欧洲、北美、日韩、澳新等发达国家所吸引的国际到访人数和所获得的国际旅游收入，远高于那些拥有自然和历史资源但是经济欠发达的国家和地区。2016年以后，我国入境旅游市场，特别是外国人入境旅游市场已经走出金融危机影响，步入全面恢复增长的新通道，很大程度上与我国经济增长和社会进步有关。在东盟各国实地调研时，我们也发现，周边国家来中国旅游的动机主要是都市消费、健康医疗和商务旅行。

三年前，我主持了一场世界旅游城市的市长对话。中国的市长先发言，多长时间的历史、多么丰富的资源、多么宏伟的蓝图，还有党和国家领导的肯定。总之就是物华天宝、人杰地灵、领导点赞、中央电视台关注、"厉害了我的市"之类的套路内容。等他说完了,我请同台其他国家的市长简要复述其发言的关键词,结果呢?只有一位市长说出了城市的名称,其他人什么内容也没记住。又问台下的听众,有没有去过这座城市的?结果一位来自欧洲的女嘉宾举手,说她去过,印象最深的是当年坐绿皮火车,快到站的时候,边上的母亲一边奶着孩子,一边拎行李下车。那一刻,母亲脸上幸福、知足与从容让她觉得这座城市的生活一定是美好的,生活在这座城市的人民一定是幸福的。我们不要笑话这位市长,从他的身上可以看出自己太多的影子。我们总是习惯从自己的角度出发,去想象别人的生活,一厢情愿地给予他人自以为最重要的东西。改革开放都四十年了,思维和观念都要变变了,得与时俱进啊,同志们!

二、全域旅游新格局,需要继续抓好景区、交通、住宿和旅游服务等典型行业建设,是要抓好"旅游+",特别是从城乡居民的美好生活要资源,要动力

2016年全国旅游工作会议提出发展"全域旅游",形成了旅游系统的共识,得到了各地党委政府的呼应,并成为《人民日报》盘点十八大以来党中央治国理政的100个热词之一。根据国家旅游局李金早局长的报告和讲话,全域旅游是在一定区域内,以旅游业为优势产业,通过区域内经济社会资源,尤其是旅游资源、相关产业、生态环境、公共服务、体制机制、政策法规、文明素质等进行全方位、系统化的优化提升,实现区域资源有机整合,社会共建共享,以旅游业带动和促进经济社会协调发展的区域协调发展新理念和新模式。为此,国家旅游局先后发布了一些指导性文件和创建标准,各地也在行政管理体制、旅游市场综合治理、旅游投资促进和市场主体培育等方面做了大量行之有效的探索。将来,国务院还可能就全域旅游的推进工作颁发具体的意见。习近平总书记视察宁夏时指出:

"发展全域旅游,路子是对的,要坚持走下去"。

我们也要看到,全域旅游毕竟是个新生事物,还需要举全行业之智,从理论上探讨之,从顶层设计之,在地方和产业实践探索之,避免走一些不必要的弯路。为此,我们要认真学习习近平中国特色社会主义思想,特别是关于旅游发展的一系列重要论述。习近平总书记在关于"为何发展旅游""如何发展旅游""发展旅游要重点开展哪些工作"等方面都做了深刻阐述和重点部署。他说,"旅游是人民生活水平提高的一个重要指标","在现代经济发展中,旅游业已经远远超出了原有的范畴",是"一种综合性的经济形态"。综合性产业不仅要有综合性的抓手,还要以品质为导向,特别是要把服务质量放到关键位置。他指出,"发展高水平旅游业,要抓硬件,更要抓软件,特别要提高服务质量"。旅游业应当,也必须强调可持续发展,切实把"绿水青山就是金山银山"落到实处。

这段时间学习了温州旅游工作的一些文件,包括总结、讲话、批示和报告,特别是关于2017年的工作总结和2018年的工作部署,感觉旅游战线的同志们还是善于学习和认真思考的,工作部署也是有力度的。无论是"三个前所未有""三项重大突破""三大特色亮点",还是"一个目标""两大抓手""三大战役"和"四项举措",放在全国范围看,也是可圈可点的。回顾改革开放四十年以来的发展进程,从温州到浙江,再到全国,一直都没有停止过因地制宜、因时制宜的实践探索,也一直都没有停止过总览全局的理论探讨和战略设计。市委政研室有个"温州智库"微信群,我经常会去看看动态,思考的问题和开展的活动既务实有针对性,又有理论高度和前瞻性。

从调研反馈情况来看,"旅游目的地是生活环境的总和""品质、便利、善意,主客共享的生活空间"等新时代旅游发展观念已经为各地广泛接受,并成为指导地方全域旅游发展的理论基础之一。同时,我们也需要直面一些必须正视而尚未得到有效解决的课题：如何基于目的地生活品质重构城市和乡村旅游目的地形象？如何创新体制机制，有效改进旅游宣传和市场推广体系？如何利用城乡居民的休闲场所和商业环境等非传统旅游资源，优化旅游接待体系？如何培育大集团主导、涉旅企业合理布局、创业创新活跃，社区居民广泛参与的旅游产业格局？这些问题是全局的，温州也不同程度地存在吧。虽然游客对温州的满意度评价总体上处于中等偏上水平，但是与全省第3、全国第35位的5000亿经济体量相比，与全国前十位的政府关系健康指数相比，与人们对温州的旅游发展水平期待相比，还是很大的努力空间。

从旅游形象上说，温州在央视《朝闻天下》一栏投放的"神奇山水，传奇温州"10秒旅游宣传片，我看还是以雁荡山、楠溪江为代表的山山水水的形象。从国际国内的城市营销案例看，不管是"独一无二新加坡（Uniquely Singapore）"，"尽享·最香港（Best of all，It's in Hongkong）"，还是"最忆是杭州（Hangzhou，Living Poetry）"，都是指向生活，有品质、有温度、可以分享的生活。希望能够着眼于这座城市生活品质和市民幸福感，借助大数据技术，分析研究和提炼出新时代的温州旅游形象。城市形象只是旅游推广体系的起步，要想真正传递到潜在客群，还要宣传、文化、广播、电视、报刊、网络等部门形成合力，用目标市场听得懂的语言讲他们感兴趣的故事。要需要创新旅游推广方式，不能总是广告片、旅交会、官员推广老三样，得让市场主体参与，把旅行商和OTA的积极性调动起来。条件具备的地方，可以学习洛杉矶、新加坡、香港的经验，组建政府指导、协会主导、企业化运作的旅游推广中心。在旅游推广和城市营销这件事上，完全市场化行不行？不好说，但是完全官办肯定不行。

旅游是异地的生活方式。既然是生活，游客在惯常生活的一切生理活动和休闲行为，同样会在目的地发生。过去我们把旅游理解为旅行社组织的消费行为，坐着旅游大巴，乌泱乌泱地从机场、车站、码头到酒店，从景区到购物店，那是一个不同于市民日常生活的"封闭世界"。现在，我们一个亿的游客由旅行社组织的有多少，绝大多数还不是自驾游、自由行？1000亿的消费又有多少是在景区、酒店和定点餐饮、定点购物商店消费的，绝大多数还不是在市民的休闲场所消费的？在一个开放的体系，游客散入到城市的每个开放空间，与市民水乳交融地在一起，分不清了。只盯着景区、酒店、旅行社、导游，旅游委就是管得再好，书记市长还是会担心哪天又会蹦出个"天价大虾""蚊子是宠物"之类的涉旅负面新闻出来。可行的思路是以开放对开放，百货商店、商业街、夜市、小吃摊、菜市场、博物馆、美术馆、电影院，总之市民能去的地方，游客都可以去。包括市委市政府，如果能够每月，甚至每周都可以向海内外游客开放半天，书记、市长、秘书长们出来，像欧美国家的官员那样，与大家见面聊聊天，既打消了固有的神秘感，也可以将好客的城市形象落到实处，又有什么不好呢？

旅游经济的活力和目的地竞争力的关键在于引进、培育和壮大各级各类旅游市场主体。不少地方党委和政府是很重视发展旅游，旅游发展大会规模越来越高，文件越发越多，批示越来越严，却没有充满生机和活力的旅游企业做支撑，"一堆敲锣的，没有耍猴的"，这怎么行！温州的企业很多，据说正在排队上市的公司就是200多个，但是有全国全省影响力的旅游企业不多。我看过统计局和测绘局做的一个本地高新技术产业地图，很是令人振奋。如果能够把旅游产业的地图也这样清晰地绘制出来，并与杭州、苏州、厦门等城市做比较分析，方向感自然也就出来了。

任何创业创新成功的旅游企业都是既仰望星空，又脚踏实地的。大众旅游时代的星空是什么？是服务品质，是广大游客在深度体验这座城市的过程中的日常获得感。这种日常获得感不仅来自包括星级饭店、经济型饭店和民居客栈、短租在内的住宿设施的品质供给，也包括公交、地铁、出租、汽车租赁在内的交通体系供给，包括咖啡店、特色名吃、火锅厅、早餐店在内的餐饮体系供给，还包括购物中心、超市、街角通宵营业的小便利店、药店在内的购物体系供给，包括电影院、小剧院、图书馆、街头集体舞在内的城市休闲体系供给等等。面对这样庞大的供给体系，我们已经没有能力再区分这些供给到底是为当地老百姓的，还是为游客服务的。但有一点我们要形成共识：发展城市旅游，不仅需要公共部门的引导，大量市场主体的广泛介入和深度合作更显得必要且重要。由于世界变得越来越"平"，商业社会的发展，物质供给极大丰富的同时容易千篇一律，导致我们在这部分的体验感效用已经越来越低。这有点像管理学的双因素理论中的保健因素，没有不行，有了也没多大感觉。这就对城市培育品质旅游又提出了更高的要求，更需要能提供高品质多元化的产品与服务的市场主体加入。

创业创新的土壤是什么？是人才，是兼具创业激情与商业理性的企业家、经理人和各类专业人才。只有持续吸引年轻人进入旅游市场并最大限度地发挥其市场能力，产业发展和优质战略才能落到实处。对于商业人才资源密集的温州来说，是正视旅游领域经营管理人才短缺的时候了，是正视旅游基层服务员工、乡村旅游接待人员的综合素质与专业能力不适应新时代旅游发展需要的时候了。我一直呼吁各地推进"专业志愿者"和"驻村艺术家"制度，由人事、教育、科技和文化部门牵头，政府补贴，制度化派出一批电子商务、市场推广等专业人员和文化艺术工作者到小微型企业去，到乡村旅游接待户去。不要高头大章，不要为文艺而文艺，而是把习近平总书记要求的"科技工作者把论文写在祖国的大地上，把成果应用到现代化强国的实践中"切实落到实处。可以先派一些人出去，到日本、新西兰和我国台湾地区去看看，在这方面，他们有比较成熟的经验。

当然,目的地建设特别是全域旅游发展离不开行政主体的勇于担当和积极作为。从全国旅游发达地的经验来看,以"1+3+n"综合管理体制改革,即旅游发展委员会,加上旅游警察、旅游巡回法庭、旅游工商分局,再加上旅游数据中心等,正在形成旅游发展的社会合力。持续提升现代都市旅游治理水平,持续完善旅游公共服务体系,重点解决人民对美好旅游生活的需要和旅游发展不平衡、不充分之间的矛盾,不断增强广大游客和社区居民的获得感,需要我们持之以恒地奋斗。

三、优质旅游新战略,要着眼行政主体的宏观叙事,也要关注游客和市民的微观感知

旅游经济从高速度增长转向质量效益型增长,需要机场、码头、高速铁路、高速公路等基础设施的建设与完善,这是国际旅游目的地建设的题中之义。必要的基础设施和公共服务项目的投资是必需的,旅游目的地的竞争,说到底是城市经济社会发展水平和综合实力的竞争。从汇总信息和统计数据来看,现在各地发展旅游还是强调投资,特别是增量投资,热衷于上景区、主题公园、旅游综合体等大项目。其实项目的体量大小并不重要,也不是说新的项目都不能上,关键这些项目是不是符合所在城市的旅游经济发展规律,尤其要看有没有相应的功能需求和市场基础。我们当然要关注旅游业所带来的多元共生的价值观和生活方式,正在成为城市发展的新引擎,引领城市运营和公共空间的现代化转型。我们还要清醒地看到市民的日常生活和休闲需求是长期的、常态的,游客到访所带来的需求则是短期的、非常态的,不能因为节假日的旅游人次峰值而误判形势。无论是纽约、东京、巴黎这样的世界枢纽城市,还是芝加哥、洛杉矶、黄金海岸等国家中心城市或者旅游城市,在项目建设上无不是在本地市民生活需求和城市发展需要的基础上,同时考虑外来游客的叠加需求,所谓"主客

共享的生活空间"就是这个道理。

城市旅游者到目的地，完成城市地标观光后，很多人会参与彰显市民休闲、生活品位和城市文化内涵的深度游，特别是当地的博物馆、美术馆、演艺、节庆等公众文化活动。我第一次来温州只有半天的机动时间，第一站就去了博物馆，至今都没有忘记"其货纤靡，其人善贾"的城市底色。城市有历史，城市也在演化，不管愿不愿意，每个人都是活在当下、面向未来，今天的温州应当是工商繁荣的温州，也应当是消费有品质、生活幸福、游客乐于来分享的温州。来之前我在网上查了温州三月份的公共文化活动信息，包括演唱会、曲艺杂谈、话剧歌剧、体育比赛、儿童亲子、展会展览活动，一共12项。感觉对于一个900多万常住人口的大都市来说，类似的活动似乎少了些。我们可以比较一下同期的宁波和杭州，分别是73项和154项。

一个优秀的、有品质的旅游目的地，除了基础设施和大项目，一定还要有完善的商业环境。西方人说："Street for all"——街道就是城市的一切。香港的兰桂坊、东京的银座、北京的三里屯、上海的东方广场等地标区域，既是商业中心，也是休闲中心。这些空间本地人来享受，外地游客也可以来分享，不是很好吗？当代国际旅游发展的经验表明，城市的商业环境和休闲品质已经超越了传统的自然景观和历史人文资源，而成为塑造旅游目的地形象和支撑城市竞争力至关重要的因素。旅游发展得让广大游客、企业员工和社区居民有看得见、摸得着的获得感。因此，大项目要建，小项目也是不可忽视的。正是这些看上去不起眼的地方餐饮、夜市、购物店、美容美发美甲店等时尚业态，才赋予了一座城市应有的温度。有的地方领导同志提出要像抓工业那样抓旅游，当作口号上新闻鼓鼓劲可以，真要那么干的话，可能会出问题。一个是生产，一个生活，从理念到规划到实施，都不是一回事情嘛！搞不好还会好心办坏事。

从阶级斗争为中心到经济建设为中心，我们经历三十年的探索，付出了巨大的成本才形成了"发展才是硬道理"的共识。从重生产轻生活到生产与生活并重，我们也经过了三十多年的争论和探索，现在看来也没有完全解决这个问题。比如国务院在2009年就提出要把旅游业建成"国民经济的战略性支柱产业和人民群众更加满意的现代服务业"。可是我们总是不由自主地奔着前者去了，就是谈现代服务业，也更愿意把旅游划入生产性服务的序列中，似乎归到生活服务业中就理不直、气不壮，没有地位了。只有彻底打破这种过旧的思想观念，才有可能创新发展。什么时候从事旅游服务的专业人员，包括导游、厨师、模特、歌手、司机有了职业尊严，并愿意投入自己的才情与努力为市民和游客提供高品质的生活享受，什么时候优质旅游才可能实现。

2018年3月8日

温州

第027讲 | 假日旅游成为新民俗

刚刚结束的国庆假日旅游数据再创历史新高。据文化和旅游部7日晚间发布的官方数据显示：国庆节期间全国共接待国内游客7.26亿人次，旅游总收入5990.8亿元，同比分别增长9.43%和9.04%；超过90%的游客参加了文化活动，其中前往博物馆、美术馆、科技馆的游客占到总数的40%。基于近年来相关数据和综合信息，节假日旅游可以说已经成为新民俗，而旅游也日益成为国民大众美好生活的重要组成部分。

经济增长和城乡居民可自由支配收入的增长，节假日制度的优化，以及各地政府对旅游业的重视和投资，使得国民旅游消费意愿持续增长。2017年，全国人均出游达3.7次，出境旅游突破了1.3亿人次，旅游已经成为国民大众的日常生活选项之一。加上这次国有重点旅游景区的降价、高速公路通行免费、类型多样的文化和旅游惠民措施，预计今后将有更多的人选择外出旅游作为自己的休假方式。

在旅游方式上，尽管越来越多的人会选择自由行，但是对于大多数游客而言，景区还是最重要的旅游资源，是必须要参与的项目。这就像过年吃饺子、看大戏，端午节吃粽子、赛龙舟一样，没有它们就没有节日的气氛了。从这个意义上说，热点景区的拥挤与热闹在未来很长一段时间内都将是常态。然而，问题是全国两万多家景区冷热不均，淡旺季明显，既有故宫这样年接待游客过千万的热门景区，也有一些5A级景区年接待游客不过区区数十万，甚至有的景区因为门可罗雀而不得不关闭。在假日扩容空间有限的情况下，为有效提升国家旅游治理水平和游客满意度，我们需要进一步增加高品质旅游景区和大众喜闻乐见的公共文化服务供给，不断增加人民对旅游的获得感。

越是有群众的广泛参与，越是需要牢牢把握意识形态和安全生产两个底线。笔者注意到，在国庆假日期间，众多游客纷纷以观看升国旗、"快闪"《歌唱祖国》、"我为祖国送祝福"、参观博物馆和红色景区等不同形式庆祝新中国69周年华诞。因此，在政府旅游行政主管部门、新闻宣传部门、旅游企业和广大游客的共同努力下，安全、秩序、文明、理性越来越成为假日旅游的主旋律。当然，不可否认的是，插队、喧哗、餐饮浪费、过度维权等不文明的旅游现象仍然时有发生。很多时候，并不是不文明的游客增多了，而是一些不文明的人开始出门旅游了，由此导致在某些景区出现了不文明的旅游现象。对此，我们需要强化宣传引导和"黑名单"制度，需要景区管理部门加强督导，更需要依法治旅游，针对明显侵害他人合法权益或扰乱公共秩序的冲击航空器、高铁霸座、毁坏文物等违法犯罪行为，公安机关和司法机构要积极作为并依法惩处。

2018年10月9日
北京

第 028 讲 | 论新时代红色旅游理论建设与实践探索

值此社会各界深入学习近平总书记新时代中国特色社会主义思想和南湖重要讲话的今天，值此红色旅游三期规划正式启动的今年，我们在红船精神发源地的嘉兴，召开红色旅游座谈会，可以说躬逢盛世，正当其时。

在过去的一年中，红色旅游取得了长足的进展和巨大的成就。2017年，纳入信息报送系统的 18 个红色旅游重点城市和 109 家红色旅游经典景区共接待游客 8.01 亿人次，同比增长 13.30%，全年实现旅游总收入 4719.2 亿元，同比增长 22.14%。按可比口径，红色旅游投资总额同比增长 25.07%，较全社会固定资产投资增速高近 18 个百分点。值得关注的是游客平均年龄比往年更低了，平均只有 35 岁。这是一个了不起的变化，意味着越来越多的年轻人在红色旅游的过程中接受社会主义核心价值观教育，认同国家记忆，感受历史进步和时代变化。我们还注意到境外游客同比增长18%，这意味着国际社会不再满足于从媒体上了解中国，他们还希望实地感受中国，探究这些年经济发展和社会进步背后的逻辑，特别是中国共产党人的逻辑。数据表明，红色旅游在政治效益、经济效益、社会效益和国际影响力各个方面都取得了很大成就，我们有理由为这些成就而自豪。

进入新世纪不久，在分析研判国际国内形势，结合大众旅游兴起的时代背景，中央决定要发展红色旅游，并从政治工程的高度加以统筹谋划。2004年开始，中央共发布和实施了两期规划，对红色旅游的指导思想、部门任务、区域协调和项目投资做了系统规划。回过头来看，这个顶层设计的战略引领性是非常明显的。在中宣部、发改委、文化部、住建部和旅游局等红色旅游领导小组各成员单位、各级党委政府和社会各界的共同努力下，特别是在习近平总书记关于红色旅游的一系列重要讲话精神指引下，红色旅游作为一项重要的政治工程，取得了历史性的成就。到目前为止，全国共建成红色旅游经典景区300处，近600家。红色旅游市场渗透率超过16%，即每100个游客中就有至少16个体验了红色旅游。要知道，2017年的国内旅游和入境旅游的市场规模分别为50亿和1.4亿，年轻人越来越多，能够取得如此成就确实了不起。

当前及今后一个时期，红色旅游发展的主要任务是：深入贯彻落实习近平总书记南湖重要讲话和关于红色旅游的系列重要讲话精神，以高度的政治意识和时代紧迫感，举全党之智和社会之力，全面落实红色旅游三期规划，大力推进红色旅游理论建设和实践探索。

红色旅游应当也可以成为习近平新时代中国特色社会主义思想和治国理政理论的有机组成部分。

这就需要我们进一步深化新时代红色旅游的理论内涵。在全面建设小康社会和实现中华民族伟大复兴的伟大进程中，任何人，在任何时候都不应该忘记我们从哪里来,根脉在哪里,初心和使命是什么?十九大闭幕仅一周,习近平总书记就带领中央政治局常委瞻仰一大会址和南湖红船,他强调:"上海党的一大会址、嘉兴南湖红船是我们党梦想起航的地方。我们党从这里诞生,从这里出征,从这里走向全国执政。这里是我们党的根脉。""只有不忘初心、牢记使命、永远奋斗,才能让中国共产党永远年轻。"红船精神,就是新时代红色旅游理论创新和实践探索的思想基础和根脉所在。发展红色旅游,就是要构建新时代的理论自信、道路自信和文化自信。就是要旗帜鲜明地弘扬延安精神、井冈山精神、红旗渠精神、铁人精神、雷锋精神、全国人民大团结精神,在这一点上,我们不能有任何的动摇,要向国际社会,向红色旅游行政主管部门、相关机构、市场主体和广大游客旗帜鲜明地说清楚:红色旅游的本底必须是红色,必须承载着国家的主流价值和中华民族的共同命运。

当然,红色旅游理论内涵也应当是与时俱进,随着时代的发展不断丰富的。党章明确要求党的干部"坚持解放思想,实事求是,与时俱进,开拓创新,认真调查研究"。党的建设初衷,就是要让人民群众过上富裕的生活。今天发展红色旅游,既要让人们看到过去的艰苦,也要让他们感受到今天的幸福,更要认同和了解"幸福都是奋斗出来的"道理。昨天的现场调研,我看到了大云镇的缪家村,真正实现了老有所养、幼有所教、青壮年有美好的工作和生活。也看到了巧克力小镇打出"甜蜜党建"的旗帜,能够感受到每个人都很有精气神。这些新的事物、新的现象,我看可进入红色旅游的理论体系的建设范畴,并进行专题研究。

新时代的红色旅游理论体系应当是开放的、面向世界的、面向未来的。无论是俄罗斯对伟大的卫国战争的纪念,欧洲对诺曼底登陆的反复歌颂,美国对阿灵顿国家公墓和夏威夷亚利桑那纪念馆的敬畏,澳大利亚对战争纪念馆、新加坡对牛车水等国家记忆承载地的高度重视,可以说没有哪一个国家不尊重珍视自己的历史，缅怀他们祖先的奋斗。无论是辉煌的胜利，还是困难的经历，都构成了国家记忆的重要组成部分，这也是人类命运共同体的文化基础。正如列宁所指出的那样："忘记过去就意味着背叛"。通过这些国家记忆，来凝聚国家共识，推动国家进步与发展是世界潮流。

我们既要借鉴和学习不同国家和地区对国家记忆建构的经验，也要学习他们讲好历史故事的方式方法。要搞好新时代的红色旅游，就需要用开放的思维，学习借鉴世界其他国家和地区好的经验和做法，主动把红色旅游纳入到人类文明共同体和全球治理机制建设当中去思考。我们欣喜地看到，嘉兴已经先行一步，做了大量的探索，浙江省委正在建设中国红船干部学院，并围绕贯彻落实习总书记南湖重要讲话精神和红色旅游做了一系列部署。这些都是新时期红色旅游理论建设的实践基础，希望嘉兴能够成为全国红色旅游理论建设高地，在红色旅游内涵深化、外延扩展、创新开放等方面不断总结实践和创新理论，对全国起到率先示范的作用。

抓好理论建设的同时，红色旅游更要面向新时代，不断探索实践。

在贯彻习近平新时代中国特色社会主义思想和南湖重要讲话精神，推动红色旅游发展实践的过程当中，我们需要在理论的指引下，做更加多元的新型探索。要千方百计地让更多人参与到红色旅游当中来，这就需要我们用全域的思维，将红色旅游景点建设推向红色旅游目的地建设。比如说南湖，既可以看红船、游革命纪念馆，也可以看甜蜜小镇，把红色旅游和养老、研学等各种旅游形态结合起来。对于党员干部，当然要以直接教育为主。对广大游客，应该鼓励把红色旅游和绿色旅游、健康疗养、体育旅游等相融合。不要过度追求纯而又纯的红色旅游，只要是来到红色旅游城市，就是在接受红色教育，提升革命素养，就是在体验红色精神。在规划推广红色旅游过程中，不要与其他的旅游割裂开来，而是要形成合力。嘉兴旅游委的张硕同志说，他们正在做嘉兴新的旅游形象，有红船的元素和符号，又兼顾乡村游、水乡游和端午游等细分市场的需要，就是很好的探索。我们尤其要重视吸引年轻人参与到红色旅游当中来，这需要做更加详细的市场调查。以前的规划对红色旅游资源做了详细的普查，对项目建设做了很多安排，但是对于游客到访动机、消费评价和未来需求等市场研究不够。我去年在广州讲都市旅游的时候说过："游客要的是生活，我们给的却是景观；游客要的是触手可及的温暖，我们给的却是记忆。"现在看来，我们对红色旅游的市场研究确实不够，现在是补课的时候了。

在市场拓展方面，还要重视港澳台同胞和外国人市场，红色旅游不仅是中国的，也是世界的。随着中华民族伟大复兴步伐，越来越多海外政商各界对中国充满了好奇，他们越来越重视和尊重中国的特色文化，愿意加入到中国逐步构建的话语体系当中。可以和俄罗斯、古巴等国家进行红色旅游合作开发，也可以和美国发展红色旅游的交流合作。美国艾奥瓦州小城马斯卡廷市将习主席30年前访美期间曾经住过的民宅命为"中美友谊屋"，免费向公众开放。类似的做法，我们也可以学习借鉴。

红色旅游产品要注重加强游客的现场体验感和时代感。这包括产品的本身，也包括产品的表现形式和言说方式。红色旅游固然需要有强烈的体验感和历史感，但如何用游客听得懂的语言来讲述这些故事，这方面做得还不够。最近热播的《风筝》《伪装者》等谍战片，以及《建党大业》《建军大业》等电影，如果没有符合时代特征的表现形式，很难有达到这么好的传播效果。只有让游客感兴趣了，才有可能激发到访动机。在体验感方面，购物也可以成为红色旅游的一种表现形式。人们体验红色旅游，可以通过历史纵深对比感受到当下美好生活的不易。俄罗斯青年举行婚礼，青睐到红场拍摄婚纱照，澳大利亚青年学生们热衷到战争纪念馆举办成人礼，那种庄严的仪式感，是无比震撼人心的。

特别是解说系统，既要强调国家层面的宏大叙事，又要强调普通人对战争苦难的情感共鸣。这方面是值得我们学习的，也是值得我们探索的。我们固然不能消费苦难，也不能一味地沉溺于苦难，在中国民族争取独立解放的进程中，在中华民族伟大复兴的进程当中，时时刻刻都会有牺牲，但是牺牲的目的是什么，还不是为了让后代过得幸福，这就是初心，就是共产党人的使命，也是红色旅游理论建设和实践探索的"来路"和"归途"。

2018年2月2日

嘉兴

第029讲 | 培育市场是发展冰雪旅游的当前要务

各位嘉宾，朋友们：

下午好！

入冬以来，"绕着北京下雪""北京人跑到江南去看雪"等朋友圈热传的段子，充分说明了大家喜雪、爱雪和盼雪的心情。千百年来，国人就有入冬赏雪的传统，"晚来天欲雪，红泥小火炉"一直都是美好生活的场景。2016年3月，习近平总书记作出"冰天雪地也是金山银山"指示，开启了冰雪经济新篇章。在综合发展环境、项目建设和市场数据的基础上，我们发布了第一份专题研究报告——《冰雪旅游的时代，到了》。今年9月，习近平总书记在东北调研时指出："大力发展寒地冰雪经济""保护生态和发展生态旅游相得益彰，这条路要扎实走下去"。总书记的指示是发展冰雪经济的行动纲领，更是探索中国特色的冰雪旅游、冰雪休闲、冰雪生活的科学指南。

以吉林省为代表的冰雪资源大省，抓住了历史机遇，着力打造首选冰雪旅游目的地，取得了可圈可点的发展成就，形成了可复制、可推广的发展经验。2017年11月至2018年3月的冰雪季，吉林共接待游客7263.89万人次，同比增长17.18%；实现旅游收入1421.81亿元，同比增长22.57%。前不久，中国旅游研究院、携程旅游网联合发布了今年冰雪季的旅游消费意愿和预订数据：吉林、长春和长白山的旅游市场将分别增长200%、120%和100%。冰雪旅游整体上形成冰雪休闲、温泉养生、冰雪观光、冰雪民俗四大产品体系，长白山滑雪、吉林雾凇、松原查干湖冬捕，已经形成了全国影响力的品牌。

正是因为吉林冰雪旅游在全国的代表性，中国旅游研究院（文化和旅游部数据中心）与旅游行政主管部门合作，持续通过专题论坛、研究报告、指数发布、媒体互动和投资引导，有效推动了冰雪旅游的市场发育和产业促进。值此冬奥会正式开启、文化和旅游融合发展的关键时刻，我们再次于长春隆重集会，研判现状，谋划未来，可谓正逢其时。

冰雪旅游的国家战略已经成型，冷资源开始成为热经济。2016年中共中央、国务院颁发《"健康中国2030"规划纲要》，提出"积极培育冰雪等具有消费引领特征的时尚休闲运动项目"。同年，国务院颁发《"十三五"旅游业发展规划》，提出"以办好2022年冬奥会为契机，大力推进冰雪旅游发展"。教育部等11部委联合发布《关于推进中小学生研学旅行的意见》，冰雪体验成为研学旅行重要选项。近年来，《全国滑雪场地设施建设规划（2016—2022年）》、《滑雪运动发展规划（2016—2025年）》、《群众冬季运动推广普及计划（2016—2020年）》、《"带动三亿人参与冰雪运动"实施纲要（2018—2022年）》等政策文件，北京、河北、吉林、黑龙江分别以政府部门名义出台了促进冰雪旅游发展的意见，哈尔滨、长春、张家口、牡丹江、长白山、承德、顺义、呼伦贝尔、乌鲁木齐等30余个城市出台了冰雪旅游专项规划和指导意见。黑龙江省、吉林市、牙克石市等地相继设立了全民冰雪日，推动冰雪休闲旅游的全民参与。国家层面的倡导和支持、各地各界的响应和参与，形成了前所未有的冰雪旅游发展新格局。

冰雪旅游渐入寻常百姓家，成为时尚生活新选项。在大众旅游新时代，冰雪已不再是老百姓要躲避、抵御的冷资源，而是美好生活的时尚选择。拥有丰富冰雪旅游资源的吉林、黑龙江、新疆、内蒙古、河北等省区正在成为冬季旅游新的增长极，冰雪景区已经成为北京、天津、青海、山西、贵州、山东、河南等众多省市冬季旅游的热点。据中国旅游研究院课题组测算，冰雪旅游者在目的地人均停留2.8天，呈逐年增加的趋势。上个冰雪季的旅游人数和旅游收入分别达到1.97亿人次和3300亿元，同比分别增长16%和22%。预计到2021—2022年度的冰雪季，我国冰雪旅游人数将达到3.4亿人次，冰雪旅游收入将达到6800亿元。

冰雪旅游投资正其时，万亿市场商机在集聚。与瑞士、瑞典、奥地利等西方冰雪产业发达国家相比，我国尚处于冰雪旅游的初级阶段。2017年，我国滑雪人次仅为1750万人次，市场渗透率不及1%。对标发达国家4%的市场渗透率和14亿的人口基数，提升空间无疑是巨大的。据联合国世界旅游组织（UNWTO）测算，2021—2022冰雪季，我国冰雪旅游将带动冰雪特色小镇、冰雪文创、冰雪运动、冰雪制造、冰雪度假地产、冰雪会展等相关产业2.92万亿元产值。去年以来，我国开始进入冰雪旅游投资的立项高峰期和建设启动期，投资规模高达5400亿元，这些项目将在2020—2022年冰雪季投入市场运营。针对一些地区冰雪资源丰富而基础设施薄弱的现状，中央和地方政府加大了机场、道路等基础设施投资。长春机场新航站楼、京张高铁、阿勒泰机场、敦化至白河高速铁路等项目的建成投产，将有效提升热门冰雪目的地的可进入性。吉林长白山、北京延庆、河北崇礼、黑龙江漠河、内蒙古牙克石、内蒙古阿尔山等冰雪旅游目的地更是吸引了金融资本和产业投资者的关注。

各位嘉宾,朋友们!

要履行2022北京冬奥会的庄严承诺,实现"三亿人参与冰雪运动"的目标,我们需要在进一步扩大供给的同时,更需要千方百计降低人民群众参与冰雪休闲和冰雪旅游的门槛。列入奥运会比赛项目的竞技性滑雪运动和冰上运动,是冰雪运动的典型代表。但是我们不能只是把专业选手,或者想成为专业选手的练习者作为冰雪旅游的目标市场,而是要着手培养范围更加广泛的冰雪爱好者。现在有一种倾向,一说要冰雪旅游,就把发达国家的高端客群的消费场景搬过来,或者用运动员的专业装备和日常训练水平来要求冰雪爱好者。进而言之,还会有一连串的鄙视链——去阿尔卑斯山滑雪的看不起在长白山滑雪的,穿滑雪服的看不起穿羽绒服的,玩冰上舞蹈的看不起玩冰场轮滑的。这样下去的话,只会把冰雪文化弄成小圈子里的自我欣赏,把冰雪旅游的市场基础弄得越来越狭窄。我看还是开放、兼容的好,只要愿意接触冰雪,哪怕只是在雪地里撒点儿野,只是在冻结实的河面上坐小板凳上推着玩儿,只是在抖音里发雪花飘飘的短视频,都是我们要关注的市场,就是我们要服务的人群。改革开放四十年来,旅游业之所以能够进入国家战略体系,在经济社会发展体系中扮演关键角色,发挥重要作用,就是因为我们始终坚持以人民为中心的发展理念,不断满足广大游客从"有没有"到"好不好"的旅游权利。富人坐豪华邮轮和公务机周游世界是旅游,普通市民自驾车到郊区农家乐度个周末也是旅游,都是旅游业的市场基础,后者更是基础市场。不要一开始就把冰雪旅游向高端、大气、上档次上靠,相反,结合国情和旅情,大众、平民、低门槛才是现阶段冰雪旅游市场的主基调。

旅游从少数人的奢侈享受成大众生活的日常选项,意味着旅游经济进入理性发展的新阶段,也意味着从激情燃烧的岁月步入柴米油盐的日常生活。政府在市场培育、产业规划和公共服务体系建设中积极作为的同时，需要让市场在资源配置起决定作用，特别是要让千千万万的市场主体在旅游投资、产品研发、业态创新中的主导作用。每年的避暑和冰雪旅游论坛，我都在反复阐述这样一个观点：国家战略确定以后，决定性的因素是市场、市场，还是市场。这些经验，需要好好总结，也是值得包括吉林在内的东北和西部地区借鉴的。在项目投资上，不能只盯着场馆特别是滑雪场和运动馆建设，动不动就投个几十上百亿元，动不动就找唯一、做第一，老想着成为"爆点"。老百姓过日子，哪能天天敲锣打鼓放鞭炮，月月盖房买地娶媳妇呢？无论是政策制定者，还是产业投资者，都适应经济发展新形势，回归日常生活基本面，着眼于国民大众日常化的冰雪休闲、冰雪旅游的日常需求，着力培育方便城乡居民广泛参与、低价格门槛的冰雪休闲项目，着力培育诚信经营、品质服务的冰雪旅游目的地。现在缺的不是冰雪小镇、冰雪度假区之类的大项目，缺的是文创产品和人民自发参与的节事民俗。发展冰雪旅游是为了人民的美好生活，建设冰雪旅游则要依靠人民的积极性和创造性。从这个意义上讲，任何涉及生活品质和社会发展的事业，我们都必须人民的面前保持必要的谦卑，而不是摆出一副精英的模样来，动不动就是这个规划、那个工程。

很多地方和企业愿意在规划、设计和看得见、摸得着的实体项目上投资，却不愿意在品质、内涵和看不见但感受到的软环境上花钱。今天人们外出旅游，可不是逛个景、拍个照、买个纪念品这么简单，而是既要美丽风景，也要美好生活。调查表明：旅游者对特色美食、民俗、文艺、生活体验也有强烈的需求，同时体验冰雪项目和民俗活动的游客比率达到64%，"冰雪+温泉""冰雪+美食+民俗"等成为深受老百姓追捧的冰雪套餐。要面向大众旅游者的现实需求，充分发挥科技、文创和资本的力量，开发冰雕、雪雕、冰雪那达慕、冰上龙舟、冰湖捕鱼、冰滑梯、冰雪美食等丰富多彩的冬季旅游产品。要以主客共享的城市发展理念，引导游客与市民共享博物馆、图书馆、科技馆、民俗馆等公共文化空间，以购物、餐饮、网约车等优质商业环境，努力做好存量优化这篇大文章。要吸引更多的年轻人参与，创造属于时代的时尚新生活。昨晚的长春冰雪旅游推介，从冰雪节主题歌曲到《伊通河畔的时光》，从《Welcome to Changchun》的街舞到东北师大音乐学院的《千红》，全程都是年轻人主创主演，活力而时尚，发到微信朋友圈里，引来点赞无数。希望随着文化和旅游融合速度的加快和融合速度的加深，这样的文化创造可以多些、再多些。

冰雪休闲是大众旅游最具潜力的新领域，也是文化和旅游融合发展的新动能。有了国民大众的广泛参与，有了市场主体的创业创新，相信会有更多人走向冰天雪地，实现属于每个人的美丽中国旅游梦！

2018 年 12 月 24 日
冰雪文化论坛，长春

第030讲 | 避暑遇见旅游，环球同此凉热

同志们，朋友们：

今天，来自世界各地的政府要员、产业领袖和学界精英以避暑的名义，在凉爽宜人的吉林延边隆重集会，共商旅游与气候的发展大计，是因为我们共同认识到：离开了气候与气象，冰川、雾凇、云海、彩虹、候鸟迁徙、乔木开花等旅游资源，避暑旅游、冰雪休闲、生态旅游等旅游需求可能就说不清楚，而相应的旅游业态发育成长、产业体系演化和旅游经济宏观调控也可能会失去理论支撑和未来方向。

经过十年学术研究、理论探索和实践推广，在原国家旅游局、文化和旅游部的关心下，在长春、昆明、安顺等城市的支持下，中国旅游研究院和国家气象局公共气象服务中心组建专项课题组，对避暑旅游领域进行了理论深化和实践拓展，系统构建了避暑旅游发展理论和目的地评价体系。值此大众旅游新时代、全域旅游新方位，旅游市场正在迎来全新的发展机遇期。游客既要宜人气候和美丽风景，也要宜居环境和美好生活。正是从

"景观之上是生活"和"主客共享"这个如此朴素以至于接近常识的理念出发,我们以城市为单位,全面考察其夏季平均气温、湿度、降水量、灾害频度和影响程度等自然条件,以及旅游基础设施、公共服务和商业环境,特别是游客满意度,在学术研究和模型建构的基础上,用数据说话,为游客画像。这样评价出来的"最佳避暑旅游城市""最具潜力避暑城市"和避暑旅游观测点自然就有了公信力。

经过十年的学术研究、理论探索和实践推广,我们培育了影响力和辐射力越来越强的避暑旅游峰会平台。刚开始主要是学术机构和旅游行政主管部门的合作,今天已经成为国际组织、地方政府、市场主体、投资机构和主流媒体、行业媒体、自媒体广泛参与的旅业盛会。会议内容有专题报告和趋势研讨、有目的地宣传和市场推广,还有投资洽谈和商业合作,总之是日益丰富。有的城市希望把峰会的永久会议放在那里,更多的城市则希望有轮流申办。对于一个由学术机构发起,市场化运作的峰会,可以说已经取得实质性的成功。

经过十年的学术研究、理论探索和实践推广,我们有效推动了有中国特色的避暑旅游目的地建设和产业体系的完善。离开地方党委和人民政府的领导和社会各界的支持,新需求和新产业的培育是不可想象的。去年在安顺开完避暑旅游峰会后,贵州省委省政府很快就有了动作:包括旅游委在内的十个厅级行政部门和十座避暑城市的主管领导,分头去十座高温城市做专题推广;飞来贵州的航班免起降费、自驾车旅游者免高速通行费、景区减免门票费;地方组织丰富多彩的餐饮、娱乐、购物服务;发展全域旅游,完善基础设施和公共服务。这一套组合拳打下来,避暑旅游目的地的形象一下子就立起来了。听安顺的顾局长说,这些政策和措施今年暑季仍然在沿用,并且力度更大。重庆、吉林、呼伦贝尔、南阳等地也在积极谋划,也全力推动避暑旅游的发展。

中国旅游研究院和中国气象局公共服务中心联合开展的避暑旅游研究，之所以能够取得令人瞩目的学术成就和实践成果，有项目负责人吴普博士、慕建利博士及其团队的学术基础，有两家机构积累的游客满意度评价数据、旅游资源丰富程度和样本城市的气象数据做支撑，更有国际国内大众旅游的市场基础，以及地方党委政府发展全域旅游的战略部署。事实上，以科学研究和理论建设为基础，以主流媒体和权威平台的推广为引导，充分调动地方政府和社会各界的积极性，在投资机构和市场主体的主导下形成完善的产业链，也是新时代旅游领域可复制、可推广的创新经验！

同志们，朋友们！

当避暑遇见旅游，一个新的时代开始了。与全域旅游、优质旅游、文化和旅游融合发展的国家战略相比，与国民大众对美好旅游生活的期待相比，当代避暑旅游还有很大的创新发展机遇和国际合作空间。

充分挖掘更多地方的气象气候资源，加快建设多元化避暑旅游目的地，努力供给多样性避暑旅游产品。夏季避暑、冬季避寒是人的基本需求，也是美好生活的重要组成部分。为人民提供多元化的避暑旅游目的地和多样性的避暑旅游服务，努力实现人民"哪儿凉快就哪儿待着去"的美丽中国旅游梦，是我们的初心，也是共同的使命。可以纳凉避暑的地方肯定是天气凉爽的地方，或者说温度、湿度、风速是避暑地的本底资源。但是发展避暑旅游要避免把气象气候条件当作唯一的指标，特别是不能想当然地把主城区的气象气候条件作为所在城市和区域的自然禀赋。在综合考虑本地市民休闲和游客分享避暑的现实需求这个空间问题上，恐怕得有历史意识，即先解决"有没有"的权利实现，再研究"好不好"品质诉求。我们必须承认人的需求是有差异的，给予任何实现基本生活权利的方式以应有的尊重，并尽公共和私人的力量稳步提升之。有钱有闲者去绝对理想的地方是避暑，无钱少闲者去温度相对低一点的地方，条件差一点儿的地方，哪怕在河边找个树荫乘凉吹牛，不也是避暑吗？如果按照欧美发达国家的需求导向和古代士大夫的精英生活，老是盯着北戴河、庐山、鸡鸣山那几个地方，就无法让大多数的国民、城市和企业参与到避暑活动中来，就无法走出一条有中国特色的避暑旅游发展道路。

事实上，中国幅员辽阔、地理气候多样，昆明、贵阳、安顺、长春、哈尔滨、烟台、北戴河固然是举世闻名的避暑胜地，西宁、甘南、固原、中卫、伊春也是有待挖掘的"凉都"和"夏都"，就是重庆、武汉、南京这样的"火炉城市"和大同、晋城这样的资源型城市，还有北京、上海、广州、深圳这样的一线城市，也都有发展避暑旅游的可能性。以重庆为例，既是指狭义的市区，也是指一个多山多水多资源的省级行政区。夏季来临后，主城区是很热，但是武隆等地就很凉爽啊。北京夏季也很热，上个月底就到过37℃，以至于网友调侃：放开二胎政策，太阳妈妈又生了一个太阳。可是离开主城区到延庆去看看，照样可以在那里听着"凉凉"、喝啤酒、撸串的。把这些因素说清楚，就不用担心网民和社会质疑我们的报告为什么把重庆和北京也列入避暑城市了。当然，为了更加科学起见，我们也可以进一步把样本城市的颗粒度缩小，比如重庆（武隆）、北京（延庆）、杭州（建德），等等。

与改革开放初期的入境旅游时代相比，今天的旅游市场规模、结构和消费特征均已经发展了质的变化。现在国民消费为基础的大众旅游，生活环境为支撑的全域旅游时代，周末休闲、乡村旅游、自驾出游已经是人民生活的日常选项。2017年，国民出游率已经达3.7次，但人均每次旅游消费只有900元左右，乡村旅游平均出游距离也只有112.6公里。发展避暑旅游必须要从国情、旅情出发，以最大多数人的现实需求为导向。否则你那里环境再好，老百姓去不了，也是"别人家的风景"，于自己倒是无感的。考虑到大城市往往集交通枢纽、集散中心、商业中心、客源中心于一体，尤其是依托庞大的避暑休闲和旅游市场，更有在避暑旅游和避暑经济上率先取得成功。这也是我们的研究基础和实践导向依托城市，并发布避暑旅游城市"双十佳"的学理基础。

同志们，朋友们！

培育大众旅游和国民休闲新需求，需要地方政府、涉旅企业和科研、教育、传媒等相关机构形成合力，进一步加强避暑旅游形象宣传、市场推广和产业开发。发展避暑旅游是贯彻落实习近平总书记"两山理论"的成功探索，也是文化和旅游领域的实践样本。通过广泛宣传和市场推广，让更多的国民利用假期、周末和休闲时间加入到避暑旅游的行列中来，"哪儿凉快奔哪儿去"，而不是一味待在家里吹空调，是一件利国利民利生态的好事情。值得关注的是，旅游是异地的生活方式，避暑旅游的消费带动性和产业关联性很强，绝不只是旅行社、景区和宾馆饭店的事情。游客到了目的地，不可能躺着不动啊。他要喝啤酒、品茶、吃冰激凌，要享受有文化品质的住宿设施、品尝地方特色餐饮，要太阳镜、遮阳伞和比基尼，要登山鞋、冲锋衣和防潮垫，要房车、游艇和宿营地，诸如此类，不一而足。只要避暑旅游的市场需求达到足够规模，几乎所有的产业都可以关联进来、带动起来。各地政府和投资机构要有这个意识，发展避暑旅游绝不仅是旅游发展新动力，也是消费升级和产业转型的新引擎，要有系统谋划和通盘考量。

依托高校、科研机构和市场主体，加强旅游与气候气象领域的专题研究、学科建设和人才培养。提出概念、明确方向不容易，把概念落到实处，研发市场认可的避暑旅游产品，培育富有创新力、竞争力、影响力的避暑旅游产业体系更是不易。正如习近平主席所指出的那样："硬实力、软实力，归根结底要靠人才实力"，"实现中华民族的伟大复兴，人才越多越好，本事越大越好"。人才从哪里来？需要大专院校的专业培养，需要科研院所的定向培养，更需要各级各类涉旅游的实践培养。对于部分经济欠发达地区而言，避暑旅游要和文化产业、扶贫事业结合起来，以争取更多的财政投入和商业投资。两个月前我曾在宁夏固原讲过"慈善旅游"，其主要观点在避暑旅游领域同样适用。

积极开展避暑旅游的国际合作，培育多个层次、多种类型的会议、展览、交易会、教育、研究平台和数据、信息共享机制。中国旅游研究院愿意与包括联合国世界旅游组织、世界气象组织、亚太旅游协会、世界旅游与旅行理事会等国际组织的专业部门，与韩国文化观光研究院等国家级专业研究机构合作，共同推动避暑旅游的学科建设和产业转化，定期发布《全球避暑旅游报告》，交换和分享避暑旅游有关的数据与信息。我们更愿意与包括吉林省在内的地方政府合作，继续举办每年一度的避暑旅游峰会，使之成为旅游领域知名的会议品牌。我们也愿意共同推进并协调有关机构，争取新一届的世界旅游与全球气候变暖会议在中国召开，努力让避暑成为全球旅游发展的新机遇和新动能。

避暑遇见旅游，环球同此凉热！

2018年7月7日

避暑旅游峰会，延吉

第031讲 | 慈善旅游是市场新潜力，也是发展新动能

尊敬的张柱书记，

各位领导、同志们：

在绝大多数国人的心目中，固原是绿色的，"天高云淡，望断南飞雁"；固原是红色的，"不到长城非好汉，屈指行程二万"；固原也是苦涩的，"陇省苦瘠甲于天下"；固原还是"我们这一代人要走好的新的长征路"。值此大众旅游新时代、全域旅游新格局、优质旅游新战略、文化和旅游融合发展新时代，受张柱书记的邀请，这次有机会和中国旅游研究院的博士团队到此考察学习，向市委汇报我们对固原旅游发展战略的思考，深感能力有限，责任重大。

从既有的材料、文献和数据，以及研究院博士团队前期调研考察的情况来看，作为旅游目的地的固原，无论是游客到访与消费，企业投资与创

新,还是基础设施和公共服务,从全国旅游发展格局来看还是发展中旅游目的地,尚处于市场起步期和产业培育期。借用俄罗斯大文豪托尔斯泰的话,"发达的旅游目的地都是相似的,而发展中的旅游目的地则各有各的不足",有的距离客源市场远,有的基础设施不完善,有的公共服务不健全,有的缺乏创新型市场主体,更有甚者,什么都缺。近年来,我一直在和研究团队思考如何找到一个生物学意义的突变量,或者物理学意义的大推力,让固原这样一个经济欠发达的地区走出"游客来得少,市场没空间,企业不投资;企业不投资,环境不完善,游客不愿来"的低水平徘徊陷阱?区域旅游规划研究所吴丰林博士牵头的课题组正在就阶段性的研究成果与旅游部门的同志们沟通完善。待最终成果确定后,会向市委、市政府做专门汇报。我想从慈善旅游这个新概念、新理念出发,谈谈我们面临的形势、纲领和现阶段旅游目的地发展的重点工作,不当之处,请各位领导和同志们批评。

一、大众旅游时代的负责任旅行与慈善旅游

我国已经迎来一个大众旅游新时代,而且相当长时间里都将处于大众旅游的初级阶段,这是各地发展旅游的市场基础。2017 年,国内旅游市场规模已达到 50 亿人次,人均出游 3.7 次。与此同时,我们也要看到主流市场开始显现的,包括慈善旅游在内的新需求。这些新需求经过一段时间的发展,也可能会成为大众的需求和主流的市场。就是在没有成为主流之前,类似固原这样的新兴旅游目的地也可能积聚各地的、分散的、小众的需求而成局部的、集中的、大众的需求。

大众旅游者追求轻松、愉悦与时尚,这是主流,也是现状。长期以来,国内业界和社会对于旅游者粘贴的标签主要是探新求异,目的地建设也主要是围绕美丽风景和多彩人文展开的。日益增长的出境旅游市场和海

外目的地之间的竞争格局，让我们看到：相对于景观和人文的差异性，便利的交通、优良的商业环境、完善的公共服务所构成的美好生活越来越成为优质旅游目的地的底层构件和关键要素。不然的话，我们就没有办法解释近程市场的客源主要流向以日本、韩国、新加坡、阿联酋等相对发达国家，而不是蒙古、印度、孟加拉国和东盟等欠发达国家，也没有办法解释远程市场的客源主要流向以法国、德国、意大利、英国、美国、澳大利亚等生活品质比较高的国家，而不是非洲、拉丁美洲等传统意义的旅游资源比较丰富的国家。随着大众旅游时代的到来和国民旅行经验的成熟，我们同样可以看到上海、苏州、杭州、厦门、深圳、北京、成都等经济社会发展水平比较高的城市，而不是西安、黄山、三亚、张家界、桂林、丽江等传统意义上的旅游城市，更容易在游客接待量、人均旅游消费、游客满意度等发展指标上排名靠前。虽然旅游有教育、研学、体验等功能，但是总体上还是放松的、休闲的。

以联合国世界旅游组织（UNWTO）、亚太旅游协会（PATA）为代表的国际组织一直在积极倡导可持续旅游和负责任的旅游。可持续旅游也称绿色旅游，早期主要是指向旅游目的地自然环境的保护，尽最大可能减少人为的干预。后来逐渐加上在旅途中最大限度地尊重企业员工的劳动和目的地居民的风俗习惯，以及社区居民生存和发展的权利。可持续旅游理念已经成为国际社会的共识，联合国将2017年确定为国际可持续旅游发展年。近年来，亚太旅游协会（PATA）开始在可持续旅游的基础上倡导负责任的旅行，并得到了旅游市场主体的广泛响应。原国家旅游局颁布的《国内旅游文明公约》《出境旅游文明指南》和不文明游客"黑名单"制度也是对上述理念的响应和践行。习近平总书记在马尔代夫对游客说，少吃些方便面，多吃些当地的海鲜，不要乱扔矿泉水瓶子。还有"绿水青山也是金山银山""冰天雪地也是金山银山"的论述，朴素的语言蕴含着可持续旅游和负责任旅行的大道理。

习近平新时代中国特色社会主义思想，强调共建、共容、共享。具体到旅游领域，既要提升广大游客对服务品质的获得感，又要切实增强城乡居民通过发展旅游增加就业、收入，提高生活水平的获得感。事实上，经过改革开放四十年波澜壮阔的发展进程，在初步解决了国民旅游消费"有没有"的问题之后，我国旅游业正在从高速度增长转向高质量发展，重点解决旅游品质"好不好"的新目标，也就是旅游行政主管部门倡导的优质旅游。过去出来旅游，看看美丽风景就满足了。现在呢？还要享受美好生活。在关注游客的权利保障和品质诉求的同时，我们也要关注旅游目的地城乡居民的发展权利。作为生于斯、长于斯的原住民，他们希望深入而广泛地参与到旅游发展进程中，分享旅游发展的成果。具体地讲就是要获得充分而有质量的就业机会，提高工资收入和资产性收益，进而提高自己的生活品质和综合素质。无论是游客的品质诉求，还是居民的发展权利，都需要我们统筹协调，制订新时期有中国特色的包容式旅游发展新模式。

客源市场已经积聚了负责任旅游的广泛共识，正在积聚慈善旅游的市场基础。联合国世界旅游组织（UNWTO）、世界旅游与旅行理事会（WTTC）、亚太旅游协会（PATA）一直在倡导负责任的旅游，早期主要是倡导旅游活动对自然环境和历史文化遗产的负面影响。近年来，国际旅游组织和越来越多的国家开始关注原居民的发展权利，中国发起成立的世界旅游联盟（WTA）更是将"多元利益主体的协调"作为上周于郑州召开的"旅游城市市长对话会"的主题，并将发布"旅游促进减贫"的年度报告。在慈善旅游这个概念上，既不能陷入纯粹学术研究的概念纠缠中，也不能搞纯而又纯的"二十八个半布尔什维克"，完全按欧美发达国家的概念和标准来套中国正在萌芽的旅游市场。我们之所以在固原这个地方提出慈善旅游的概念，就是要倡导有中国特色的负责任旅游，就是要落实习近平总书记以人民为中心的旅游思想。像固原这样经济欠发达而旅游资源富集的地区，既有"天高云淡六盘山"，又有毛主席写下的"不到长城非好汉"的红色文化基因。游客来到这个地方，在欣赏美丽风景的同时，吃当地的食材，住社区旅馆和特色民宿，购买传统的工艺品就是慈善旅游者。企业来这里投资旅游项目，帮助乡村居民提升就业技能和综合素质，教育、科研、媒体和社会机构聚焦固原、宣传固原，每个人都为固原的发展做出自己力所能及的贡献，就是慈善旅游的实践者，也是创新者。

经过多年的探索，世界各国各地区在慈善旅游方面已经积累了很多可借鉴、可复制、可推广的经验。柬埔寨的洞里萨湖，原本是越南难民的水上家园，通过发展旅游和政府对当地人就业、教育、医疗等民生项目的支持，那里的生态环境和生活质量已经有了明显的好转。法国通过资助当地艺术教育，培养一批物质和非物质文化遗产的传承人，提高传统工艺品的文化品质，以增加旅游就业人口和居民收入。我国台湾地区实施专业志愿者和驻村艺术家制度，帮助原住民提升市场意识和专业水平，为传统工艺注入现代感和时尚元素。更多国家和地方政府为经济欠发达的旅游目的地修建公路、铁路、机场、码头等基础设施，与商业机构合作建设景区、酒店和乡村旅游接待设施，加强对当地人的专业培训，从而实现旅游发展和经济起飞。事实上，发展旅游从来就不单纯是经济行为和产业属性，也有很强的外部性和公益属性，需要政府和社会力量的共同推动。

二、新时代的企业社会责任与旅游扶贫

慈善旅游的理念倡导和实践推广，固然需要党的领导和政府推动，需要旅游者的自觉参与，更离不开各级各类市场主体的积极担当和主动作为。从调查研究和现实观察来看，成千上万的市场主体特别是投资机构和旅游集团是有这方面的积极性的，也愿意参与到旅游扶贫和慈善旅游的进

程中来。

　　国家旅业第一方阵正在从大规模的海外布局回归内地的理性投资，这是国家发展的战略要求，也是企业社会责任的重点考量。社会责任是今年旅游产业发展论坛，也就是旅游集团20强年会（TG20）的主题。大众旅游新时代所倡导的企业社会责任，不能仅仅照搬西方国家的概念，做些捐赠财物和植树造林这样的简单动作。在习近平新时代中国特色社会主义思想的指引下，如何重点解决人民对美好生活的需要和旅游发展不平衡不充分的矛盾，已经成为优质旅游新战略。位居国家旅游业第一方阵的集团企业，将更加自觉地响应党和国家的号召，践行自己的社会责任。引导社会资本投向中西部，特别是老少边穷地区，通过高水平项目、高质量就业、高效率发展，解决区域旅游发展不平衡的重点矛盾，已经成为大集团、大企业的自觉行为和战略选择。各地党委和政府要把握产业政策和投资政策的时代机遇，要看到旅游集团遂行新时代社会责任的动力，主动做好企业与地方，资本与资源的对接工作。

　　企业对欠发达地区的旅游投资是履行社会责任，构建企业形象的优先选择。由已故企业家刘晓光先生发起创立的"阿拉善SEE"，在治理沙漠、植树造林、发展绿色农业的同时，也为当地旅游业做了最好的宣传。万达集团以扶贫的名义投资兴建了贵州丹寨小镇，自去年开业以来，小镇以其丰富多彩的非物质文化遗产、苗侗文化主题广场、千亩花田、环湖慢跑道、精品客栈、街坊、酒坊、米店、会馆和酒吧、影院等文化旅游项目，吸引众多游客的到访。中国旅游集团对四川凉山州雷波县和马边彝族自治县实施"五个一"旅游扶贫工程，即编制一组旅游规划，培养一支旅游管理队伍，培育一条特色旅游线路，打造一个4A级景区，推广和开发一批旅游特色产品。近期在深圳锦绣中华景区正式启动了项目成果的宣传推广工作，让贫困地区的人民切实看到了"绿水青山也是金山银山"的希望。

华侨城、携程、景域等旅游集团在项目建设、市场推广、客源组织等方面助力经济欠发达地区的旅游发展，在切实践行企业社会责任的同时，也建构了企业形象，展示了新时代企业家的理想主义精神。

西部地区集中的旅游资源和广阔的市场前景对投资者和运营商具有较强的现实吸引力。从区域旅游发展格局来看，我国东中西三大区域之间旅游市场规模总体呈现"东强西弱"的格局，但是近年来情况开始有所好转。2016年中、西部地区旅游人次的增长率分别为15.1%和13.4%，超过东部地区的10.0%的增长率。中西部地区旅游收入的增长率分别为20.5%和22.9%，超过东部地区的15.6%的增长率。2017年，宁夏游客接待增幅21.73%，高出全国平均值8.93个百分点。数据表明，西部旅游的后发优势已经显现，对投资者和运营商的吸引力将会越来越大，而日渐成熟的技术创新和商业创新为旅游扶贫和慈善旅游的开展提供了更多的动力支撑。

文化与旅游融合时代，我们多年提倡的专业志愿者和驻村艺术家项目有望从理念走向现实。志愿服务是组织社会力量，在文明引导、游览讲解、质量监督、旅游咨询、应急救援等领域提供公益服务，是中国旅游事业的重要组成部分。到2015年底，全国注册旅游志愿者达到10万人左右。而驻村艺术家是通过为艺术家提供创作平台，让艺术家在驻地进行不定期创作，进而在提升艺术家自身水平的同时，给驻地带来文化旅游元素和氛围。这种模式起源于日本，在我国各地均得到广泛认可，无论是以时尚文化为主题的武汉K11艺术村，还是以山水风景为支撑的合肥崔岗艺术村都是驻村艺术家项目的成功样板。

三、固原应当，也可以率先打出慈善旅游牌

在城市形象建设和市场推广上，不必过度包装和唯美化提炼，要告诉远方客人，一个真实、美丽而略带忧伤的固原，一个拥有丰富旅游资源

而有待开发的固原。到新疆去的时候，常常有客人问"达坂城的姑娘辫子长，两只眼睛真漂亮"，多美啊，可是走遍城乡，怎么就见不到呢？导游回答得很机智："游客来得多，都娶走了。"不必过于拉高游客的心理预期，而是以朴实的风情去打动人们心中那份真实而柔软的情感，才是旅游形象建构和市场推广之正道。我在《我想听到的旅游的声音》一文提到的《越南》封面老妇人的故事，就是如此。作为世界非物质文化遗产"花儿"的一个分支——"六盘山花儿"，作为毛主席写下的"不到长城非好汉"的秦长城，如何与当地人民的日常生活方式有机结合在一起，唤起人们对固原的向往之心、到访之意，需要我们好好研究一番。

引进并建设一批国际义工旅行项目。"义工旅行"也叫"公益旅行"，主张旅行者在旅游中学会承担，以旅行之名，行义工之职。再以义工之职，助需要之人。一次义工旅行的体验也许会影响人的一生，在奉献爱心的过程中融入当地，感知异地的人文历史，结交世界各地志同道合之人，学会感恩生活，学会知足常乐，扩大视野，提升自身。固原可尝试引入英国海外志愿服务社（VSO）、Helpx、格林卫中国（Greenway）、WWOOF、国际义工旅行（EASIN）等国际义工旅行组织，结合乡村旅游、红色旅游、研学旅游等开展相应的义工项目。国际义工旅行者主要集中于教育、医疗、体育、艺术等专业领域，他们普遍受过良好的教育，对世界充满善意和同情，愿意为改善他们的生活而付出。他们是游客，也是意见领袖（KOL）。不仅要欢迎，还要创造条件吸引他们来。与此相关的日本和我国台湾地区比较成熟的专业志愿者、驻村艺术家，类似于我们的博士团挂职、"大学生村官"，只是更加强调人才项目的具体化和可评价性。做电子商务的专业志愿者，不用讲太多的理论，就是帮助村民在淘宝、京东、盒马上开店，把山货、土特产和时令水果卖出去。建筑设计师和艺术家会帮助村民把农家乐改造为民宿，推广为"网红小店"。工业设计师、服装设计师和工艺美术家，会像社会学家费孝通先生写《江村经济》那样，在一个村子待上半年，帮助传统手工艺者和非物质文化传承者把他们的劳动成果时尚化、产品化，从而有效增加农民收入。这样的义工旅行多起来了，固原的旅游就会有人气，也会在西北这块土地上显出应有的调性和品质感。这件事情需要宣传、教育、民族、宗教、工会、妇联、共青团、工商联等机构联动起来，让义工旅行者、专业志愿者和驻村艺术家愿意来，有成就感地走。说实话，这并不是件容易的事情。

无论是慈善旅游，还是旅游扶贫，都离不开投资机构和市场主体的积极作为。在目的地发展的起步阶段，领导重视、社会动员和旅游规划固然重要，项目投资和产品化更重要。有了投资，才能将丰富的旅游资源转化为精致的旅游产品，才会吸引更多的游客到访。刚开业不久的观光夜市、建设中的六盘山国际滑雪度假区、原州区沈家河生态旅游扶贫特色小镇等项目，必将会对固原的旅游发展起到积极的推动作用。我们还要看到，旅游投资商、资源开发商需要良好的投资环境。希望"投资不过山海关"这个咒语不要在固原出现。为此，我们需要优化法治环境，让投资机构和企业家放心；发展慈善事业，为企业家正名。任何时候，任何地方，为富人说话，为穷人办事，都是必须要坚持的理念。

下大力气培育旅游购物市场，完善消费环境。相对于美丽风景，以商品、餐饮、娱乐为代表的游客消费更能够拉动地方经济和农民增收。产品要原生态，也要时尚化，要系统而深入地研究旅游购物者心理。只有当农民有能力依靠自己的劳动获得稳定增长的收入，减贫才是可持续的，美丽乡村才能留得住人，特别是代表乡村未来的年轻人。我对焦建鹏同志和他的龙王坝村很感兴趣，农房变成了客房，农民变成了导游，马铃薯、芹菜汁、红军粉变成了旅游商品，文化创意变成旅游收益。通过"乡村旅游+"，龙王坝村由2013年人均纯收入不到2800元的贫困村，2015年就实现了脱贫摘帽，2017年实现人均纯收入8100元。这样的乡村是美丽的，也是美好的，希望有更多的海内外游客来到这里分享。

旅游目的地开发与建设离不开党委的领导和政府的主动作为。在文化和旅游融合发展的今天，红色旅游怎么办？这么好的资源，可以往国家文化公园与红色旅游目的地方向发展。交通基础设施建设，包括机场、高铁、高速公路还是要尽快立项上马，游客才能进得来，散得开，走得了。根据自治区政府的发展规划，固原到2022年将开通高铁（快铁）。要吃透文件精神，用好新出台的文化与旅游领域的PPP政策，重点建设一批旅游集散地、旅游问询中心、旅游厕所和旅游演艺项目，旅游公共服务体系也要配套和完善。我们可以通过5A级景区创建，带动红军长征景区、须弥山、火石寨、固原古城、固原市旅游集散中心等传统项目提质升级。在大众旅游发展新时代，除了传统的观光旅游，休闲、度假、养老、研学、医疗保健、海洋、邮轮、自驾车、探险，甚至航天都已经成为老百姓旅游需求的新选项。

四、倡导并践行慈善旅游是共同的责任

随着全面建成小康社会的中国梦的实现，我们正在迎来一个国民旅游权利普遍实现，旅行融入百姓日常生活的新时代。足迹早已经遍布全球的国人每天都在体验英伦的经典与巴黎的时尚，汲取纽约的活力与南美的风情，欣赏日本的精致和非洲的狂野。我们在这颗孤独的星球上自由地行走，尽情地把旅游过成一种生活方式的同时，那些美丽的风景、美轮美奂的建筑，以及生活在远方的人民和万物生灵也在时时刻刻地打量我们，并希望每一位游客都能肩负起旅行的责任。遇见各个国家各个地区的主人，旅游者都不会因为他们的肤色、种族、信仰的差异而一惊一乍，也不会因为他们的教育程度高、财富占有量大和生活有品质而盲目崇拜，反之也不会妄

自尊大。平等对待行程中遇见的每一个人，给予彼此的差异以必要的理解、包容和尊重，是主客双方都应当共同遵守的旅游伦理。旅行的责任还包括善待一切弱势群体，以及每一份需要保护的自然与文化遗产，尽我们力所能及的力量去帮助他们。当且仅当，受助者愿意接受，帮助者愿以不会引起别人身体和心里不快的方式实施时，客人对于主人的帮助才会有效实施。

既然旅游是异地的生活方式，就会免不了餐饮、住宿、休闲、娱乐、购物，一切日常消费行为都会在目的地重现，一切目的地的生活场景都可能有游客的进入。这很正常，构建日常化的主客共享的生活空间本就是人类命运共同体的题中之意。反之，刻意去追求非常规的食材，去参与那些残酷训练而成的表演项目，无论使用陆生动物、海洋动物，还是人体表演，都会引发我们与生俱来的恻隐之心。政府需要为旅游尤其是慈善旅游营造主客共享的生活空间，这也是近些年旅游发展实践中的成功经验。宽阔的街道、宏伟的标志性建筑、光鲜夺目的大型旅游综合体，并不是目的地的全部。对历史遗迹的包容，行走在城市中能偶尔看到一处古老沧桑的建筑；对市井百态的包容，广场中能遇到操着乡音卖土特产的老农。这些包容带来的真实，才是旅游目的地的本质，才是维系目的地旅游活力的源泉。

我们在固原提出慈善旅游，并建议由固原来倡导，其意义和影响必将是全国的，世界的。我们愿意与固原市委、市政府一起共同举办相关的国际学术研讨会、市场推广会和投资对接会；动员我们的学术共同体、国际国内的战略合作伙伴，一起来关注固原旅游发展；发挥作为国家旅游智慧的智力资源，为固原旅游发展的战略谋划、定位把控、市场培育、宣传推广等出谋划策。

2018 年 6 月 4 日

固原

第032讲｜健康旅游：时尚、科技与产业化

各位专家学者、业界同仁：

上午好！

很多国人对健康的认识最初是来自医院，生病了就去医院，大夫会帮助我们恢复健康。儿时在乡下，去医院更是一件很大的事情，不到迫不得已，是不会兴师动众、长途跋涉到公社医院的，更不用说传说中的城市医院了。随着国民生活水平的提高、医疗卫生事业的发展和保健医疗产业的成长，作为干部身份标配之一的"体检"，开始像火车卧铺、特供商品一样走入大众生活。而今，有病治病、定期体检、没病保健，已经成为城市居民常态化的生活方式。大妈大爷跳跳广场舞，年轻人去去健身房或者下载个APP在家锻炼，男女老少越来越多地参与户外运动。实在没时间也要抽空去做做按摩、足疗、针灸、刮痧什么的。可以说，健康已经成为人民对美好生活追求的重要组成部分，也是中国梦不可或缺的有机组成部分。

事实上，健康生活不是偶尔为之的医疗行为，也不是少数人的休闲娱乐，而是国民大众广泛参与的时尚生活。根据国家统计局关于居民人均消费支出类别的数据，2017年医疗保健支出占比进一步提升，接近8%，且近两年来已高于其他统计类别的速度增长。其中，体育健身活动及美容美发洗浴支出等项目支出增长突出。在2016年的全国卫生与健康大会上，习总书记提出要"加快推进健康中国建设，努力全方位、全周期保障人民健康"。同年10月，中共中央、国务院印发《"健康中国2030"规划纲要》，明确未来一段时期内健康中国建设的目标和举措。上个月的19号是首个"中国医师节"，对广大卫生健康工作者的社会认可和尊重，将为"健康中国"建设注入全新动力。

旅游及健康旅游成为人民追求健康生活的重要选项。《"健康中国2030"规划纲要》明确指出："推进健康中国建设，要坚持预防为主"。保持健康首先要力尽所能地避开各种疾病。旅游作为一种有益身心愉悦的活动，本身就可促进人们的身心健康。来自耶鲁大学门诊部的一篇论文指出，超过75%的常见疾病都是情绪性疾病。在旅游活动中，通过游览大好河山和文化历史遗迹，体验不同的异地生活方式，甚至来一场朝圣之旅，人们除了舒筋活血，享受愉悦的体验外，还会对自我及生命进行内省和沉思，通过排解负面情绪而减少疾病的发生。旅游尚可如此，更不用说健康旅游了。通过在旅游行程中增设体检、医治、康养、保健、美容等相关健康消费内容，旅游被直接赋予更多的健康色彩，成为人们健康生活的重要内容。据统计，2016年我国大健康产业规模已接近3万亿元人民币，到2030年有望达到16万亿元。健康旅游作为大健康产业的重要组成部分，其发展潜力同样可观。

旅游是异地的生活方式，是包括健康在内的目的地生活环境的总和。过去我们对旅游的认识是山山水水，是历史古迹，是民俗文化，对市场主体的认识基本也是以传统的旅游资源为依托的。站在大众旅游新时代和全域旅游新方位，我们清晰地看到广大游客既要美丽风景，也要美好生活，旅游目的地建设和旅游产业发展正在从一个封闭的世界走向开放的体系。游客来到北京，不仅去天安门、故宫、长城、颐和园、天坛等地标性景点，还要去后海、去798、去蓝色港湾、去老舍茶馆等生活休闲场所坐一坐，甚至还要感受下拥挤的地铁和车水马龙的街道。随着"健康中国"的理想照进现实，特别是健康成为人民不可或缺的生活方式后，医疗、卫生、美容、健身、疗养、中医、中药等健康资源越发成为重要的旅游吸引物，也是提升游客满意度的重要载体。不少年轻人在体检季把父母接来北京住几天，体验过去高干才能享受的体检，再去逛逛公园、尝尝美食、跳跳广场舞，健康生活，其乐融融。

各位学者、各位同仁！

当旅游遇见健康生活，一段全新的时尚之旅开始了。在开始旅程之前，我们需要知道市场在哪里？游客真正需要的健康服务是什么？需要知道资源有哪些？谁来为游客提供不同消费档次的健康服务？健康旅游作为一个正处于概念培育期和信息不对称的市场，当务之急是用科技在旅游与健康之间架起互联互通的桥梁。在"旅游+"的融合发展过程中，富有创业创新精神的旅游市场主体广泛应用移动互联网、移动通信、大数据、云计算、人工智能等商业技术，把越来越多的城乡居民休闲资源转化成了旅游产品。越来越多的游客通过携程、美团、大众点评、马蜂窝、穷游、驴妈妈、高德地图等APP，就可以完成目的地信息获取、交通线路查询，机票、住宿及景区门票预订，目的地美食、娱乐等项目的筛选，轻松自如地来一场说走就走的旅行。上个月我在上海创图公司考察学习"文化云"项目，发现无论是公共文化资源，还是文化市场产品，都在借助大数据平台而为更多的市场和游客所接受。健康旅游的市场培育和产业发展同样可以走大数据驱动和科技支撑的道路,可以在现有系统上增加医疗、保健、疗养、药品等场所、项目和服务的信息。这些信息应当是真实而专业的,包括位置、产品、价格、服务评价等。事实上,医疗保健领域中的科技本身也是健康旅游发展的动力支撑。日本、韩国、美国等凭借先进的医疗技术每年吸引大量中国游客到访。根据携程发布的《2017年在线医疗旅游报告》,2016年海外体检等医疗旅游人数增长至去年的5倍,其相应花费是我国出境游人均费用的10倍左右。

发展健康旅游尤其需要中医药领域的科学普及。中医药对海内外潜在游客具有较大的吸引力。有专业调研机构基于亚马逊电商平台大数据的分析发现,在"中华文化"主题图书的关注度和好评度排行榜上,"中医药"图书有30本上榜,排在第二位。其中,针灸、拔罐和刮痧等中医日常疗法相关书籍大受欢迎。这很大程度上表明发展中医药旅游的市场潜力巨大。但是在海外游客的心中,作为国粹的中医药依然带有神秘的面纱,甚至觉得神神怪怪的。从国际国内相关产业发展实践看,中医药要想走入国民的日常生活进而成为时尚,得有一个大众科普的过程,特别是让年轻人有一个阳光下自然而然接受的过程。黑洞、奇点、时空弯曲等如此深奥的天体物理和宇宙学原理,因为霍金而为普罗大众所接受,因为马斯克的Space X和可回收火箭而将年轻人的目光引向遥远的未来。现在连博物馆的文物都快成戏精了,中医药面向公众的时候,难道就不能从"望、闻、问、切"和"丸、散、汤、剂"话语体系中往前多走几步吗?希望不要多少日子,可以在科普类畅销书排行榜上能够看到黄院士和更多的科学家的伟大作品。我相信这是一定可以带动包括中医药在内的健康旅游走入大众生活的,也一定会为"健康中国"做出切实贡献的。

各位学者、各位同仁!

目前,健康旅游尚处于出境医疗旅游服务为主的市场导入期,面向入境旅游者和国内游客的健康旅游产业才刚刚起步。部分传统旅行服务商已经从事高端定制的健康旅游业务，提供美国、日本、泰国、新加坡等国的海外体检、转诊、康养及养老服务。美团 APP 在"休闲娱乐"板块中设置了"按摩/足疗"、"洗浴/汗蒸"及"游泳/健身"等与健康旅游密切相关的项目，并且上架专门的"医疗"板块，提供口腔、医学美容、体检中心、中医院、老年生活等医疗业务的查询、预订及点评服务，但这些项目的服务对象依然主要是当地居民。在携程网以及途牛网搜索"健康旅游"，均没有发现以健康为主题的旅游产品和服务，但却有不少包括体检温泉项目的医疗旅游线路产品。马蜂窝旅游网上，某医疗机构推出了"日本修心养身健康之旅"，除了着重介绍日本先进的医疗技术外，对健康体验及旅游的项目安排却一带而过。还有游客分享了自己去乌克兰的医疗旅游，组织方除了提供医疗、食宿、翻译服务外，仅提供了有限的游览休闲服务。

发展健康旅游需要培育市场，更需要"旅游+健康"领域专业化市场主体的积极参与。提到市场主体，我们往往首先想到的是医院，各种专科诊所、国家中医药健康旅游示范区、健康旅游示范基地，但是更应当关注线下和线下旅行商、目的地营销推广、媒体传播、旅行保险等旅游机构。他们凭借广泛的用户资源和线下服务供应优势，可以与专业医疗健康机构合作，共同推进健康和旅游业的融合发展。比如，盛诺一家、春雨国际医疗、番茄海外医疗等专业海外医疗中介机构就可以同旅游服务供应商合作，探索为顾客提供专业的医疗及旅游服务。健康旅游涉猎的内容丰富，不仅有旅游救援、医疗、康养，还有中医药及相关的休闲运动，相对于狭义的医疗项目，也包括森林浴、温泉浴、按摩、健康餐饮、骑自行车，打高尔夫、山地徒步等广泛意义上的健康项目。丰富多彩的健康旅游需求，说到底还是需要千千万万的市场主体来提供。没有充满生机和活力的市场主体，就没有健康旅游可持续发展的未来。

市场主体的培养和成长需要人才、资本、宣传推广等方面的政策保障，也需要政府旅游和卫生保健部门的依法监管。建议将中医药作为我国健康旅游的优先培育品牌，加强海外推广，吸引越来越多的入境游客体验中医、中药和保健服务。制订健康旅游专题发展规划，创新推动国家中医药健康旅游示范区和健康旅游示范基地的建设。通过技术标准、行业标准、非物质文化遗产名录和传承人认定等手段，一方面鼓励市场主体在健康旅游领域内的创业创新，另一方面规范其市场行为，提升其产品质量和服务品质。针对虚假信息误导消费的海外医疗旅游项目，旅游和卫生行政主管部门要依法对其约谈、整顿，直至收回特许牌照。

有了国民广泛参与的时尚的生活方式，有了科技和产业支撑，健康旅游大发展就指日可待了。

2018年9月7日
北京

第033讲 给我一条公路，以国民的名义，自驾远游

同志们、朋友们：

大家上午好！

五年前，一身文艺范儿的爱驾传媒创始人李克崎先生来京，说想把3月6日这天培育成"自驾日"。这是很值得旅游学界支持的想法，我当时只问了一个问题，为什么定在3月6日啊？他说"三十六计，走为上计"嘛！于是我们就与旅游、汽车、互联网各界朋友一起出发了，去和全国自驾爱好者一起去追求"风一样自由的日子"。2014年，爱驾传媒召开了首届自驾游大会，主题是"跨界融合"。2016年是"自驾游+"，2017年是"想象、定义和设计"。今年的"合聚变"主题既是对过去五年的回顾与致敬，又着眼于未来的变化，倾情培育从上海到拉萨的国民公路——318国道，吸引了千余位海内外嘉宾齐聚汽车文化高地的上海嘉定共商新时代自

驾游发展大计。作为这项事业的见证者和克崎先生的好朋友，我谨代表中国旅游研究院、国家旅游局数据中心向大会的胜利召开表示热烈的祝贺！

随着大众旅游时代的到来和小康社会中国梦的实现，旅游日益成为国民美好生活的重要组成部分。2015年，国民人均年出游首次超过3次，旅游开始进入老百姓的日常生活。2016年，李克强总理在政府工作报告中明确提出"迎接大众旅游时代"。2017年，在全域旅游的推动下，国民人均年出游3.7次。旅游对国民经济和社会就业的综合贡献均超过10%，中国对世界旅游经济增长的贡献接近两成。随着旅游经验的丰富，国民大众对旅游生活的追求开始从"有没有"转向"好不好"，更加强调"我的行程我做主"，更加强调旅游消费过程中的品质获得感。越来越多的自助旅游者开始摒弃团队组织、固定线路、统一节奏，并且与目的地居民日常生活相脱离的传统旅游方式，而是更愿意自主把握行程节奏，喜欢的地方就多停留些时间，不喜欢的地方就少停留些时间。在那些愿意多花些时间停留的都市和乡村目的地，他们广泛融入本地居民的日常生活空间，尽情分享介于差异和相似之间的非惯常生活方式。

自驾游及其所彰显的自由、个性、时尚与调性，承载了国民对品质旅游和美好生活的时代梦想。如今，汽车早已经不再是职业和身份的象征。3亿多辆汽车保有量，加上3亿多本驾照，意味着汽车已经全面进入了中国家庭的日常生活。随着汽车文化的普及，私家车不再只是上下班的交通工具，还是一种具有时代精神和开放意识的旅行方式。人们不仅在节假日举家自驾出行，还在4S店的推动下，联合志同道合者组织了1.5万余家汽车俱乐部。无论是早期号称中国版AAA的大陆汽车俱乐部，还是活跃的越野e族，都有很强的客户粘性和很高的消费活跃度，已经成为汽车后市场的重要组成部分。自驾已经成为城镇中产阶层首选的假日出游方式，以至于"高速堵""停车难"每每成为网络吐槽的热点。根据中国旅游研究院与中国电信旅游大数据联合实验室的测算，今年春节，自驾游全国平均过夜比率达到69%，跨省自驾的比率为33%。随着出境旅游的持续增长，以及租租车、还会来等专业平台的推动，自驾游已经从国内走向了海外。从东盟、中亚、蒙古、俄罗斯等周边国家，到远程市场的欧洲、北美、澳大利亚和新西兰，都有中国游客驾车远行的身影。

我们有理由相信，自驾游时代的帷幕才刚刚拉开，未来的前景将会更加广阔。不久前，马斯克的"猎鹰"重型火箭发射秀之所以吸引那么多年轻群体的眼球，有多少人是冲着那辆驶向火星的特斯拉去的啊。还有越来越多的国民开始梦想拥有自己的房车、越野车，沿着中国的最美公路驾车远行，无问西东，去过风一样自由的日子。种种迹象表明：中国自驾旅游的时代已经来临！

同志们，朋友们！

从国际自驾游的发展经验来看，路况良好、设施完善、风景优美、旅游资源富集的高等级公路很有可能会成为国民自驾旅游公路，或者称"网红公路"。美国历来被称为"车轮上的国家"，加州1号公路、66号公路等线路早已发展为经典的自驾路线，沿途美丽的风景和完善的配套设施每年吸引大量的世界各地自驾游客。目前，我国公路总里程已达470万公里，全面覆盖了城市、乡镇和建制村，高速公路里程突破13万公里，位居世界首位。值得关注的是，公路旅游的服务和保障体系也在逐步完善。受益于移动通信、大数据和卫星导航技术的广泛应用，沿线的服务区、加油站、餐饮、住宿和购物设施基本能够满足公路旅游的通行需求。保险、救援等商业保障，公共安全、司法与行政救济体系的日臻完善，让自驾旅游者后顾之忧越来越少，说走就走，放心出游成为现实。这个时候，我们迫切需要一条能够彰显中国水平和时代特征的旅游公路，并以此带动释放自驾旅游潜力，培育公路旅游新动力的样本线路。

在此背景下，爱驾传媒推出的"国民公路——318国道"躬逢盛世，正当其时，正式拉开了中国公路旅游的时代帷幕。

这是一条旅游资源密集的品质之路。318国道作为中国最著名的公路，从上海到拉萨，串联了沿途5476公里丰富而独特的旅游资源，既有平原、丘陵、盆地、高原景观，也有江浙水乡、天府盆地、藏区民族文化；既有繁华都市的灯火阑珊，也有江南古镇的小桥流水；既有水深千尺的桃花潭水，也有世界之巅的珠穆朗玛；既有古时群雄逐鹿的古战场，也有近代民主革命的发祥地……如此绚丽多姿的景色、源远流长的文化，318国道是当之无愧的"中国人的景观大道"。

这是一条承载国家记忆、彰显国家形象的国民公路。它曾举国家之力而建，由11万人民解放军、工程技术人员和各族工人翻越悬崖峭壁，艰辛筑成；它为国民之需而生，曾是连接成都与西藏的唯一交通枢纽和物资生命线，是许多川藏汽车兵终生的记忆。它横贯中国大陆腹地，跨越八个省市，涵盖4亿中华儿女，贯穿了历史与文化的长河，承载着中华民族的气魄、胸怀与底蕴。这条陪伴着新中国第一批自驾游客成长的公路，可以怀旧、可以观光、可以探险，也可以浪漫与时尚，像所有冠以"国民"称号的人和事物那样，可谓是万千宠爱在一身啊！

这是一条举世瞩目，即将跻身国际一线的最美自驾公路。这条与神奇北纬30度同行的318国道，早在18世纪末就是西方探险家的天堂，传教士戴维在这一区域发现了大熊猫，并将其推向世界；植物学家威尔逊在这条线上发现了野生高山花卉，并将其栽培到整个北半球的其他温带地区。这条横贯中国，异彩纷呈的景观公路已成为一张魅力四射的名片，向世界展示着美丽中国。上海、成都、拉萨等沿线诸多城市，均为持续增长的重要入境旅游目的地。在可以预见的未来，318国道这条国民公路必将成为全世界自驾爱好者的朝圣之旅。

同志们，朋友们！

对于蓬勃发展的自驾旅游市场而言，仅有一条318是不够的。对于刚刚拉开帷幕的公路旅游产业而言，我们才刚刚上路。

它需要美好生活的牵引。党的十九大报告多次谈到"永远把人民对美好生活的向往作为奋斗目标"。公路旅游的发展同样如此，要时刻以老百姓的需求为核心，以满足人民的美好生活需要为根本目的。相对于国家战略和宏大叙事，游客更需要那些触手可及的关爱与温暖。老百姓通过自驾的方式出游放大了日常周边游的半径，在中远程旅行中通过自驾体验了更多的旅行自由。为了这份自由和美好，一切公共机构和商业组织都必须在包容式监管的同时，努力为自驾游客提供随时上路的安全保障、高效可信赖的道路救援体系，准确即时的导航与信息交互服务。幸福都是奋斗出来的，美好生活也是需要人们共同创造的。在具体的线路规划和项目设计上，我们要善于倾听西部铁骑兵、顶级火车会等专业机构的意见，还有程小雨女士、聂运兴先生、刘增宪先生等意见领袖的声音。多数时候，那些孤独前行的身影就是诗意的远方，会有越来越多的同行者跟上来，终成国民的、大众的美好自驾生活。

它需要市场主体的支撑。没有强大的市场主体，就没有旅游强国的未来。没有旅行社、OTA、酒店、景区等旅游企业，租车、保险、救援、通信和汽车俱乐部等交通企业，以及传媒、文化、科技等关联企业的多元市场主体的广泛参与，不可能培育出充满生机与活力的公路旅游产业体系。当前，公路旅游正处于由市场导入期向产业成长期转型的关键阶段，我们尤其欢迎电影、文学、音乐等文化机构的深度参与。这次自驾游大会特别安排的中国当下极具创造力和先锋意识的24位设计师、插画师联袂进行"二十四节气设计艺术展"，以及令人期待的《318号公路》闭幕电影环节，都为培育有中国特色兼容世界范儿的公路旅游文化方面做好有益的探索。

在此，我要向长期致力于自驾游、公路 IP 培育的爱驾传媒和李克崎先生表示感谢。事实上，这样的活动和企业不是多了，而是少了。这是一个令人期待，也值得进入的新领域。

它需要国家战略的保障。习近平总书记反复强调，人民对美好生活的向往就是我们的奋斗目标。中国自古以来就有"读万卷书、行万里路"的传统，在自驾游时代，让广大游客行得放心、玩得开心是当前和今后一个时期的政策创新目标。为此，旅游部门要像推广丝绸之路、遗产之旅、长城、三峡、运河那样，将318国道纳入国家旅游线路规划和市场推广工作中。交通部门要重点推进风景道建设和服务区提升工程，特别是要引入市场机制，下力气解决服务区的脏乱差形象。按照总书记要求的那样，来一场高速公路沿线的"厕所革命"，很有必要。进一步说，服务区是用来服务的，而不仅是停车加油和上厕所的。一个好的服务区应当，也可以成为候机楼那样的旅游集散中心、消费聚集中心、文化体验中心。还有房车、拖挂行李车等特种车辆与汽车旅馆的牌照发放，以及公路与沿线城市、乡村的关联呼应，还需要公安、商务、旅游、国土规划部门与地方政府的统筹协调与务实推进。

让我们以美丽中国和优质旅游的名义，沿着318国道，沿着更多的国民公路，自驾远行，追逐梦想！

祝中国自驾旅游产业繁荣昌盛！

祝2018年自驾游大会圆满成功！

2018年3月6日

爱驾传媒2018自驾游大会，上海

第034讲 | 借力资本，依靠农民，创新发展新时代乡村旅游

乡村旅游正在迎来新时代转型升级的战略机遇期。2018年中央一号文件全面谋划乡村振兴，多次提及乡村旅游，为新时代乡村旅游发展指明了方向、画出了重点、优化了政策环境。文件明确提出了"实施休闲农业和乡村旅游精品工程，建设一批设施完备、功能多样的休闲观光园区、森林人家、康养基地、乡村民宿、特色小镇。""创建一批特色生态旅游示范村镇和精品线路，打造绿色生态环保的乡村生态旅游产业链"。国务院发布的十三五旅游业发展规划要求："通过发展乡村旅游，带动2.26万个建档立卡贫困村脱贫"，表明乡村旅游已经成为新风口。

随着新农村建设和精准扶贫的成效显现，"看得见山，望得见水，记得起乡愁"的美丽乡村梦想开始成为现实，越来越多的城镇居民愿意选择乡村作为周末和节假日旅游目的地。2017年，乡村旅游市场规模已经达到25亿人次和1.4万亿元。从国庆中秋八天长假的专项数据来看，全国乡

村旅游共接待了 2.16 亿人次，平均出游时间为 55.8 小时，平均出游半径 147 公里，其中过夜游客比率为 63.46%，跨市和跨省出游比率为 45.32%。在看到常态化消费拉动的市场机遇的同时，也要看到消费行为新变化所带来的挑战。今天的乡村旅游早已经不是吃农家饭、住农家院、采摘、田园观光的"农家乐"所能涵盖了，而是在深度体验和生活方式分享的基础上，由资本、文创、技术和人才等新动能推动的田园综合体、旅游小镇、康养基地以及精品观光线路。当代乡村旅游已经形成了互联网推广、文化创意、现代农业、民宿、康养、特色餐饮和物流配送等日趋完善的产业链条，也有效促进了乡村道路、停车场、移动互联网等基础设施和公共服务体系的完善，以及乡村治理水平的提升。

新时代的乡村旅游必须立足本乡土，面向当代，依靠农民。无论城市近郊，知名景区的周边，还是老少边穷地区的旅游资源富集区，乡村旅游的发展固然需要来自城镇的游客带动，或者说以本地的资源、产品和服务实现国民大众的旅游权利，都必须坚持旅游促进地方经济社会发展和农民增收致富的根本方向。这不仅是国家政策和旅游伦理的目标，也是旅游经济发展规律的内在要求。没有世居于此的村民的认同、参与和分享，乡村旅游解决不了项目运营所需要的人力资源和政策支持，长期来看还可能会导致生活方式失真和本土文化的断裂。现在不少地方发展乡村旅游单纯依靠政府和外来资本的力量，本地人在项目公司的股权结构和经营管理体系被边缘化了。一个外来商家占大多数，原住民只剩下老人与狗的乡村空间，已经不是本原意义上的乡村了，游客也是无法获得深度体验感的。为保证乡村旅游的可持续发展只有从产权、项目开发和利益分配各个方面调动本地居民特别是精英阶层的积极性。

在看到乡土力量积极性一面的同时，我们也要清醒地认识到其局限性。新时代的乡村旅游应当以开放的心态，不断提升规范、引导、分配、协调等现代社区治理水平，积极引进外部资本、技术、文创、专业技术和经营管理人才。当前，以城镇居民为主要客源的旅游市场在规模不断扩张的同时，旅游方式、消费结构和消费行为也在发生革命性的变化，不断倒逼乡村旅游组织方式的改革和服务品质的提升。主流客源既要享受原生态的田园风光和纯朴自然的生活方式，也对高速移动互联网、干净卫生的客房与厕所、高效快捷的服务保障体系提出更高的要求。游客在周末和节假日举家外出，多以自驾为主，这就需要相对完善的乡村公路网络并与国家和区域主干道相连接，以及导航、停车、维修、救援等服务。为满足停留时间更长的休闲度假旅游的需求，集约化创新的民宿、健康时尚的餐饮和丰富多彩的文化生活都是十分必要的。无论是道路等基础设施的完善，还是商业环境和生活方式的提升，都是需要大量的成本投入和新要素、新动能。必须承认，在城乡差距仍然很大的今天，增量资本和新要素、新动能多数情况下是不可能由乡土内生的。过于强调本土化和原生态，有意无意地排斥外部力量特别是以资本为代表的外部资源的介入，乡村旅游只能是低水平的规模扩张，而非高水平的质量效益型发展。

新时代的乡村旅游还需要行政主体的主动作为和善于作为。宣传贯彻和落实好中央一号文件精神是全党全国全社会共同的责任，农业、旅游、文化、组织和人力资源保障部门共同推动专业志愿者制度和驻村艺术家制度，千方百计地吸引青年人回归乡村生活创业，在试点的基础上稳定推行"新乡绅"计划，应是新时代乡村旅游发展的题中之意。希望能够更多机构、组织和个人像中央电视台的《大国农道》那样，以老百姓喜闻乐见的叙述方式，对不同视角的对话中理性探讨乡村旅游的未来。

2018年3月15日
北京

第035讲 | 旅行商是精准扶贫的生力军

尊敬的国旅总社、中旅总社总裁薛晓岗先生,
尊敬的康保县委刘雪松书记,
同志们、朋友们:

近年来的市场实践充分表明,在习近平总书记始终牵挂、中央战略部署、事关第一个百年中国梦实现的精准扶贫攻坚战的关键时刻,广大旅行商,特别是以中国国际旅行社和中国旅行社为代表的国家旅游业第一方阵,积极担当、主动作为,为中国特色的旅游扶贫模式做出了卓越的贡献。在四川省马边县、内蒙古阿尔山、云南香格里拉,以及"天蓝、地绿、水净、气爽"的河北省康保县,都能看到旅行商在行动。现在是向国家、向社会各界、向所有关注中国扶贫事业的国际机构说明旅行商在精准扶贫中的角色、地位、作用机制的时候了,也是向全国旅行商说明前景、方向和策略的时候了。

旅行商是精准扶贫的宣传队。经济欠发达地区往往也是山川壮丽、生

态秀美、历史厚重、文化多彩之地，也就是我们常说的"旅游资源富集区"。可是没有游客到访，甚至很多资源游客听都没有听说过，其真实价值又有多少呢？只有为客源市场特别是目标市场所知晓，愿意到访并体验的资源才是有效的资源。从目的地形象建构，到市场推广，再到旅游品牌维护，旅行商都是大有可为的。无论是以中国国旅为代表的旅行社，以携程为代表的线上旅行服务商（OTA），还是马蜂窝和穷游这样的旅游目的地推广机构，都可以通过上架旅游扶贫专线、设置旅游扶贫专区、推出旅游扶贫专题锦囊和路书等手段，进一步加大对包括康保在内的旅游目的地宣传和营销推广工作。马蜂窝网上的几篇关于康保县的游记，分享了康保县的蓝天白云、草原、花海等美景，其美丽的自然风光已经开始为游客所认知。事实上，康保县还是"中国民间文化艺术之乡"，有首批国家非物质文化遗产"二人台"；康保县也是农牧交错的多民族地区，有丰富多彩的民族文化；康保县还是气候气象资源富集区，冰雪、避暑旅游两相宜。希望今天到场的和没有到场的旅行商携起手来，共同宣传这里壮美的自然风光和多彩的历史人文，也要宣传经济社会发展进程中人民持续改善的美好生活。

　　旅行商是精准扶贫的生力军。习近平总书记在视察张家口时殷殷嘱托：办好冬奥，解决贫困。相信随着冬奥会来临和京津冀一体化的推进，这里的交通网络、基础设施和目的地知名度都会有大幅度的提升，为发展旅游业提供了难得的历史机遇。如何将发展机遇和增长潜力转化成现实，如何将一些贫困县、乡、村培育成旅游市场认可的目的地，是需要地方政府和社会各界认真回答的现实课题。从现状来看，我们围绕旅游促进减贫，在凝聚共识、顶层设计、规划、动员、推广方面已经做了大量工作。国家旅游和扶贫主管部门联合发布了相关文件，2016年的《全国乡村旅游扶贫工程行动方案》、2018年的《关于支持深度贫困地区旅游扶贫行动方案》。湖南等地方相关部门也着手创建了一批"旅游扶贫示范县",世界旅游联盟也即将发布《旅游促进减贫报告》,万达集团在贵州则开启了包县扶贫的"丹寨模式",也取得了很好的现实效应。与此同时,我们也清醒地认识到:减贫的不可逆进程需要以社区居民的高质量就业为保证,需要工资性收入和财产性收入的共同拉动,需要外来消费激活本地的资源与要素。我们还认识到:旅游经济的繁荣发展,尤其是旅游目的地的培育建设,是以游客到访为前提的。到目前为止,以旅行社为代表的旅行商仍然是游客组织和消费聚合最为典型,也最为有效的市场主体。他们既可以通过旅游包机、旅游包列、旅游车队快速提升目的地的人气和消费力,也可以通过定制、顾问等形式在研学旅游、老年旅游、康养旅游等细分市场上精准发力,为乡级甚至村级的目的地带来源源不断的稳定客源。近二十年来,移动互联网和大数据极大地改变了旅游消费和旅游组织形式,也培育了一个又一个新型旅游目的地。在此进程中,旅行社以其强大的客源组织能力,与时俱进,不断完善自己的营销网络和销售终端。中国国旅在全国拥有1700余家门市网,2017年直接服务的游客就有551万人。从这个意义上说,旅行商就是精准扶贫"最后一公里"的建设者,也是连接者。

旅行商也是精准扶贫的综合带动者。旅游理论研究表明,国际国内发展经验也一再证明:旅行商是旅游市场的风向标,是旅游投资的拉动者,也是整个旅游产业体系的综合带动者。因旅行商强大的市场动员和游客组织能力,旅行商的到来也就意味着本地进入了消费升级的新通道。外来消费和本地消费的叠加,意味着市场基础变厚了,市场辐射范围变大了,扩大的需求最终会让原来的资源、产品和服务变得更有价值。旅游是目的地生活方式的总和,游客在目的地餐饮、住宿、购物和体验活动,让农业、畜牧业、家庭手工业、加工制造业、物流、商业、历史传统和民俗文化都可能成为旅游产业体系的一部分,并获得价值创造和就业增加的可行渠道。伴随高消费能力游客一同到来的,还有现代文明和当代文化,在游客与城乡居民、异地生活与本土文化互动的过程中,消费品质和生活方式也获得了提升的新动力。随着旅行商对资源和市场信号的放大与传播,社会资本开始在旅游目的地聚集。最初,资本的投向主要是主题酒店、民宿客栈、实景演出、景区景点等典型旅游业态,随着商业环境的公共服务不断完善,产业链条逐步延伸,加上人力资源培训和居民素质提升后,一个主客共享的高品质生活空间就离我们越来越近了。希望旅行社积极参与全域旅游、优质旅游,特别是文化和旅游融合发展战略进程,通过"旅游+"、"+旅游",持续释放旅游促进减贫的潜力,不断培育地方经济社会发展的新动能。

旅行商还是精准扶贫的创业创新者。中国旅游研究院的博士后辛安娜同志在专题研讨时提出这样的困惑:康保离经济社会高度发达的北京这么近,为什么还是国家级深度贫困县?我们可以从资源、文化、区位、交通等多个维度进行研究,更可以从产业分工和市场主体发育的角度给予回答。理论、历史和实践都已经证明,像康保这样的地方要实现从贫困到发达的跃迁,就必须要有产业支持,而不能仅仅依靠传统资源。无论是制造业还是服务业,其发展与提升都离不开成千上万的工商企业和专业人才。多年以来,由于没有外部的资本与技术介入,加上大城市对本地人才的虹吸效应,严重制约了本地的市场主体发育。现在,旅行商把游客带来了,有效扩大了本地的市场规模,并提供了消费升级的现实可能。可是我最大的担忧是:游客来了,资本来了,商家来了,可是本地的年轻人却离开了。如何通过培训、挂职、投资孵化等方式,持续提升年轻人的市场意识和专业能力,推动旅游领域的创业创新深下去、留下来、传得开?如何通过地方商业环境的完善、生活品质的升级、产业体系的优化和教育、科技、文化氛围的提升，吸引年轻人留下来，出去的人回来，外地人进来？可能是今后旅游扶贫工作需要深入思考的现实课题，这个问题回答好了，造血式扶贫、有尊严的扶贫和可持续扶贫的目标才会有切实的保障。

祝 2018 国家牧场"恋人花"文化生态旅游嘉年华圆满成功！

2018 年 8 月 18 日

河北康保县

第 036 讲 | 文化和科技共创美好旅游生活新空间

同志们，朋友们：

过去四十年，旅游景区面向入境游客、大众旅游和国民休闲的现实需求，不断创新产品和完善服务，已经成为满足人民对美好旅游生活需要的本底资源和经典空间。早期的长江、长城、黄山、黄河，还有故宫、兵马俑和桂林山水等依托自然和历史文化遗产建立起来的景区，是入境旅游接待的基础，也是国民旅游的核心吸引物。景区对于培育旅游意识、满足大众旅游的基本消费和国民休闲的基本需求功不可没。刚过去的国庆假期，受益于部分景区免费或降价，驴妈妈平台景区预订整体环比节前增长200%以上，整体同比去年国庆增长33%。据中国旅游研究院监测，游客对景区的满意度评价也稳步上升，国内游客与入境游客对景区的满意度指数分别为78.0和89.4。

过去四十年，景区规模持续扩大、景区类型不断丰富，作为旅游经济的典型业态，市场支撑力和社会影响力日益扩大。截至2017年底，全国共有景区景点3万多个，A级景区10 340个，其中5A级249个。从早期的山山水水和历史文化遗产到主题公园的兴起，再到今天的古村古镇和历史文化街区，"景区"的内涵不断丰富，外延不断拓展，一直与旅游需求特别是观光旅游需求的变迁同步发展。国内游客消费结构中，景区游览的消费一直保持稳定的增长。多年来，旅游景区一直是投资热点。在旅游类上市公司中，景区也是表现突出。可以说，不了解旅游景区的变迁历程，就不能深刻理解旅游消费变迁和产业发展的历史脉络。

过去四十年，旅游景区一天没有停止过管理体制改革和经营机制创新。自1979年邓小平同志发表"黄山讲话"开始，我国旅游景区步入市场化发展新阶段。为满足消费、市场、行政、社区居民等多元主体对景区的现实诉求，国家一直在努力调整和优化景区管理体制。1999年实施的旅游区（点）质量等级评定制度，如今已经成为旅游景区资源、管理和服务品质的典范和标杆。在资本、市场、文创和科技的多重推动下，欢乐谷、方特、长隆野生动物园、海昌海洋公园、乌镇、古北水镇、如家小镇……景区新业态越来越丰富，为国民大众的旅游休闲提供了更加多元的选择，高质量的景区管理也让老百姓游得开心，玩得舒心。

同志们、朋友们！

值此大众旅游、全域旅游新时代，文化和旅游融合发展新时代，我们也必须看到游客的核心诉求正在从美丽风景转向美好生活，产业的基础动能正在从传统资源转向科技、文创和资本。这些变化正在倒逼旅游景区的资源开发理念、创新动力和管理方式发生根本性的变革。

我们需要把旅游的世界和现实的生活统一起来，而不是割裂开来。在传统的观念中，旅游是独立于日常而存在的封闭世界景区，是为游客准备的，公共生活空间和休闲场所是为居民生活准备的。城市空间的扩张导致过去的一些景区和郊野公园开始成为城市的有机组成部分，高速交通网络的完善和汽车的普及化则进一步缩短了景区与惯常环境的心理距离。包括迪士尼、环球影城等著名的主题公园都在给当地老百姓发多次游览的套票，就是为吸引本地市民的日常消费。国际经验和数据分析充分说明，相对于纯粹的自然环境和历史遗产地，游客更愿意选择高品质生活空间，或者说旅游发展也越来越需要生活环境的支撑。旅游发展到今天，也到了反哺地方经济社会发展和百姓幸福生活的时候了。黄山过去是举全市之力发展旅游业，但是旅游业发展好了，得给本地多做一些贡献啊。这就需要旅游发展理论和目的地建设观念的更新，需要我们睁开眼睛看世界。

我们需要在自然环境、生活环境和商业开发之间寻求平衡，而不能过度商业化。除了长江三峡、九寨沟、敦煌、布达拉宫等少量依托世界自然和历史文化遗产开发的景区，大部分景区还是要有人间烟火气的。万丈红尘最温暖，寻常生活客自来嘛！浙江的西塘、江苏的周庄、成都的宽窄巷子、上海的东方新天地、重庆的洪崖洞，既有本地人的品质生活，又能宽容地接受外来游客的共享，均是极好的美好生活空间。现在有的景区，为了获得利益最大化，会另造一个非自然的环境和非生活的空间出来。餐饮、购物、看实景演出固然是游客之所需，但绝不是异地美好生活的全部，违背规律的现象很难有长久的生命力。这就需要把文化事业、文化产业和旅游业统筹起来，回归现实，回归生活，把旅游业、景区的发展与新农村的建设、历史文化街区的活化深度融合起来。

我们需要在景区导入IP，更需要价值创造和生活引领，不能因为商业目标而放弃景区应当也能够承担的社会责任。业界对IP推动产品创新和产业升级已经有了基本的共识，在自然空间叠加人文内容，这是大的方向。我们固然需要关注和强调游客现有需求的满足，引进国际知名的主题公园品牌，借助《阿凡达》给景点改名字，但是更需要承担面向未来的品质提升之责任。对于流行文化和互联网平台也是如此，过去的我们可以跟着央视、探索和米其林指南去旅行，今天的年轻人为什么不可以跟着B站、抖音去旅行呢？认识到新事物的价值并善于利用，并不代表景区就只是一味地迎合，像一棵海藻那样随波逐流。文化的家国情怀和旅游的人间烟火从来就是有机统一的，而不是割裂的。如果放弃文化建设和主流价值观的传播，旅游业的未来发展将是不可持续的。生产价值观，传播价值观，是旅游人时刻都不能忘记的责任。从行政层面上看，诗和远方在一起了，但是要真正做到"宜融则融，能融尽融；以文促旅，以旅彰文"，包括景区在内的产业层面还有很长的路要走，还需要做出巨大的努力和艰辛的探索。

同志们，朋友们！

在美丽中国旅游梦的进程中，我们应当，也有能力让更多国民分享旅游发展的成果。未来景区的发展必须贯彻以人民为中心的发展理念，让游客行走于美丽风景里，徜徉在品质生活中；让社区高质量参与，可持续发展；让优秀的传统文化和革命文化得以传承，让承载国民对美好生活向往的先进文化得以传播。目前，我国还处于大众旅游发展的初级阶段，人民需要更多的公益性公园，需要更多的低门槛郊野公园。对于融入城市环境中的国有景区，特别是利用自然和历史文化资源的景区，应该更加强调其公益性，进一步下调门票价格甚至让市民和游客免费进入。人民对旅游发展的获得感首先体现为更多的国民参与和更高的品质分享，让老百姓玩得起。现在品质稍微高一些的景区，动辄淡季100元、旺季200元的门票，大众如何分享？因此，国家决定下调国有重点景区的门票价格。这次国庆节假日期间就有981家景区应声而动，拉动了消费，提升了满意度，说明这是一件利国利民也利景区的好政策。但是好事要办好，要以一贯之，决不能干一方面下调景区门票价格，一方面又上调内部通行工具价格和商业租金的事情。有的博物馆免票了，但是一定要现场查验身份证，老百姓感觉不方便嘛！有的景区运用科技手段，报出自己的证件号码远程验证后就可以进入，就做得很好。从这个意义上说，景区的美好生活就是要先解决有没有和方便不方便的问题，然后再研究解决好不好和品质提升的问题。

未来景区应该能够承载地球公民的共同价值，能够创造面向未来的美好生活。未来的生活到底是什么样子的？景区可以成为以小见大，昭示未来的窗口。现在的景区建设和运营过于强调自然的、静态的和历史的东西，总是有意无意地引导人们往后看，就像越来越多的影视剧聚焦于宫斗戏，三皇五帝拍了个遍。只看见来时的路，却看不清未来的方向。可以看看法拉利世界、航空发射场、维尼熊博物馆，看看这些景区是如何承载共同价值，昭示未来生活的。一个国家不能让卫星上天，不能让航母下海就不是个强大的国家，而一个国家不能让人们安静地读书，自由地旅行，那就不是个令人幸福的、文明的现代国家。未来景区要有这个意识，并以创业创新实现文化传承和价值创造的战略目标。

未来的景区应当是市场主体的投资收益、品牌创设和游客满意度提升相互协调、共同成长的市场空间。旅游已经成为创业创新最为活跃的领域，景区应当也能够重新站在旅游业改革、发展和创新的前沿。在文化和旅游融合发展的新时代，景区有条件，也有能力成为文化创意的聚集地和科技创新的实验区。借助文化、科技、资本和管理创新，一方面为传统的自然和历史文化景区赋能；另一方面，利用更多依托当代生产生活的存量资源，面向国民大众的文化休闲、工农业生产、科技教育等增量资源，假以时日，一定会有更多市场化成长起来的新景区、新品牌和新生活空间，在旅游强国的星空熠熠生辉。

2018 年 10 月 19 日

黄山市

第037讲 | 共商、共建、共享，优质旅游新格局

尊敬的中国文化和旅游部李金早副部长，
尊敬的联合国世界旅游组织祝善忠执行主任，
各位市长，
女士们、先生们：

  2017年5月15日，习近平主席在"一带一路"国际合作高峰论坛圆桌峰会上的开幕致辞中提出"共商、共建、共享"原则，对共享经济时代如何发展优质旅游同样具有现实的指导意义。

  共享经济和全域旅游时代，发展城市优质旅游需要共商共识。在一个经济开放体系中，在一个人员自由流动的社会里，城市日益成为本地市民和外来游客共享的生活空间。市民对这块空间有就业、消费和休闲的需求，企业有生产、物流和盈利的需求，员工有收入增长和职业尊严的需求，当然，游客也有来到这里欣赏美丽风景和分享美好生活的需求。这么多的需求汇聚到一起，就需要政府提供相应的基础设施和公共服务。或者

说，政府在提供基础设施和公共服务的时候，得统筹考虑本地市场和外来游客的现实需求。我们应当、也必须承认，这么多的利益相关者，会有共同目标和一致行动，也会有差异，还会有矛盾，甚至冲突。

比如郑州的国棉一厂、健康路、丰庆路等著名夜市，各式小吃风味独特，物美价廉，是市民纳凉休闲的好去处。结果携程、马蜂窝、穷游、路书、美团和大众点评把它们在网上一推荐，游客蜂拥而至，越发热闹了。应当说这是好事儿，客流量多了，商家可以赚更多钱，政府可以有更多的税收，城市知名度也可以借此拉升。可是也会带来物价上涨、环境整治、社会治安和网络关注的压力，需要政府更多的公共投入，低收入阶层还可能会产生"热闹是他们的，我什么也没有"的弱参与感。这种现象在景区建设、主题街区开发和城市形象提升，特别是经济欠发达的旅游城市发展进程中普遍存在。甚至香港这样的国际化大都市，也会存在到访游客越来越多，消费越来越高，但是社区居民特别是草根阶层的年轻人却越来越无感的现象。

怎么办？无论是城市旅游发展的战略决策，还是项目投资、业态布局和产品创新，最好的办法是大家商量着来，好事要办好，也要好好办。值此大众旅游新时代和全域旅游新定位，城市旅游已经从早期的景区、酒店和旅行社为主的封闭世界，走向与经济社会协调发展、紧密互动的开放体系。无论是旅游资源开发、项目建设、市场推广，还是中长期发展战略的制订与实施，都应有扎实的社会调研和压力测试，广泛开展座谈、走访、信息公开、媒体宣传和行政部署。值此游客诉求开始从"有没有"转向"好不好"的大众旅游新阶段，旅游业正在从高速度增长走向高质量发展，也就是我们所倡导的优质旅游新时代。如果没有广泛的民意认同，没有社会力量的协同，优质旅游就不可能持续发展的环境基础。新时代城市旅游发展应当且必须以最大的诚意，尽最大的努力，寻求最大社会公约数。

各位市长，女士们、先生们！

共享经济和全域旅游时代，发展城市优质旅游需要共建共行。今天的旅游绝不是跟着导游的小旗子逛景区、听讲解那么简单。实际上，从行前的目的地信息收集和消费决策开始，游客就开始与城市形象打交道了。现在的城市形象不仅是旅游宣传推广机构的事情，还取决于经济社会发展阶段的城市底色，取决于商务和休闲旅行者在全球范围内的文明形象，取决于社交网络上的民意汇集。很多时候，游客是否选择某座城市，并不是因为你是否在时代广场和中央电视台重金打了形象广告，而是因为一首《加州旅馆》《卡萨布兰卡》《成都》这样的经典流行，或者因为你邀请了全城的流浪汉到五星级酒店免费享受了一次大企业放弃的正式晚餐。游客愿意并能够感受到的城市品质，可能并不是那些精美绝伦的大场面，不是警车开道的特权享受，不是用咬着筷子训练出来的八颗洁白牙齿，而是来自移民局官员发自内心的微笑和真诚的欢迎，来自共享汽车司机的安全感，来自Airbnb、途家等共享住宿平台的诚信和互动，来自广场舞大妈脸上洋溢的幸福。这样的城市形象和游客感知，是城市整体由内而外散发出的气质，它必须，也只能由行政主体与市场主体、社会机构和社区居民共同建设，相向而行。

旅游与经济社会发展诸要素理当共融共生，创新发展，城市旅游尤其如此。旅游与文化、科技、教育、制造、金融、农业农村等领域的融合发展，可以概括为"旅游+"，也可以称之为"+旅游"。经历了需求驱动的自发成长期，以及资源开发的产业成熟期，今天的城市旅游已经进入了生活引领和内容创造的新时代。在这个进程中，城市居民、生产者、商家和公共机构当然是主导力量。同时也要看到，游客在欣赏美丽风景和分享美好生活的同时，也以多元的视角打量本地生活，以多样的动力与本地居民共同推进动城市文明的演化。学会倾听游客的声音，让城市成为多元文化与共同价值协调发展的新空间，无疑是明智的选择。

游客也是城市优质旅游的建设者和同行者。中国有句古话："女为悦己者容、士为知己者死。"在行使旅游权利的时候，也要发自内心地尊重公务人员、企业员工和社区居民。如果抱着把一切都视作理所当然，甚至居高临下的心态，再好的服务，再高的品质也可能会视而不见的。学会尊重当地的法律和风俗，欣赏别人的劳动成果，尽可能"得理也饶人"，我们才可能感受旅游的品质，才可能在行走时成为当地人眼中的风景。当然，城市管理者、企业员工和社区居民也要有意识营造文明的待客氛围和品质的生活空间。

各位市长，女士们、先生们！

共享经济和全域旅游时代，发展城市优质旅游需要共享共感。

经常会有媒体和同行问我最喜欢哪一座城市？这确是"选择一个，得罪一百"的棘手问题，考虑到今天的主题是"优质旅游"，是当着各位市长的面公布答案的时候了。

我喜欢的城市是优雅、时尚而有活力的。就像哈里王子和梅根在温莎城堡举办的童话婚礼，每一个细节都透着讲究，每一个镜头都在吸引全世界的关注，告诉我们每一个人"爱的力量"。我注意到婚礼是在年轻人创造的情人节前一天即5月19日举行的，这一天也是第八个"中国旅游日"。城市是文明的产物，是传承文化、传播文化和创造文化的中心，也是以美好生活吸引各地游客到访的品质之城。事实上，美好生活已经成为优质旅游的新动力。我注意到郑州举办了"时尚买手节"，用潮流为城市带节奏；位于开封的河南大学推出了"航拍毕业照，青春不NG"活动，用科技和创意见证青春；西安的最高领导人带头捡拾地上的烟头，用抖音为城市"打Call"。这就很好啊！要知道对于郑州、开封、西安这样背负了千年历史文化的名城来说，哪怕能够展示些微的时尚与活力都是值得报以掌声的努力。须知,游客也好,市民也罢,要的是触手可及的温暖,而不仅仅是繁华的记忆。

我喜欢的城市是商业的、感性的,拥有最温暖的万丈红尘。旅游是人类的基本权利,是异地的生活方式。回到生活本身,人们需要吃饭、睡觉、上厕所,需要出行、购物、看演出,需要交流和获得必要的协助。在市场经济社会时,这些需要的满足基本上表现为付费的商品或服务,比如酒店、餐馆、咖啡馆、出租车、共享单车、商场、精品店、美容美发美甲的小店,等等。从世界旅游发展经验来看,完善的商业环境以及由此而生的品质生活,已经日益成为城市旅游竞争力的关键要素。在共享经济和智慧旅游时代,城市的商业环境越完善,越是国际或区域性的消费中心,游客就越愿意到访,而且体验感和满意度就越高。请各位市长一定要将面向生活的商家纳入到当代旅游发展体系中,一定要善待投资者、运营商和创业创新者。不管他们是外地的大企业家,还是本地的小业主,都是城市旅游的活跃因素,都是优质旅游的底层器件。

我喜欢的城市是善意的、平等的,也是包容的。作为城市的管理者,能否给予小商小贩讨生活的空间?至少,城管执法的时候不要与他们发生肢体冲突。能否给予街头艺术家以必要的创作空间?至少,他们在一些要拆迁的墙壁上涂鸦的时候,就以艺术的名义多保留一段时间。能否给基层劳动者以应有的尊重?至少,在以城市发展的名义让他们离开的时候,告诉他们还可以去哪里。一座城市能够容纳流浪者的尊严,我相信也一定能够给予千千万万的游客以真正的品质感。

2018 年 5 月 28 日

郑州

第038讲 | 入境出境同框，放飞美丽中国旅游梦

自2003年开始，我和同事们每年都会公开发布一份中国出境旅游发展报告，有中文版，也有英文版。见证了中国出境旅游市场的高速增长，在世界旅游客源市场从边缘走向中心；见证了中国出境游客的核心诉求从"美丽风景"到"移动购物"，再到"美好生活"的转型；也见证了国家对出境旅游从限制到开放，再到《政府工作报告》坦然地把"出境旅游人次从8300万增加到1亿3000万"列入过去五年的成就。

自2009年起，中国旅游研究院每年也会公开发布一份中国入境发展报告。我们见证了过去四十年的辉煌成就，入境旅游从1978年的180.92万人次增加到2017年的1.39亿人次，年均增幅达11.8%，增长了76.8倍；见证了自全球金融危机以来入境旅游从萧条、低迷，重归恢复增长的新通道；见证了旅游、外交、宣传、公安、海关、口岸、航

空、财政、税收等部门和海南、广东、浙江、上海、北京等地，为入境旅游发展所做出的努力探索和政策创新；也见证了旅游业界的入境团队的默默付出和长期坚守，为入境旅游市场振兴储备了宝贵的人力资源。

今天，入境旅游和出境旅游两份报告首度同框了。这是研究成果发表时机选择的偶然，可能也是新时代实现美丽中国旅游梦的必然。

"世界那么大，我想去看看。"当年顾老师的一张请假条，借助网络的传播，已经像"读万卷书、行万里路"那样进入国民大众的日常话语体系。改革开放以来，中国公民出境旅游从842.56万人次增长到1.31亿人次，年均增幅15.5%，增长了15.5倍。近年来增幅虽然回落到个位数，但是2018年仍然还会有7%的同比增长。相信未来还会有越来越多的中国公民走出国门，在综合研判国家经济和国际形势的基础上，我们预计未来五年出境旅游市场还会有5%左右的复合增长率。到2020年第一个百年中国梦实现的时候每年将会有1亿5700万的国民走出国门，到世界各地去旅行。

正如习近平总书记所指出的那样，中国开放的大门不会关闭，只会越开越大。中国愿意与海外目的地，特别一带一路沿线国家分享出境旅游的机遇，支持在中国开展旅游宣传和市场推广活动。希望世界各国在中国的核心利益和重大关切方面相向而行，为游客提供更加便利的旅行政策，给予更多善意的包容、安全与品质的保障，为旅游企业的跨境服务、自然人流动和商业存在提供更多的支持。

发展入境旅游，吸引世界各国各地区的游客到访中国，是旅游行政主管部门始终坚持，并不断加强的国家战略。中国有美丽的风景和悠久的历史，也有灿烂的文明和美好的生活；既有五千年的优秀传统文化，中国共产党和中国革命的红色文化，也有依托经济社会发展，承载中国梦的优秀当代文化；既有发展入境旅游的决心和意志，也有发展入境旅游的改革与创新。希望国际友人多来中国访问，海外侨胞常来故乡看看，港澳台同胞多来内地和大陆走走。一个既传统又现代，既美丽又幸福的中国一定不会让大家失望的。在此，我想和旅游业界重述之前的判断：中国入境旅游市场正在进入恢复增长的新阶段，中华民族伟大复兴和中国人民生活幸福为目标的中国梦正在成为新时代发展入境旅游的全新动力，文化和旅游融合发展、全域旅游、优质旅游正在为新时代入境旅游注入新的灵魂、宗旨和导向。

为此，希望政府部门以深化改革为动力，以"放管服"为导向，在签证、通关、购物、跨境支付方面为入境游客提供更多务实有效的便利，进一步扩大旅游服务贸易领域内的自然人流动、跨境服务和商业存在。希望旅游推广机构在平台建设、推广方式和人员培训方面改革创新，以体现国际化、市场化和专业性。希望旅行服务商和资源供应商在销售渠道、外语接待环境、价格、服务和安全等方面下多些功夫，不断提升专业能力和优质服务水平。希望媒体朋友们多配合，多支持，共同讲好中国故事，推广美丽中国。

无论是入境还是出境，无论是宏观研判、投资决策还是日常经营，无论是政府机构、市场主体和利益相关者，都需要大数据的精准画像，也需要专业人士对大数据的科学理解和精准解读。中国旅游研究院、文化和旅游部数据中心的研究团队愿意继续与业界同行，为入境旅游和出境旅游的市场分析、数据挖掘、产业创新和政策协调付出我们的才情与努力。

2018年6月27日
北京

结语 | 导游的职业尊严

第 039 讲 | 没有导游的职业尊严，怎么可能有品质旅游的未来

谢谢陈小兵总裁的精心安排和凯撒旅游同志们的畅所欲言，让我在 2018 新年伊始就听到了来自旅游一线最真实、最动人，也最宝贵的声音。从同志们的意见和建议里，我能够感受到导游这个群体对广大游客发自内心的热爱，对旅游业发自内心的认同，以及对国家旅游行政主管部门和行业组织发自内心的信任。

自 1951 年厦门华侨服务社成立以来，导游就是国家旅游事业的中坚力量。由于你们的专业讲解和高效安排，越来越多的国际友人、港澳台同胞和海外侨胞亲身体会并认同了社会主义新中国的建设成就。自 1979 中国旅游事业转向旅游产业以来，导游更是旅行社市场化进程的见证者和推动者。导游在开展旅游外交、保障服务品质、推动企业改革和产业创新发展等方面做出了卓越的贡献。1999 年国民旅游兴起直到进入大众旅游新

时代，市场经历了一个从精英到大众的快速发展过程。客观地讲，在这个过程中，导游群体承载旅游产业乃至整个社会的转型之重，也可以说受了不少委屈。但是全国60余万导游队伍还在，人心没散，依然奋战在旅游工作的第一线，用我们的才情和努力，让旅游越来越专业，也越来越有温度。所有已经过去的、正在发生的和将要来临的，共和国都不会忘记，旅游人更不会忘记！

作为国家旅游智库的领导者，我来晚了，对导游这个国家旅业的样本关注得不够。

在过去的二十年里，北京过个一段时间就会对"非法一日游"来一场严厉打击，打击的对象首先指向"黑车、黑导"。对此，我没有说话，因为导游和司机是"黑的车、黑的导"。却没有进一步想为什么这座号称世界旅游目的地的国际化大都市为什么会有"黑"的导游，为什么那么多"白"的导游不能够，或者说不愿意进入一日游的服务领域？

在过去的两年里，云南启动了"史上最严"旅游市场整治。无论是"六个严禁"还是"二十二项措施"，导游等一线服务人员也是首当其冲的整治对象，也是负面舆论的靶点。对此，我也没有说话。因为总要有人出来承担责任，况且媒体曝光的事件确实引起了公众的不满。尽管没有人去统计被曝光的导游占当地、全省和全国导游的比率是多少，也没有人去研究游客受损背后的运行机制与时代背景，仿佛揪出一个千夫所指者，就可以让我们心安理得地立于道德制高点上自证清白似的。

直到年前，从国家旅游局官方网站看到重庆领队何永杰先生，在泰国大象园为救助游客而不幸牺牲。之后关于事发原因的探究与分析却似乎陷入了罗生门，政治、经济和法律的善后工作也没有让逝去的灵魂得到应有的安宁。我想该是站出来的时候了：没有导游的职业尊严，怎么可能有品质旅游的未来。没有导游服务价值的体现，又怎么会有旅游领域的工匠精神！

去欧洲、北美、日韩的观光客和商务旅行者，都会在行前说明和当地接待中被清晰地告知，导游、司机、酒店员工的服务规范和职业尊严不得冒犯，比如司机的工作时间一般不得超过10个小时，且不得早于8：00，不得晚于21：00；比如要对司机和导游支付有行业竞争力的工资和福利待遇，如果对服务满意的话，还可以给予小费，且给予时不能有"嗟，来食"这样的轻慢。正是对每一份职业发自内心的尊重，以及通过自身才情和努力而获得的财务自由，导游、领队、司机、酒店和餐馆的服务生才会持续提升自己的综合素质和服务能力，最终为游客提供高品质的旅游服务。当我们对发达国家的敬业精神和服务品质啧啧称赞时，千万别忘记了背后的制度和文化，特别是对服务提供者的尊重和保障。从这个意义上说，品质旅游不是行政管制的结果，更不是情绪化的口号喊出来的，而是竞争导向的旅游市场和自由平等的社会心理相互作用的结果。

那么，导游的职业尊严是从哪里来的呢？

尊严来自包括游客在内的社会成员发自内心地平等对待每一份职业。现实呢？每个人都是鄙视者，每个人又都是被鄙视者，区别只是你处于鄙视链的头部还是末端罢了。值得关注的是，很多人在惯常环境下作为公司雇员、农民工、北漂，是被鄙视者；但是在非惯常环境下，作为旅游服务的接受者马上就转变为鄙视者。其实，不是游客有戾气，而是有戾气的工人、农民、教员、学生、医生、公务员和居民在旅游的过程中成了游客。我们付出金钱和时间，除了收获美丽的风景与人文，还会通过向导游等服务人员提出过分的要求而获得心理补偿。现在，社会舆论对导游队伍的鄙视已经到了污名化程度。部分导游也失去了职业自豪感和行业认同感，甚至走向"破罐子破摔"，与游客比恶的地步。如果这种情况再不改变，旅游业就会为霍布斯意义的"每个人与每个人互为敌人"的丛林法则所主导，品质旅游将无从谈起。

导游的职业尊严和文明旅游固然要放到社会发展进程和时代发展的大背景去审视，对社会心理转型与国民综合素质提升有足够的耐心。在这个漫长的等待过程中，公权力和社会各界也要主动作为。旅游局、文明办、工会、共青团、妇联等政府部门和群团组织要多多宣传、善于宣传导游队伍中的正面人物和优秀事迹，让导游获得应有的职业自豪感。应当说政府在这方面做了不少工作，比如每年发布的全国模范导游员、优秀导游员、中国好导游和特级、高级导游名单，事迹特别优秀者还获得了更高的国家级荣誉，当选了全国和地方人大代表。但是这些荣誉基本上还是在行业范围内宣传，社会媒体很少有跟进报道。也有一些荣誉是层层推荐或者专门考试出来的，与游客的实际感知有"隔"。加上不熟悉互联网和自媒体的传播规律，导致与旅游导游有关的正能量传播不出去，负面新闻倒是满天飞，弄得导游灰头土脸的。与旅行社、旅游车船、景区相比，导游现在都没有一个全国性的协会，同样是分散的个体，消费者还有全国性的权益保护组织呢。一些地方尽管成立导游协会，也基本上是承担旅游行政主管部门的转移职能为主。结果就是找不到任何机构专门负责导游队伍的权益保护、司法与行政救济、整体形象建设、维护与提升工作。

尊严来自包括导游在内的旅游服务者应当，并且能够通过自己努力付出而获得财务自由，过上体面的小康生活。如果导游是与旅行社签署劳动合同的雇员，就应当依法获得不低于本地最低工资的薪酬和福利待遇。还需要在试点的基础上，尽快放开导游自由执业，包括网络导游业务。在互联网和共享经济高度发达的今天，我们既没有必要强行要求导游必须依附旅行社，也没有必要强制要求旅行社雇佣导游的数量。事实上，一个劳动力自由流动的市场上，导游既可以用手投票，也可以用脚投票，最终达成劳动力市场出清的工资待遇。现实呢？很多导游在劳务合同而非劳动合同的掩盖下，没有上团服务费、加班费，甚至没有基本工作，还要向地接社"买团"。游客成了玉器市场用为赌运气的石头，导游成了与天搏命的底层讨生活者，成了"无处安放的悲伤"。生存都没有了保障，还哪里来的尊严？这种局面再也不能继续下去了。

值此大众旅游和品质旅游新时代，我们郑重呼吁，并将共同推动：

有必要树立"没有导游的职业尊严，就没有品质旅游的现实保障"新思维，营造尊重服务、尊重导游的社会氛围。

有必要召开一次全国性的导游工作会议，从旅游强国的底层器件和关键要素的高度，系统谋划提升导游为代表的一线员工的综合素质、专业能力、经济待遇和社会声誉。

有必要尽快成立全国导游协会，完善调查研究、信息交流、专业培训、公共关系、权益维护等专项工作机制，让导游人员拥有真正为自己说话的社团组织。

有必要倡议每一位导游人员切实把"游客至上　服务至诚"的旅游业核心价值观内化于心，外化于行。多努力，少抱怨，致敬经典，重构价值，用过硬的职业素养和专业能力赢得游客和社会的尊重。

2018 年 1 月 4 日
凯撒旅游专题调研座谈会，北京

重要论述

第 040 讲 | 习近平总书记关于旅游工作重要论述的理论内涵与时代意义

习近平总书记在党的十九大报告中,作出了"中国特色社会主义进入了新时代"的重大判断,并系统地阐明了新时代中国特色社会主义思想和基本方略,深刻地回答了举什么旗、走什么路、以什么样的精神状态、担负什么样的历史使命、实现什么样的奋斗目标等新时代坚持和发展中国特色社会主义的一系列重大理论和实践问题,为夺取新时代中国特色社会主义伟大胜利提供了指导思想和行动纲领。包括旅游业在内的各行业要深刻领会习近平新时代中国特色社会主义思想的精神实质和丰富内涵,并在各项工作中全面准确贯彻落实。

学习党的十九大精神,既要逐字逐句地学报告,同时又不能拘泥于报告本身,还要和习近平总书记一贯的治国理政理念相结合。虽然习近平总书记在党的十九大报告中没有直接提到"旅游"两个字,但是他曾作过很多关于旅游的重要论述，是习近平新时代中国特色社会主义思想在旅游发展领域的具体体现。结合十九大精神，学习和践行习近平总书记关于旅游的重要讲话、指示和论述，对于促进旅游业持续健康发展，实现旅游业"十三五"规划和"三步走"战略目标，具有重要理论价值和现实意义。

新时代旅游的地位和作用将更加突出

2013年3月22日，习近平总书记在俄罗斯中国旅游年开幕式上的致辞中指出："旅游是传播文明、交流文化、增进友谊的桥梁，是人民生活水平提高的一个重要指标，出国旅游更为广大民众所向往。旅游业是综合性产业，是拉动经济发展的重要动力。旅游是修身养性之道，中华民族自古就把旅游和读书结合在一起，崇尚'读万卷书，行万里路'。旅游是增强人们亲近感的最好方式。"

习近平总书记的致辞高度概括了旅游的功能和作用，深刻阐述了"发展旅游为什么"这一旅游业发展的根本问题。

（一）发展旅游以提高人民生活水平，满足人民美好生活需要

以人民为中心是以习近平同志为核心的党中央治国理政的出发点和落脚点。2012年11月15日，习近平总书记在新一届中共中央政治局常委中外记者见面会上，就向世界作出庄严宣告，"人民对美好生活的向往，就是我们的奋斗目标。"在党的十九大报告中，习近平总书记再次强调了"以人民为中心"的发展理念，指出：新时代我国社会主要矛盾是人民日益增长的美好生活需要和不平衡不充分的发展之间的矛盾。

习近平总书记多次强调旅游和人民生活水平提高的关系。2004年，时任浙江省委书记的习近平同志就曾在浙江省旅游发展工作会议上提出："旅游业的兴起，是经济发展、社会进步和人民生活质量提高的重要标志。"2017年9月，习近平总书记在致联合国世界旅游组织第22届全体大

会的贺词中再次表示，旅游是提高人民生活水平的重要产业。

习近平总书记的系列重要论述深刻把握了旅游业的发展规律，从经济社会发展的高度指明了发展旅游业的根本目的。从实践来看，在人们的温饱问题得到解决之后，以旅游为代表的精神文化需求迅速增长。早在上世纪90年代中期，曾有农民这样构思理想中的小康生活：吃有肉，住有楼，还有余钱去旅游。当前，我国已进入全面建成小康社会的决胜阶段。人民生活更加富裕，不仅要旅游，还要更多、更好地旅游。2017年，我国国内旅游人数达50亿人次，国民人均出游率3.7次，国内旅游收入4.57万亿元；国内旅游人数和国内旅游收入同比分别增长12.8%和15.1%。对广大城市居民而言，旅游早已成为度假首选。甚至在春节这一中国最隆重的传统节日里，旅游也日渐成为新风尚，可谓回家、远游两相宜。越来越多的国民开始走出国门，成为拉动世界旅游增长的重要动力。2018年政府工作报告在回顾过去五年的成就时，专门提到"出境旅游人次由8300万增加到1亿3千多万"，并将这个数据与"五年来，人民生活持续改善"相挂钩。可以说，旅游是人民生活水平提高的产物，也是美好生活的重要体现。

然而，我国旅游业发展还存在不平衡、不充分的问题，突出表现在以下几个方面：旅游消费需求日趋多元而旅游产品有效供给不足；人民群众休闲度假旅游需求增加而带薪休假制度落实不到位；广大游客期待安全、便利、高品质的旅游产品，而一些旅游市场秩序混乱、旅游水平落后；旅游发展需要综合协调和综合执法，而旅游管理体制改革创新相对滞后。这些都需要在今后的发展中逐步解决，才能更好地服务于提高人民生活水平、满足人民美好生活需要这一宗旨。作为直接服务于人民美好生活的旅游业，要紧紧把握新时代我国社会发展的主要矛盾，将旅游业发展提升到新的水平，在党领导人民创造美好生活的伟大征程中发挥应有的作用。

(二)旅游业有助于经济社会更平衡更充分发展

习近平总书记在俄罗斯中国旅游年开幕式致辞中指出了发展旅游对于文化传播、人际交往、经济增长、修身养性等方面的作用。在此之前,习近平同志亦多次阐述旅游业的综合功能。2001年,在福建省旅游发展工作会议上的讲话中,他指出:"随着社会的发展和人民生活水平的提高,旅游业作为第三产业的重要组成部分,已成为衡量一个国家、一个地区经济发展水平和文明程度的重要标志……面对新的形势,我们要充分认识发展旅游产业对优化经济结构、牵动相关产业发展、刺激消费需求、扩大就业渠道、促进社会稳定的重要作用。"2004年,他在浙江省旅游发展工作会议上指出:"旅游业资源消耗少、投资效益高、发展前景好,在国民经济发展中具有十分重要的地位,对拉动经济增长,调整产业结构,增加社会就业,扩大市场需求,改善投资环境,丰富文化生活,推动社会事业进步等方面都具有独特的作用。"

习近平总书记的系列重要讲话对于我们认识旅游业的性质、地位和作用具有非常重要的意义。众所周知,我国旅游业功能定位经历了一个历史嬗变的过程:从新中国成立后的外事接待,到改革开放之初的赚取外汇,到20世纪90年代末期的新经济增长点,到2009年12月国务院出台《关于加快发展旅游业的意见》指出"旅游业是战略性产业,资源消耗低,带动系数大,就业机会多,综合效益好",提出"把旅游业培育成国民经济的战略性支柱产业和人民群众更加满意的现代服务业",再到2014年8月国务院出台《关于促进旅游业改革发展的若干意见》,强调"旅游业是现代服务业的重要组成部分,带动作用大",指出"加快旅游业改革发展,是适应人民群众消费升级和产业结构调整的必然要求,对于扩就业、增收入,推动中西部发展和贫困地区脱贫致富,促进经济平稳增长和生态环境改善意义重大,对于提高人民生活质量、培育和践行社会主义核心价值观也具有重要作用"。可以说，随着对旅游业性质、地位和作用认识的不断深化，我国越来越重视旅游业发展的综合功能。

随着中国特色社会主义进入新时代，旅游越来越成为人民群众对新时代美好生活向往的重要内容，越来越成为促进人的全面发展和全体人民共同富裕的重要渠道，越来越成为美丽经济、健康产业、幸福产业之首。新时代旅游业集中表现出以下几方面特征：小众旅游向大众旅游转变；景点旅游向全域旅游转变；观光旅游向休闲旅游转变；物质满足向精神追求转变；边缘产业向支柱产业转变；接受跟从国际规则向积极主动旅游外交转变；旅游大国向旅游强国转变。在旅游业转型发展过程中，我们更应该深入学习习近平总书记关于旅游的重要论述，充分发挥旅游业的综合功能，使旅游业更好地助力经济社会更平衡更充分的发展。

发展旅游的主要路径

（一）发展旅游最根本的力量来自人民群众

"以人民为中心"的另一层含义是相信人民、依靠人民。习近平总书记在党的十九大报告中指出："人民是历史的创造者，是决定党和国家前途命运的根本力量。必须坚持人民主体地位，坚持立党为公、执政为民，践行全心全意为人民服务的根本宗旨，把党的群众路线贯彻到治国理政全部活动之中，把人民对美好生活的向往作为奋斗目标，依靠人民创造历史伟业。"

习近平总书记这一理念也体现在他对旅游发展的指导当中。1993年3月28日，针对平潭旅游的发展，时任福州市委书记的习近平同志指出："纵观世界，有的国家靠旅游立国，有的国家旅游业成为经济重要支柱。因此，要教育干部群众充分认识发展旅游业促进平潭对外开放和经济发展的重要意义，统一思想，统一认识。"2014年5月15日，在了解毕节扶贫经验时，习近平总书记指出："贫困地区发展要靠内生动力"，"一个地方必须有产业，有劳动力，内外结合才能发展。"在当前旅游业发展过程中，有些地方非常注重招商引资，尤其喜欢大项目、大投资、大企业，广大老百姓却被排除在考虑范围之外，甚至因此产生了企业和当地居民的纠纷。对于这些现象我们应该引起足够的重视，要按照习近平总书记的指示，充分调动人民群众的积极性，实现外来企业和当地政府、居民的共赢。例如，有的地方在旅游发展中探索出了"党委＋公司＋农户"的好做法，就起到了很好的效果。

（二）把握行业特性，全方位推进旅游业发展

发展旅游要把握旅游业特性，实现旅游业自身更平衡更充分的发展。

一是综合性产业综合发展。在现代经济发展中，旅游业广泛地涉及娱乐、餐饮、交通、文化、工业、农业、商贸、建筑等产业，是一种综合性的经济形态。这不仅意味着旅游具有综合功能优势，而且表明旅游业发展不能搞狭隘的部门主义，必须从综合发展入手。我国旅游业长期存在"小马拉大车"的问题。旅游行政主管部门成立较晚、权力有限，在对旅游发展这个涉及面越来越广的领域进行管理时往往有心无力。这几年社会上影响较大的"天价鱼""天价虾"等事件，单靠旅游部门是无法有效管理的。要破解上述难题，关键是各部门要增强大局意识，不能把旅游发展仅当成旅游部门的事情，而要看作促进经济社会整体发展的、各部门共同担责的事情。习近平总书记对于旅游发展的指示，很多都是在担任地方主要领导时做出的，如早在20世纪80年代，在任河北省正定县委书记时曾确立了"旅游兴县"思路，开创了旅游业发展的"正定模式"，后来在福建和浙江主持工作时又分别提出建设全国旅游强省和旅游经济强省的目标，这些都充分体现了习近平总书记统筹考虑旅游发展的思想精髓。近年来，国家旅游局力推全域旅游，倡导"1+3+X"的综合管理体系，是贯彻落实习近平

新时代中国特色社会主义思想中关于旅游发展的系列重要论述的结果。

二是注重品质提升，实现长远效益。习近平同志2001年在福建省旅游发展工作会议上指出，为建设全国旅游强省，要实施"旅游精品战略"。2004年10月8日，在《浙江日报》"之江新语"专栏上发表署名文章，强调"重视打造旅游精品"。2013年4月29日在考察海南时，习近平总书记指出了提升旅游品质的具体路径："发展高水平旅游业，要抓硬件，更要抓软件，特别要提高服务质量，推进精细化管理，以优质服务赢得旅客的笑脸和称赞，赢得持久的人气和效益。"2015年6月在贵州考察时，习近平总书记进一步提出："要把旅游业做大做强，丰富旅游生态和人文内涵。"习近平总书记的这些指示把握了旅游业发展的关键问题，告诉我们质量就是生命力，要通过提升硬件和软件、丰富生态和人文内涵，提升旅游发展的品质，为旅游业持续健康发展夯实基础。

三是坚持创新与传承相统一。2004年9月30日，习近平总书记在《浙江日报》"之江新语"发表专栏文章指出："加快发展旅游经济，建设旅游经济强省，必须坚持创新与继承相统一，在继承中创新，在创新中发展，不断求新、求变、求精，大力弘扬优秀的民族文化和民族精神。"同年在浙江省旅游发展工作会议上再次强调："坚持创新与继承相统一，进一步弘扬民族文化。"

四是重视旅游规划的作用。1993年，习近平同志在平潭调研座谈会上提出要快马加鞭地制订岚岛旅游建设规划。2001年，他在福建省旅游发展工作会议讲话中明确指出："旅游规划关系到旅游工作的总体部署，是发展旅游业的指针和方向。"在2004年浙江省旅游发展工作会议上，他再次强调"要完善发展规划"。

（三）旅游发展要与生态文明建设相统一

党的十九大报告指出：建设生态文明是中华民族永续发展的千年大

计。必须树立和践行绿水青山就是金山银山的理念,坚持节约资源和保护环境的基本国策,像对待生命一样对待生态环境,统筹山水林田湖草系统治理,实行最严格的生态环境保护制度,形成绿色发展方式和生活方式,坚定走生产发展、生活富裕、生态良好的文明发展道路,建设美丽中国,为人民创造良好生产生活环境,为全球生态安全做出贡献。

习近平总书记非常注重旅游发展和资源环境保护的协调。比如针对平潭旅游发展,他就曾经多次谈到资源环境保护问题。1993年在平潭调研座谈会上,他强调:"要爱惜、保护好旅游资源,让人人都来保护海岛的风景……不要急于求成,搞破坏性的建设。"1994年在政府平潭现场办公会上他进一步指出:"要开发和保护相结合。好的资源景观一旦被糟蹋了,用再多的资金也恢复不了。当前,既要有重点地开发一些景点,但更要注意旅游资源的保护,要为子孙后代负责,要对历史有所交代。即使已经开发的,也要注意后续保护。要通过有计划地开发,逐步地把平潭建设成为美丽的'国家公园'。"1999年在平潭调研座谈会上再次强调:"很重要的一条就是保护好我们现有的环境。人家来这里旅游主要是来这里享受这个环境,你如果急功近利破坏这个环境,就是破坏了你的本钱。破坏资源就是自己挖自己的墙脚。所以,一定不要急功近利,竭泽而渔。要防止污染,要以保护生态为前提,要很好地规范合理开发利用,要完善旅游设施和服务配套。"在2001年福建省旅游发展工作会议和2004年浙江省旅游发展工作会议上,都专门强调了加强资源环境保护、实现可持续发展的问题。2004年10月9日,习近平同志在《浙江日报》"之江新语"专栏文章中精辟阐述了发展"无烟工业"也要可持续发展的观点,指出:"旅游经济被称为'无烟工业',与环境保护冲突小,但并不意味没有矛盾……发展旅游经济要坚持开发与保护并重,开发是发展的客观要求,保护是开发的重要前提。只有科学合理的开发,才能促进旅游经济的快速发展。只有积极有效的保护,才能保证旅游经济的健康发展。"

2005年8月,时任浙江省委书记的习近平同志在安吉余村考察时提出了"绿水青山就是金山银山"的科学论断,进一步揭示了资源环境保护和旅游开发利用的辩证统一关系。2013年4月习近平总书记在海南视察时提出:"青山绿水、碧海蓝天是建设国际旅游岛的最大本钱,必须倍加珍爱、精心呵护。"2013年9月7日,习近平总书记在哈萨克斯坦纳扎尔巴耶夫大学谈到环境保护问题时,进一步丰富了"绿水青山就是金山银山"的科学论断:"我们既要绿水青山,也要金山银山。宁要绿水青山,不要金山银山,而且绿水青山就是金山银山。"在参加2015年全国两会广西代表团审议时,习近平总书记叮嘱广西的同志"一定要保护好桂林山水,保护好广西良好的生态环境"。2015年5月在浙江舟山视察时再次强调,绿水青山就是金山银山,坚持生态环境保护的发展才是科学发展、可持续发展。2016年3月7日,习近平总书记在参加全国两会黑龙江代表团讨论时指出,黑龙江的冰天雪地也是金山银山。

习近平总书记的上述重要论述深刻阐明了旅游发展和生态环境保护的关系,对今天的旅游发展具有重要指导意义。一方面,要正确理解优良的生态环境是发展旅游的重要资源。在旅游业发展早期,人们出游的目的主要是探新求异,看的是奇峰怪石、人文古迹,对于周边环境并不是很在意。但是随着旅游业发展到大众旅游的新阶段,人们的旅游活动从以观光为主到观光和休闲度假并重,生态环境对旅游发展的重要性越来越突出。良好的生态环境甚至成为最可依赖的旅游资源,绿水青山、冰天雪地都成为吸引游客的核心因素,产生了巨大的经济社会效益。另一方面,要深刻认识到旅游虽然是环境友好型产业,但过度消费同样会对环境造成极大影响,旅游也要坚持绿色发展,改变唯GDP评价,大力倡导绿色出游,坚持人与自然和谐共生,加大生态系统保护力度。要牢固树立"绿水青山就是金山银山"的理念,将绿色发展贯穿到旅游规划、开发、管理、服务全过程,形成人与自然和谐发展的现代旅游业新格局,通过旅游发展的途径保住更多的绿水青山,让更多的绿水青山变成金山银山。

发展旅游的若干重点任务

(一)发展全域旅游

全域旅游是国家旅游局在习近平新时代中国特色社会主义思想指导下,按照"五位一体"总体布局、"四个全面"战略布局和创新、协调、绿色、开放、共享五大发展理念的要求审时度势提出的旅游发展新理念和新模式。2016年7月,习近平总书记在宁夏考察时明确指出,"发展全域旅游,路子是对的,要坚持走下去。"全域旅游的本质是立足经济社会发展全局谋划旅游发展,一方面注重调动、整合全域资源促进旅游发展,另一方面注重通过旅游发展融合、带动全域经济社会发展。当前,要按照习近平总书记的要求,以全域旅游为抓手,扎实推动全国旅游业的改革创新发展。

(二)推动"厕所革命"

厕所看似小事,却事关民生,事关文明,牵动着最高领导人的心。2015年4月1日,习近平总书记专门就"厕所革命"和文明旅游作出重要批示:要从小处着眼,从实处着手,不断提升旅游品质;要发扬钉钉子精神,采取有针对性措施,一件接着一件抓,抓一件成一件,积小胜为大胜,推动我国旅游业迈上新台阶。2015年7月16日,习近平总书记在延边朝鲜族自治州光东村了解到一些村民还在使用传统的旱厕,再次提出"厕所革命"有关要求,强调基本公共服务要更多向农村倾斜,向老少边穷地区倾斜。

国家旅游局是新时期"厕所革命"的先行者和推动者。2015年4月6

日,国家旅游局办公室印发《全国旅游厕所建设管理三年行动计划》,提出从2015年到2017年,通过政策引导、资金补助、标准规范等方式持续推动,三年内全国共新建、改扩建旅游厕所5.7万座,实现"数量充足、干净无味、实用免费、管理有效"的目标。截至2017年10月底,全国共新改建旅游厕所6.8万座,超过目标任务的19.3%,旅游场所找厕难、如厕难,以及厕所脏乱差的现象有了显著改观。2017年11月21日,习近平总书记就我国"厕所革命"作出重要指示:两年多来,旅游系统坚持不懈推进"厕所革命",体现了真抓实干、努力解决实际问题的工作态度和作风。旅游业是新兴产业,方兴未艾,要像抓"厕所革命"一样,不断加强各类软硬件建设,推动旅游业大发展。厕所问题不是小事情,是城乡文明建设的重要方面,不但景区、城市要抓,农村也要抓,要把它作为乡村振兴战略的一项具体工作来推进,努力补齐这块影响群众生活品质的短板。为贯彻落实好习近平总书记的指示,国家旅游局提出了"厕所革命"新三年计划,再新建和改扩建旅游厕所6.4万座。

(三)发展红色旅游

党的十九大报告强调要坚持社会主义核心价值观体系,培育和践行社会主义核心价值观。这也正是红色旅游的重要使命。习近平总书记非常重视红色旅游,多次到红色旅游景区视察和指导工作。2013年7月,在西柏坡革命旧址重温"两个务必"时,习近平总书记谈到了瞻仰革命圣地的意义:"对我们来讲,每到井冈山、延安、西柏坡等革命圣地,都是一种精神上、思想上的洗礼。每来一次,都能受到一次党的性质和宗旨的生动教育,就更加坚定了我们的公仆意识和为民情怀。历史是最好的教科书。对我们共产党人来说,中国革命历史是最好的营养剂。多重温这些伟大历史,心中就会增加很多正能量。"2016年7月,在参观三军会师纪念馆时,习近平总书记就红色旅游发展表明了自己的看法:"革命传统和爱国主义教育基地建设一定不要追求高大全，搞得很洋气、很现代化，花很多钱，那就不是革命传统了，革命传统就变味了。可以通过传统教育带动旅游业，但不能失去红色旅游的底色。只有体会到革命年代的艰苦，才能使人们真正受到教育。"红色旅游的发展要深入领会习近平总书记的指示精神，围绕培育和践行社会主义核心价值观的宗旨，不冒进，不偏离。

（四）促进文明旅游

党的十九大报告提出："加强中外人文交流，以我为主、兼收并蓄。推进国际传播能力建设，讲好中国故事，展现真实、立体、全面的中国，提高国家文化软实力。"文明旅游和中外人文交流、国家形象传播息息相关，习近平总书记对此非常重视。2014年9月15日，在会见中国驻马尔代夫使馆工作人员、中资机构和华侨华人代表时，习近平总书记提到："也要教育我们的公民到海外旅游讲文明。矿泉水瓶子不要乱扔，不要去破坏人家的珊瑚礁。少吃方便面，多吃当地海鲜。"2015年4月，习近平总书记专门就"厕所革命"和文明旅游作出重要指示，要求像反对"四风"一样，下决心整治旅游中的各种顽疾陋习。为落实习近平总书记重要指示精神，国家旅游局发布了《关于进一步加强旅游行业文明旅游工作的指导意见》，出台了《游客不文明行为记录管理暂行办法》，对游客不文明行为起到了教育警示和震慑作用，目前已有20余人被列入游客"黑名单"。同时制定了《导游领队文明旅游引导规范》《行前说明会规范》等行业标准，出台了《导游管理办法》，对导游行为进行了规范。各地方旅游委（局）也积极响应推动"文明旅游"相关工作。如广东启动文明旅游信息服务平台建设，重庆组织了万名导游志愿者、万名游客志愿者、千名文明旅游观察员等3支志愿者队伍，为文明旅游代言。文明旅游不能一蹴而就，还需要旅游主管部门、旅游从业人员、旅游者和社会各界持久的共同努力。

（五）推动旅游外交

党的十九大报告指出："开放带来进步，封闭必然落后。中国开放的大门不会关闭，只会越开越大，"并提出"坚持和平发展道路，推动构建人类命运共同体。"作为重要的民间外交方式，旅游在国际交往中的作用得到了习近平总书记的关注。习近平总书记不仅积极出席国际旅游交流活动，而且在出访和会见国外领导人的很多场合都把旅游交流作为重要议题。2017年5月14日，在"一带一路"国际合作高峰论坛开幕式上，习近平总书记强调："国之交在于民相亲，民相亲在于心相通。"2017年9月，在致联合国世界旅游组织第22届全体大会的贺词中指出，"旅游是不同国家、不同文化交流互鉴的重要渠道。"在习近平总书记的支持下，近些年来我国旅游外交事业取得了突破性进展：继前些年成功举办中俄、中韩、中印、中美、中国—中东欧、中墨等旅游年之后，2017年又举办了中瑞、中澳、中丹、中哈、中国—东盟等5个旅游年；和世界旅游组织、亚太旅游协会等国际性旅游组织的交往更加密切，发起成立了世界旅游城市联合会、世界旅游联盟等国际性旅游组织；不断加强与"一带一路"沿线国家的旅游合作，沿线各国已经成为中国出入境游新的增长点。目前，我国入境旅游市场已经进入全面恢复增长的新通道。2017年外国人入境旅游2917万人次，比上年增长3.6%。随着我国出入境旅游的进一步发展以及国际旅游合作的深入，旅游行业要在国家开放新格局中，更加积极地服务国家整体外交和"一带一路"建设，通过旅游讲好中国故事，努力开创旅游对外开放新局面，用旅游业的方式推动构建人类命运共同体。

（六）发展旅游扶贫和乡村旅游

坚决打赢脱贫攻坚战是新时代的重要任务之一，直接关系到2020年全面建成小康社会目标能否达成。乡村不仅是扶贫工作的主战场，也是现代经济体系的重要组成部分，乡村振兴战略是十九大部署的七大战略之一。习近平总书记对于旅游扶贫和乡村旅游发展非常重视，多次进行调研。2013年在河北阜平考察扶贫开发工作时指出："阜平有300多万亩山场，森林覆盖率、植被覆盖率比较高，适合发展林果业、种植业、畜牧业；有晋察冀边区革命纪念馆和天生桥瀑布群这样的景区，离北京、天津这样的大城市都不算远，又北靠五台山、南临西柏坡，发展旅游业大有潜力。"2015年在陕西梁家河、浙江舟山、贵州遵义、吉林延边等调研时，习近平总书记又多次对美丽乡村、乡村旅游和扶贫开发作出重要指示，强调"美丽中国要靠美丽乡村打基础，发展生态旅游经济、建设美丽乡村印证了绿水青山就是金山银山的道理"，"要把扶贫开发与富在农家、学在农家、乐在农家、美在农家的美丽乡村建设结合起来"。2017年10月19日上午，习近平总书记在参加党的十九大贵州省代表团讨论时指出："既要鼓励发展乡村农家乐，也要对乡村旅游作分析和预测，提前制定措施，确保乡村旅游可持续发展。"

近年来，旅游业以其强大的市场优势、新兴的产业活力、强劲的造血功能、巨大的带动作用，在我国扶贫工作和乡村振兴中发挥了重要作用。2015年7月，国家旅游局和国务院扶贫办提出，到2020年，通过引导和支持贫困地区发展旅游使约1200万贫困人口实现脱贫，约占全国7017万贫困人口的17%。初步估计，自"515战略"实施以来，全国已经有超过500万贫困人口在乡村旅游带动下实现脱贫。今后我们要在习近平新时代中国特色社会主义思想的指导下，进一步促进旅游扶贫和美丽乡村建设的结合，在保住绿水青山的同时促进产业发展，带动老百姓脱贫致富。

习近平总书记关于旅游工作的重要论述深入阐述了"发展旅游为什么"和"发展旅游依靠什么"等旅游发展核心问题，是站在经济社会发展全局高度对旅游发展作出的指导，具有丰富的思想内涵和巨大的理论价值。无论是对旅游业性质、定位和功能的论述，还是旅游发展要和资源环境保护相结合、注重品质提升、重视规划作用、坚持创新与继承相统一等观点，以及对旅游厕所、文明旅游、红色旅游、乡村旅游、旅游外交等重点工作的具体指示，都体现了习近平总书记对旅游发展客观规律的深刻把握，对我国旅游业持续健康发展和当前的改革创新具有非常重要的指导意义。习近平总书记关于旅游工作的重要论述，立足于新时代中国特色社会主义实践，但同时又深刻反映了旅游发展普遍规律，是站在人类文明的高度和建设人类命运共同体的宏伟框架下提出的重要论述，对世界的旅游发展将产生积极的推动作用。

专家点评

学习贯彻党的十九大精神和习近平新时代中国特色社会主义思想，是旅游系统当前和今后一个时期的首要政治任务。如何结合旅游业发展现状学深、学透和学实十九大精神？如何以习近平新时代中国特色社会主义思想，特别是习近平总书记关于旅游的系列重要论述为指导，谋划大众旅游新时代和全域旅游新格局的发展？如何在旅游外交中讲好中国故事？围绕上述问题，国家旅游局组织了机关司室、企事业单位和专家学者，通过专题学习、系统研讨和支部书记讲党课等方式，加深理解、科学把握习近平新时代中国特色社会主义思想的理论内涵和时代价值，带动全行业不断提高兴旅治旅的能力和水平。

作为旅游科研机构的基层党支部书记，戴斌同志的党课《习近平总书记关于旅游工作重要论述的理论内涵与时代意义》，宣讲方式生动，具有理论高度，坚持实践导向，并结合我国旅游发展阶段特征和所从事的旅游理论工作进行了认真思考和系统研究，体现了作者对习近平新时代中国特色社会主义思想和党的十九大精神的学习深度。在2017年中央国家机关"党课月"活动中被中央国家机关工委评为优秀党课，并先后到山西省太原市、上海市奉贤区、河北旅游委开展党课宣讲，获得大家好评。太原市委在感谢信中说，"宣讲生动鲜活、丰富翔实，把冒着热气的十九大精神送到我们身边"，"党课有高度、有实际、接地气，我们需要这样的党课"。

戴斌同志的党课有理论高度。通过读原著、学原文和深入研究，作者提出：习近平总书记关于旅游的系列重要论述是新时期治国理政的有机组成部分，是马克思主义中国化最新成果在旅游领域的重要体现，为当代旅游发展指明了方向，是大众旅游时代发展全域旅游的根本指导方针。习近平总书记关于旅游工作重要论述立足于新时代中国特色社会主义实践，但同时又深刻反映了旅游发展普遍规律，是站在人类文明的高度和建设人类命运共同体的宏伟框架下提出的重要论述，对世界的旅游发展将产生积极的推动作用。

戴斌同志的党课有逻辑体系。讲党课是我党的优良传统，是加强党员思想、作风建设的有效途径。在新时期要讲好党课，特别是讲好以知识分子为主要对象的党课，就得有逻辑、有体系，而且要带着问题学，结合实践讲。作者按照"旅游发展为什么""旅游发展依靠什么""旅游工作的重点任务"这条逻辑线，深刻阐述了习近平总书记关于旅游工作重要论述的理论内涵与时代意义。作者在深刻领会和系统掌握精神实质的基础上讲党课，真正做到了用习近平新时代中国特色社会主义思想指导旅游发展的理论创新和实践探索，值得肯定和推广。

（文化和旅游部党员组成员　魏洪涛）

2018 年 7 月 17 日

《紫光阁》杂志刊登，北京

特约编辑：雷　蕊
责任编辑：郭珍宏

图书在版编目（CIP）数据

旅游&文化 / 戴斌著. -- 北京：旅游教育出版社，2019.6（2023.12重印）
ISBN 978-7-5637-3963-9

Ⅰ．①旅… Ⅱ．①戴… Ⅲ．①旅游业－文集 Ⅳ．①F59-53

中国版本图书馆CIP数据核字（2019）第103286号

旅游 & 文化

戴斌　著

出版单位	旅游教育出版社
地　　址	北京市朝阳区定福庄南里1号
邮　　编	100024
发行电话	（010）65778403　65728372　65767462（传真）
本社网址	www.tepcb.com
E - mail	tepfx@163.com
排版单位	北京旅教文化传播有限公司
印刷单位	唐山玺诚印务有限公司
经销单位	新华书店
开　　本	720毫米×1000毫米　1/16
印　　张	17.25
字　　数	181千字
版　　次	2019年6月第1版
印　　次	2023年12月第4次印刷
定　　价	49.80元

（图书如有装订差错请与发行部联系）